D1997735

Allegria

Die Autoren

Dr. med. Dipl.-Psych. Ilse-Maria Fahrnow ist Ärztin und Diplompsychologin. 10 Jahre Mitarbeit in einer familientherapeutischen Einrichtung und 15 Jahre Niederlassung in eigener Praxis für Homöopathie und Traditionelle Chinesische Medizin schenkten ihr einen breiten Erfahrungshintergrund in der Ganzheitsmedizin. Als international zertifizierte NLP-Trainerin und systemische Familien- und Organisationsaufstellerin leitet sie seit Jahren wachstumsunterstützende Gruppen. Seit Beginn des neuen Jahrtausends verlegte sie ihren Schwerpunkt auf die Lichtarbeit. Als hellsichtige Energieheilerin und Channel unterstützt sie Menschen gezielt in ihrem Entwicklungsprozess.

Jürgen Michel Fahrnow verbrachte zunächst 20 Jahre in der Spitzengastronomie. Als Koch, Restaurantmeister und Sommelier leistete er praktischen Dienst mit „Sterne(n)-Niveau". Seit den 90er-Jahren qualifizierte er sich als Ernährungsberater der 5-Elemente-Lehre, NLP-Master, Rolfer und systemischer Familien- und Organisationsaufsteller. Gemeinsam mit Dr. Ilse-Maria Fahrnow arbeitet er seit einigen Jahren als hellsichtiger Heiler für Menschen, Tiere und unseren Lebensraum, Planet Erde. Während seine Frau gechannelte Botschaften in die irdische Form bringt, zeichnet und malt Jürgen Michel Fahrnow heilsame, energievolle Symbole und Aquarelle.

Weitere Informationen unter: www.alleelemente.de

Von den Autoren sind in unserem Hause erschienen:

Gespräche mit Sirius – Teil I
Gespräche mit Sirius – Teil II
Gespräche mit Sirius – Teil III
Leichtnahrung

Ilse-Maria &
Jürgen Fahrnow

Gespräche mit Sirius

Teil III:
Erkenne, wer du bist

Ullstein

Besuchen Sie uns im Internet:
www.ullstein-taschenbuch.de

Allegria im Ullstein Taschenbuch
Herausgegeben von Michael Görden

Diese Texte entstammen einer sehr liebevollen und weisen Quelle, und sie wurden mit größter Sorgfalt bearbeitet. Dennoch weisen wir darauf hin, dass jede Leserin und jeder Leser über die daraus zu ziehenden Schlüsse selbst entscheidet. Die Autoren und der Verlag übernehmen keinerlei Verantwortung für mögliche Konsequenzen, die sich an die hier geschilderten Gedankengänge anschließen. Bitte entscheiden Sie eigenverantwortlich, welche Form der Hilfe (Medizin, Psychologie, Beratungen, Energiearbeit o. Ä.) Sie in Anspruch nehmen möchten, wenn Sie den Bedarf dazu verspüren. Herzlichen Dank!

FSC
www.fsc.org
MIX
Papier aus verantwortungsvollen Quellen
FSC® C014496

Ullstein Taschenbuch ist ein Verlag
der Ullstein Buchverlage GmbH, Berlin.
Originalausgabe im Ullstein Taschenbuch
1. Auflage September 2010
2. Auflage 2011
© 2010 by Ullstein Buchverlage GmbH, Berlin
Umschlaggestaltung: FranklDesign, München
Titelabbildung: Jürgen Fahrnow
Satz: Keller & Keller GbR
Gesetzt aus der Goudy
Papier: Pamo Super von Arctic Paper Mochenwangen GmbH
Druck und Bindearbeiten: GGP Media GmbH, Pößneck
Printed in Germany
ISBN 978-3-548-74372-1

EINLEITUNG

Im Sommer 2005 erhielten wir während einer Reise zu den spirituellen Heiligtümern Großbritanniens eine ganz besondere Gelegenheit: wir durften einen gerade eben entstandenen Kornkreis besuchen (siehe auch »Botschaften aus dem Universum« in der Zeitschrift Lichtfokus Nr. 12, Winter 2005). Am nächsten Tag erschienen unsere Sternengeschwister vom Sirius zum ersten Mal in unserem Bewusstsein. Sie baten um eine Zusammenarbeit und versprachen uns Hilfe und Anleitung bei unseren alltäglichen Herausforderungen.

Seit dieser Zeit durften wir viele »GESPRÄCHE MIT SIRIUS« führen. In öffentlichen und privaten Channelings erfahren wir die Weisheit, den Humor und die liebevolle Unterstützung unserer älteren Geschwister. Ihre kontinuierliche, respektvolle Begleitung inspiriert uns und verbindet uns mit unserer eigenen Weisheitsquelle. Die Sirianer »belehren« nicht. In Form eines Dialoges helfen sie uns, unsere eigenen inneren Schätze zu entdecken, zu würdigen und zu nutzen. Besonders gerne unterstützen sie uns dabei, unser Selbst-Bewusst-Sein zu entfalten.

»Wenn alle Menschen erkennen, wer sie wirklich sind, so entstehen Frieden, gegenseitige Anerkennung und Wertschätzung ganz automatisch«, lautet ihre wichtigste Botschaft. Seit wir ihren Kontakt regelmäßig genießen, erfahren wir die Wahrheit dieses Gedankens in unserem persönlichen Leben täglich deutlicher. Vieles ist einfacher geworden. Entspannt und selbstbewusst entdecken wir unseren Weg. Die Sirianer lieben friedliche Kontakte. Deshalb begleiten sie uns gerne auf unserer Reise durch die Transformationsprozesse der neuen Energie.

Eine große Rolle spielt »die Stimme des Herzens« in den Botschaften der Sirianer. Oft regen sie uns dazu an, die ermüdenden Gedankenschleifen unseres Verstandes beiseite zu lassen, um den spontanen Impulsen unserer inneren Weisheit zu folgen. ***»Lasst eure Gedanken, Gefühle und Leidenschaften durch euer Herz in die Welt hinausfließen und erschafft als göttliche Kinder ein Schöpfungswerk der Wunder! Der beglückende Frieden, nach dem ihr euch sehnt, wohnt genau hier: im Zentrum eures Herzens«***, lautet ihre Botschaft.

Im ersten Buch halfen uns unsere Sternengeschwister vom Sirius dabei, unseren Blickwinkel zu erweitern und unsere vertrauten Denkmuster vor den Hintergrund eines größeren Horizontes zu stellen. Die Channelings des zweiten Bandes dieser Gespräche beschäftigen sich mit den Eigenschaften der »Neuen Energie der Liebe«. Als Menschheit stehen wir aktuell an der Schwelle einer großen Bewusstseinsveränderung. Bedrohliche Zerstörungen unseres Lebensraumes, Gewalt, Kriege und Armut in vielen Regionen des Planeten, Manipulation und die Beherrschung Vieler durch einige Wenige lassen die Notwendigkeit unserer vollständigen Neuorientierung erkennen. Eine neue, universelle Liebesenergie hilft uns dabei, die hierzu notwendigen Entwicklungen zu durchlaufen.

Selbsterkenntnis ist der Schlüssel jeder Entwicklung. Deshalb gaben uns die Sirianer für diesen dritten Band ihrer Gespräche den Titel »Erkenne dein ICH BIN!«. Einmal mehr helfen sie uns in ihren inspirierenden Kommentaren dabei, Liebe und Wertschätzung im Erkennen unserer ursprünglichen, göttlichen Natur zu entwickeln. Die Stimme des Herzens schenkt uns dabei eine beratende Qualität, die uns immer und überall zur Verfügung steht.

Wieder danken wir allen, die zum Erscheinen dieses Buches beigetragen haben. In stofflich irdischer wie in feinstofflich spiritueller Form erhalten unsere »Gespräche mit Sirius« Unterstützung von allen Seiten. Ein liebevoller Sternenhimmel scheint darüber zu wachen, dass diese Botschaften ihren Weg in die Herzen der Menschen finden. Für uns selbst bedeuten sie eine immerwährende Quelle der Freude und Erkenntnis, die wir Ihnen, liebe Leserin, und Ihnen, lieber Leser, hiermit in tiefer Dankbarkeit weiterreichen.

Dr. Ilse-Maria und Jürgen Fahrnow 2010

Liebe Sirianer, heute möchten wir das dritte Buch mit euch beginnen. Seit unseren ersten Gesprächen hat sich unendlich Vieles verändert. Unsere erste Begegnung liegt gerade erst zwei Jahre zurück, aber dieser Zeitraum kommt uns wie eine Ewigkeit vor. Es ist soviel geschehen. Früher vergingen in unserem Leben zehn oder zwanzig Jahre, bis ähnliche Bewegungen entstanden ...

Genau. Darüber haben wir schon oft gesprochen. Die lineare, scheinbar gut geordnete Zeit löst sich in diesem Abschnitt eurer Geschichte auf. Ihr empfindet Beschleunigung. Alles scheint rasch und manchmal auch ein bisschen chaotisch abzulaufen. Bisher half euch eure Zeitstruktur dabei, euch im Leben zurechtzufinden. Jetzt fühlt ihr euch oft hin und her geworfen. Ihr erlebt viele Überraschungen. Was euch am Besten vertraut erschien, ändert sich plötzlich grundlegend. Nichts ist mehr so, wie es war. Eure Wahrnehmung erweitert sich. Ihr entdeckt die Hintergründe eures Seins. Ihr beginnt zu erkennen, wer ihr tatsächlich seid.

Habt ihr uns deshalb den Titel gegeben »Erkenne dein ICH BIN«?

Stimmt. Dieser Titel bedeutet uns sehr viel. Außerdem besitzt er selbst vielschichtige Bedeutungen. Er enthält für sich gesehen eine Art Hologramm. Ihr kennt den Satz ICH BIN DER ICH BIN? Viele große Meister haben sich über die Jahrhunderte dieser Schöpfungsformel gewidmet. Der Meister Saint Germain beispielsweise schenkte euch durch seine Schüler wiederholt wertvolle Hilfestellungen in seinen ICH BIN Lehren. Auch viele östliche Meister arbeiten mit diesem Satz. Alle Philosophen und Weisen eurer Geschichte betonen die Selbst-Erkenntnis als Schlüssel zum wahren Sein.

Der Satz »ICH BIN DER ICH BIN« enthält eine Rückbindung. Hier wird eine Selbstähnlichkeit formuliert. Euer Verstand fühlt sich möglicherweise unbehaglich damit, denn er kann die eigentliche Tiefe dieser Worte nur ahnen und nicht wirklich ergründen. Meditiert über diesen Satz. Lasst ihn in eurem Innersten erklingen und lauscht, was geschieht. Dieser Satz beinhaltet die Kraft der Schöpfungsenergie. Ihr könntet auch sagen ICH BIN DAS ICH BIN. Könnt ihr spüren, wie diese Worte alle eure Seinsebenen in Schwingung versetzen? Fühlt ihr, wie sich bei ihrem Klang die großen Tore des Geistes öffnen?

Vielleicht ist es eure bedeutsamste Aufgabe in dieser Zeit, eure tatsächliche Natur zu erkennen. Viele Lösungen für eure brennenden und bedrückenden aktuellen Probleme sind sofort offensichtlich und einfach, wenn ihr eure wahre Natur erkennt und nutzt. Öfter schon haben wir darüber gesprochen, wer ihr eigentlich seid. Wiederholt haben wir euch daran erinnert, dass euer Selbstverständnis bisher nur einen winzigen Ausschnitt eurer wahren Größe umfasst. Ihr habt vergessen, wer ihr wirklich seid, ihr lieben Geschwister! Und dieses Vergessen hat euch beherrschbar gemacht.

Wenn ihr euer ICH BIN erkennt, wird sich ein befreiender Seufzer der Erleichterung in eurem gesamten kollektiven Energiefeld ausbreiten. Augenblicklich seid ihr dann in der Lage, euch die Welt zu erschaffen, nach der ihr euch in euren Herzen so sehr sehnt. Alles, was ihr haben möchtet, könnt ihr erschaffen, wenn ihr euer ICH BIN bewusst erkennt und akzeptiert. Unendliche Wunder gehören euch. Die gesamte Schöpfung ist euer, denn ihr selbst seid die Schlüssel zum Raum des Werdens und Seins.

Ziemlich dichter Stoff, den ihr uns da anbietet ... könnt ihr vielleicht auch noch ein bisschen konkreter werden? Habt ihr so etwas wie einen kleinen 3D-Leitfaden für uns?

Na sicher. Wir freuen uns sehr über euer Interesse. Ihr seht das ganz richtig. Hier handelt es sich um einen äußerst dichten Stoff. Wir haben bewusst ein paar vielschichtige, mehrdeutige Formulierungen gewählt. Auf diese Weise gewinnen wir die Aufmerksamkeit eures Herzens. Während wir uns in der Ebene der Worte mit euch unterhalten, lauscht euer Herz und freut sich. Es weiß sofort, dass es hier um sein Lieblingsthema geht. Das Herz kennt euer ICH BIN. Und es braucht überhaupt keine Worte, um sich damit zu befassen. Es wohnt nämlich mitten darin. Es besteht sozusagen aus nichts anderem.

Dann ist also schon klar, was unser ICH BIN ist? Meint ihr damit einfach unsere Herzkraft?

Moment! Euer Herz ist mit eurem ICH BIN im Einklang. Das ist richtig. Umgekehrt reicht die Beschreibung nicht ganz aus. Euer ICH BIN enthält den lebendigen Anschluss zu Allem was ist. In den begrenzten Worten eurer Dreidimensionalität: euer ICH BIN ist bei Weitem größer als euer Herzraum. Wir bitten euch allerdings, dies nicht allzu wörtlich zu nehmen, denn die Unterscheidung in »größer und kleiner« stammt aus eurem eingeschränkten Bewusstsein. In der Welt eures ICH BIN gibt es keine Unterscheidungen und Einteilungen. Alles ist dort. Reines Sein ist die Quelle aller Schöpfung.

Also so recht viel anschaulicher erscheint mir das noch nicht ...

Wir lieben deine sprühende Ungeduld. Sie ist ein so wundervoller Ausdruck deiner Lebendigkeit ...

Na, darauf könnte ich eigentlich verzichten. Ich wäre viel lieber immer ruhig und ausgeglichen ...

Alles gehört zu dir, und wir lieben dich ganz! So wie du bist. Du hattest ja um ein paar praktische Anregungen gebeten.

Hier ist eine davon: Übt euch darin, euch vollständig und ohne Einschränkungen zu lieben! Tut dies untereinander und euch selbst gegenüber. Die Ruhe, die Unruhe, die Geduld, die Ungeduld – dies alles sind Teile eures kostbaren, einzigartigen Seins. Eure Welt entsteht als Kreation polarer Kräfte. Nur durch die Spannung deiner Ungeduld kannst du die Ent-Spannung der Geduld genießen. Erst deine Unruhe macht dir die Ruhe kostbar. Während du die Polaritäten erkundest, waltet dein ICH BIN hinter den Erscheinungen eurer Welt als eine immerwährende Kraft.

Du verbindest dich bewusst mit deinem großen ICH BIN, wenn du dich in allen – wirklich allen! – Aspekten deines Seins liebevoll anerkennst. Dein ICH BIN ist Teil der großen, schöpferischen Quelle. Und du weißt ja: Die Quelle liebt alles was ist. Die Quelle ist so sehr eins mit der Qualität der Liebe, dass sie überhaupt nicht anders kann als zu lieben. Liebe dich also in allen deinen Erscheinungsformen. Liebe deine Schöpfungen. Alles, was dir in deinem Leben begegnet, spiegelt deine Kreation, und verdient deine Liebe.

Das hatten wir ja schon mal... jeder von uns erschafft sich seine Welt mit der Kraft seiner Gedanken... ich kenne Viele, die diesen Satz gar nicht mögen, und Viele, die ihn vehement ablehnen.

Das ändert nichts an den Gesetzen des Universums ...

Stimmt. Wenn ich also mich, alle anderen und meine Lebensbedingungen (meine Schöpfungen) liebe, bin ich in Kontakt mit meinem ICH BIN?

So ist es.

Na, dann kann die Arbeit ja losgehen.

Gut, dass du es mit Humor nimmst. Tatsächlich sehen wir eure riesigen Defizite in diesem Feld mit Anteilnahme. Euer Leben wird um so vieles leichter sein, wenn ihr euch mit allumfassender Liebe versorgt. Liebe ist eine essentielle, unverzichtbare Nahrung. Bis zum heutigen Tage lebt ihr diesbezüglich in großem Mangel. Ausgehungert nach dieser Kost bedient ihr euch der unterschiedlichsten Ersatzstoffe und werdet doch niemals satt davon. Ausschweifende Genüsse, leidenschaftliche Dramen, Suchtmuster, Machtgelüste, Habgier, Versteckspiele und Gewaltorgien sollen euch ein Gefühl von Lebendigkeit vermitteln. Dabei sucht ihr im Kern dieser Episoden nur eines: die süße Seligkeit der durchströmenden Liebeskraft, die jede eurer Zellen zum Leuchten bringt.

Ihr selbst seid in der Lage, diese Liebe zu erschaffen. Diese Fähigkeit ist Teil eurer so besonderen Gaben. Längst nicht alle Wesenheiten im Universum können Liebe erzeugen und verankern. Liebe ist eine sehr besondere Schwingung. Rasch vibrierend und hoch frequent erreicht sie Alles was ist. Magnetisch und leuchtend bildet sie den Klebstoff der Schöpfung, der alles ins Leben ruft. Viele blicken mit Sehnsucht oder sogar Neid auf euch, die ihr die Gabe der Liebesfähigkeit besitzt. Ihr selbst verhaltet euch dagegen wie Königinnen und Könige, die ihren Reichtum im Verborgenen halten. So lange schon habt ihr eure kostbaren inneren Schätze versteckt, dass ihr selbst euch nicht mehr daran erinnert, sie zu besitzen. Schmerzvoll erleidet ihr Mangel und Hunger, während ihr in einem Palast der Geschenke wohnt.

Ihr nehmt uns ja richtig ins Gebet ...

Du bist im Irrtum, wenn du es so empfindest. Unser Wahrnehmen und Fühlen ist frei von Beurteilung. Wir beobachten euch mit Liebe, Anerkennung und Anteilnahme. Bitte versteht alle unsere Hinweise in diesem Sinne. Wir sind in der

Lage, eure wirklich großartigen Potenziale zu erkennen. Wir berichten euch davon, damit auch ihr lernt, sie zu sehen und zu nutzen.

Euer aktueller Evolutionsprozess lädt euch dazu ein, eure Kostbarkeiten wieder bewusst zu euch zu nehmen. Eure Freude über diese gesegnete Entwicklung erstrahlt im gesamten Universum. Die Liebe, die ihr erschafft, steht unzähligen Schöpfungsformen als Nahrung zur Verfügung. Ihr steht im Dienst, ihr Lieben, wenn ihr euer Herzensglück jetzt in Anspruch nehmt. Wir laden euch ein, voller Kraft und Zuversicht euren Weg zu gehen. Und einmal mehr bieten wir euch unsere Unterstützung dabei an.

Vielen Dank, liebe Geschwister! Es ist immer wieder sehr tröstlich, dies zu wissen. Habt ihr denn noch ein paar 3D-Hilfen für uns zum Thema ICH BIN?

Sehr vieles gibt es noch zu diesem Thema zu sagen. Wie ein roter Faden wird sich der Leitgedanke durch unsere kommenden Gespräche ziehen. Bitte bedenkt, dass wir euch einen großen Teil der Informationen auch jenseits der Worte überreichen. Ein wesentlicher Teil unserer Unterstützung besteht darin, dass wir euch in ein besonderes energetisches Klima einhüllen. Eure Körperzellen kennen diese Energie und versorgen sich gerne damit. So findet euer Prozess des Erwachens auf äußerst sanfte Art statt – vielleicht sogar, während ihr gerade gemütlich schlaft.

Eine lustige Idee und eine angenehme Vorstellung! Ich hatte schon öfter das Gefühl, dass ich durch den Kontakt mit euch auf sehr sanfte Weise verändert werde. Gleichzeitig fühle ich mich mehr denn je mit mir selbst in Kontakt. Ein Abenteuer, für das ich euch von Herzen danke!

Wir freuen uns, dass du es genauso erlebst. Danke für dein Vertrauen! Wir sehen übrigens, dass eure kollektiven Felder des Misstrauens in den letzten Monaten langsam lockerer geworden sind. Gleichzeitig ist euer Unterscheidungsvermögen gewachsen. Ihr macht eure Arbeit sehr gut, ihr Lieben! Diese Erleichterung hat damit zu tun, dass ihr einen Teil eurer kollektiven Ängste aus der Zeit der atlantischen Kultur erlösen konntet. Immer wenn ihr etwas von der einst »eingefrorenen« Energie erlöst, erhaltet ihr das Geschenk fließender, lebendiger Liebesenergie zur Belohnung. Euer Selbstvertrauen ist dadurch gestärkt. Wie in einem Spiegel könnt ihr auch anderen Menschen und Wesenheiten leichter vertrauen. Ihr seid in Verbindung mit der Kraft eures Herzens und wisst intuitiv, wer euer Gegenüber ist und wie ihr ihn einzuschätzen habt.

Gerne fassen wir noch einmal zusammen, warum uns die Erkenntnis eures ICH BIN so sehr am Herzen liegt.

- Ihr seid Meisterinnen und Meister der Liebeskraft. Indem ihr euch erkennt, erschafft ihr mehr von dieser wundervollen Zauberenergie, die allen Wesen Freude und Wohlbehagen schenkt. Mit eurer wahren Natur erzeugt und verankert ihr die feinste und reinste Qualität der göttlichen Schöpferkraft: lebendige Liebesenergie für Alles was ist.

- Vor etlichen Jahrtausenden verlort ihr euer ICH BIN aus dem Bewusstsein. Bestimmte Wesenheiten des Universums trennten euch (mit eurem Einverständnis auf der Seelenebene!) von eurer ureigensten Kraft. Gewalt, Herrschaft und die Illusion der Trennung entstanden als Folge dieser Manipulation. Um euer Leiden zu überwinden, benötigt ihr die Rückerinnerung an eure wahrhafte Natur.

- Das Zeitalter der Synthese ist angebrochen, und ihr seid auf dem Wege in eure eigentliche Heimat. Während ihr euer

ICH BIN entdeckt, erkennt ihr die göttliche Quelle selbst. Dies ist der Augenblick, in dem sich die Schleier allen Irrtums auflösen. Riesige Energiemengen werden auf diese Weise frei gesetzt. Ihr erschafft, und erkennt euch als Schaffende in einem Moment.

❍ Ihr seid Wesen der Körperlichkeit. Ihr besitzt den Mut, euch in einer äußerst eingeschränkten Welt zurechtzufinden. Diese freiwillig gewählte Enge macht euch stark. Große Kriegerinnen und Krieger des Lichtes seid ihr. Indem ihr euer ICH BIN erkennt, erscheint ihr als wundervolle neue Macht der Liebe im Universum. Die gesamte Schöpfung profitiert von eurem Weg und dankt euch in Anerkennung für euer Sein. Ihr werdet die älteren Geschwister weiterer Welten sein, ähnlich, wie wir es jetzt für euch sind.

Klingt wirklich wundervoll. Jetzt brauchen wir nur noch ein paar Hinweise, wie wir diesen Zustand erreichen.

Hier ist eine sehr gute Nachricht für euch: Dieser Zustand wohnt bereits in euch! Er ist ein immer und überall anwesender Teil von euch! Erkennt ihn, nehmt ihn in Anspruch und lebt entsprechend. Mehr braucht ihr nicht zu tun.

Wenn das so einfach ist, frage ich mich, warum es auf der Welt noch soviel Elend gibt ...

Das tun wir auch gelegentlich. Wir sehen euer Potenzial glasklar. Manchmal wundern wir uns wirklich darüber, dass ihr selbst es noch so selten erkennt. Aber genau das ist ja auch die große Besonderheit dieser Zeit. In anderen Zeitaltern erkannten eure Geschwister einzeln und unter großen Mühen ihre wahre Natur. Erleuchtung nennt ihr diesen Prozess. Denn wer einmal die wahre, göttliche Essenz der Liebe gekostet hat, strahlt für den Rest seiner Tage in reinstem Licht.

Und nun lebt ihr in dieser aktuellen, wirklich außerordentlichen Zeit, in der aus allen Regionen des Universums hilfreiche Strahlungen zu euch strömen. Gemeinsam, und mit deutlich weniger Mühe, erreicht ihr jetzt die Glückseligkeit, nach der ihr euch sehnt. Habt noch ein wenig Geduld, ihr Lieben, und gestattet der Dynamik der Schöpfung, ihr Werk zu tun. Es ist das Werk eures ICH BIN!

Eure größte Einschränkung erschuft ihr im Bereich eures Denkens und Urteilens. Seit Jahrtausenden entwickelt euer Verstand die Muster, nach denen ihr lebt. Eure Überzeugungen und Grundeinstellungen bilden mächtige Käfige, die eure Wahrnehmung, eure Entdeckerfreude und euer tieferes Urteilsvermögen begrenzen. Ihr selbst habt sie erschaffen. Und gleichzeitig sitzt ihr darinnen, als hätte die Freiheit für euch nie existiert. Bitte erinnert euch einen Moment lang daran, wie viele berühmt gewordene Irrtümer ihr im Laufe eurer Geschichte bereits selbst widerlegen konntet.

Ist eure Erde eine Scheibe? Gewaltsam und verbissen habt ihr diese Idee über Jahrhunderte hinweg verteidigt. Haben auch die Frauen eine göttliche Seele? Erst vor etwa hundert Jahren entschlossen sich eure Kirchenväter dazu, diesen Gedanken anzuerkennen. Gibt es eine raschere Bewegung im Universum als die Lichtgeschwindigkeit? Obwohl ihr offensichtliche Hinweise dafür besitzt, dass noch völlig andere Geschwindigkeiten und Fortbewegungsmuster existieren müssen, als es eure bisherige Physik behauptet, leugnen eure Lehrer und Wissenschaftler sogar die Möglichkeit dieses Gedankens. Beobachtet den Zeitraum einiger Jahrzehnte, und ihr könnt aus den Lehrmeinungen eurer Schulen ein »Buch der Irrtümer« füllen. Erinnert euch daran, welche Überzeugungen eure medizinischen Wissenschaftler vor zwanzig oder dreißig Jahren vertraten. Und dann vergleicht diese mit den heute gültigen Erkenntnissen.

Wir bitten euch, ihr lieben Geschwister, übt Behutsamkeit in eurem Denken! Haltet für möglich, was ihr bisher noch nicht kennt. Lernt aus eurer Geschichte, und anerkennt eure Fähigkeit zum Irrtum. Tut dies alles ohne Kritik und in Liebe euch selbst und anderen gegenüber. Euer Irrtum beinhaltet keinen Fehler. Ihr selbst erschafft euch in diesem Muster, um zu entdecken, was ihr zuvor verborgen hattet. Warum lieben eure Kinder das Versteckspiel? Sie genießen es, sich selbst oder ihre Spielzeuge zu verstecken, zu suchen und wiederzufinden. Ihr Spiel bereitet ihnen Freude. Beobachtet sie: Sie sprühen vor lebendiger, glücklicher Liebesenergie. Dieselbe Energie sendet ihr aus, wenn ihr einen weiteren Teil eurer selbst gebastelten Verstecke aufgefunden habt.

Nur wenn ihr euch festlegt, mauert ihr euch ein. Kinder vergessen vielleicht eine zeitlang, wo sie ihre Sachen versteckt hatten. Aber sie wissen immer, dass sie gerade spielen. Sie würden sich nicht plötzlich bekriegen, um zu beweisen, dass es kein Versteck gab. Immer halten sie den Raum der Möglichkeiten geöffnet. Immer wissen sie, dass es mehr gibt jenseits des Offen-sichtlichen. In jedem Augenblick sind sie bereit, sich überraschen zu lassen, von neuen, ungewöhnlichen Entdeckungen. Kinder beginnen ihren Tag in der Vorfreude auf eine immer wieder neue Welt. Und genau damit genießen sie ihren Anteil am Himmelreich – ihr ICH BIN – besonders.

Lernt von euren Kindern, ihr lieben Sternengeschwister! Werdet wie sie. Übt euch in ihrer Geisteshaltung. Öffnet euren selbst erschaffenen Käfig der scheinbaren Wahrheiten und entdeckt die riesige Fülle tatsächlicher Wahrheiten eures göttlichen Seins! Viele weise Meister haben euch darin angeleitet, den Geist der Kinder zu erkunden und zu leben. »Werdet wie die Kinder!«, ist ihre Botschaft. Findet euer Glück, indem ihr diesen Gedanken beherzigt – nehmt ihn in euer Herz!

Von eurem ursprünglichen Wesen her seid ihr energievolle Künstler der Verwandlung. Als solche erschafft ihr euch neu in jedem Augenblick eures Seins. Hättet ihr nicht eure Übereinkünfte und Glaubensmuster, so könntet ihr euch tagtäglich – ja sogar in jeder Minute eures Lebens – ein neues, verändertes Sein erschaffen. Stellt euch das einmal bildlich vor, ihr Lieben: eure körperliche Gestalt, euer Lebensumfeld, euer Eingebundensein in die menschliche Gemeinschaft, mit der ihr lebt – all dies könnte sich verändern in jedem Augenblick. Es bedürfte ausschließlich eures ICH BIN.

Überrascht euch diese Wendung? Versteht ihr jetzt, wie unendlich bedeutsam die Erkenntnis eures ICH BIN für euch ist? Vielleicht findet ihr den Gedanken ungemütlich, euch in jeder Minute eures Seins neu zu erschaffen. Vielleicht lebt ihr lieber mit der scheinbaren Sicherheit einer einmal gefällten Entscheidung. Liebe Geschwister: Wir möchten euch ermutigen, euren Käfig zu öffnen. Ob ihr euch darin aufhaltet und eure Macht beschränkt, oder ob ihr eure wirkliche Freiheit in Anspruch nehmt – dies ändert nichts an den Gesetzen der großen Schöpfung. Akzeptiert die immerwährenden Tatsachen eurer wahren Natur. Erkennt euch als die unendlich schöpferischen Formwandler, die ihr seid. Und entscheidet dann, wie ihr leben möchtet!

Wow ... das ist ja eine riesige Perspektive ...

Genau das möchten wir euch gerne vermitteln. Einige hunderttausend Jahre lang habt ihr die Großartigkeit dieser Wahrheit übersehen, versteckt oder geleugnet. Vielleicht konntet ihr sie bisher noch nie in voller Schönheit erkennen. Vielleicht musstet ihr auf diesen Augenblick eurer Entwicklung warten, um diese wundervolle Fülle mit eurer gesamten Kraft anzuerkennen. Die Zeit der Entscheidung ist gekommen. In diesen wenigen Jahren der Wandlung öffnet sich für euch ein mächtiges Tor der Gelegenheiten. Alles was ihr versteckt, vermisst, entbehrt und ersehnt habt, wartet auf euch in den Räumen hinter diesem Tor. Steckt euren Schlüssel ins Schloss und öffnet das Tor für euren Übergang. Ihr kennt den Schlüssel, liebe Geschwister: Es ist euer ICH BIN.

—

Liebe Sirianer, wir freuen uns sehr darauf, unser gemeinsames Gespräch fortzusetzen.

Deine Freude ist ganz unsererseits. Wo fühlst du sie übrigens?

Hmmmh – überall. Das sind richtig dicke Wellen, die durch mich hindurchziehen. Besonders stark fühle ich sie im Bauch und im Brustkorb. Das passt eigentlich ganz gut zu unseren heutigen Fragen. Wir möchten nämlich gerne mit euch über die Stimme des Herzens sprechen.

Und wer spricht da?

Na ja, momentan bin ich das. Aber es gibt auch viele Freundinnen und Freunde, die jetzt gespannt zuhören.

Und wer ist ICH?

Also, wollt ihr mich veräppeln? Das dürfte doch schon länger klar sein ... schließlich führen wir diese Gespräche jetzt seit zwei Jahren ...

Bist du dir denn darüber klar, wer ICH ist?

Irgendwie seid ihr heute ein bisschen streng. Ich wollte jetzt keine spirituelle Schulung nach dem Motto: »Sag mir, wer du bist ...«

Was willst du dann?

Euch ein paar Fragen stellen.

Und wer fragt da?

Ach, du liebe Güte ... das hatten wir doch schon ...

Stimmt genau. Fällt dir etwas dabei auf?

Na klar. Unser Gespräch dreht sich in Schleifen und kommt nicht voran.

Wohin möchtest du denn »vorankommen«?

Ich will gerne mal zum Punkt kommen.

Und wo liegt der?

In unseren Fragen.

Und wer fragt?

Also, habt ihr heute keine Lust, oder was soll dieses Hin und Her?

Interessant, wie schnell du dich verwirren lässt. Du weißt doch, dass wir nicht bewerten. So etwas wie »Lust« oder »keine Lust« kennen wir nicht. Wir genießen unser Sein in jedem Augenblick. Und du? Was ist jetzt aus deiner Freude geworden?

Ehrlich gesagt bin ich allmählich ein bisschen genervt.

Stimmt. Gedankenschleifen empfindet ihr als nervig. Sie ermüden euch. Eure wundervolle, spontane Kreativität bleibt auf der Strecke. Und was wolltest du nun fragen?

Wir möchten gerne wissen, was »die Stimme des Herzens« ist.

Ist die denn jetzt schon zu Wort gekommen?

Ihr seid wirklich raffiniert. Führt ihr mich hier die ganze Zeit im Kreis herum, um mir unsere Frage indirekt zu beantworten?

Wer führt hier wen?

Das weiß ich auch nicht. Aber so kommen wir nicht voran.

Das hatten wir schon mal. Wohin möchtest du denn wirklich kommen?

Ich hätte gern Klarheit.

Und wo liegt die?

In meinem Herzen?

Natürlich. Während dein Verstand sich hier mit vielen Wiederholungen quält, schmunzelt dein Herz gemütlich vor sich hin. Es fühlt sich sicher und geborgen. Das ist seine Natur. Ihm ist sonnenklar, dass es die Antwort auf alle Fragen bereits besitzt. Seit Anbeginn aller Zeiten! Das Herz hat keine Fragen. Das Herz weiß. Es IST!

Hat es denn dann überhaupt eine Stimme?

Das kommt darauf an, was du unter »Stimme« verstehst.

Stimme ist etwas, das ich hören kann.

Und hörst du die Stimme deines Herzens?

Es gibt viele Augenblicke, in denen es mir so erscheint. Ich kann zum Beispiel eine Frage stellen und erhalte die Antwort darauf. Aber manchmal bin ich mir nicht so sicher, ob ich wirklich »die Stimme des Herzens« höre ...

Und wer zweifelt in diesen Momenten?

Na ja, das ist dann wohl wieder mal mein Verstand?

Du scheinst wirklich verunsichert zu sein. Wir verraten dir ein Geheimnis: Wenn du der Stimme deines Herzens aufmerksam lauschst, lösen sich alle deine Fragen. Im Einklang (im selben Klang!) mit deinem Herzen weißt du genau, was du wissen möchtest. Alles in dir kommt zur Ruhe. Denn hier liegen deine unendliche Weisheit und das gesamte Wissen von Allem, was ist. Du kennst diesen Zustand. Ein heiterer Frieden breitet sich in dir aus. Du fühlst dich klar und sicher. Erinnerst du dich an einen konkreten Moment, in dem es dir so erging?

Ja, natürlich. Da kommen mir einige in den Sinn ...

Dann bitten wir dich jetzt um Folgendes: Entspanne dich und lausche einen Moment lang in dein Inneres. Und nun stell dir selbst die Frage: »Wie viel Prozent meiner Zeit war ich in der letzten Woche mit meinem Herzen im Einklang?«

Oh je ... schon bevor euer Satz zu Ende war, hörte ich innerlich »fünf Prozent«. Das ist ja nicht sehr viel ...

Bitte löse deine Beurteilungen auf. Viel oder wenig – das ist ausschließlich eine Frage des Standpunktes. Interessant ist, dass du die Antwort sofort erkanntest. Hier hast du ein Merkmal für die Stimme deines Herzens: Sie meldet sich unverzüglich. Antworten, auf die du länger als ein paar Sekunden wartest, stammen selten aus dieser Quelle.

Euer Herzraum bildet eine Art Sternentor. Hier seid ihr verbunden mit Allem, was ist. Hier befindet sich euer direkter Anschluss an die schöpferische Quelle selbst. Ihr erkennt ihre Qualitäten der bedingungslosen Liebe, der Güte, der nicht urteilenden Hingabe. Ihr erkennt all dies, weil ihr selbst ein Teil der Quelle seid. In ihr fühlt ihr euch uneingeschränkt wohl und geborgen. Folgt diesem Gefühl, und ihr erkennt eure Herzensstimme.

Die Stimme des Herzens urteilt nicht. Sie stellt Dinge klar. Dabei ist sie unbestechlich. Ihre Antworten strömen aus der Ebene jenseits von Raum und Zeit zu euch. Ohne Zeitverzögerung erkennt ihr ihre Botschaften augenblicklich. Ganz gewiss erkennt ihr auch die besondere Energiequalität, die gleichzeitig zu euch fließt. Ihr erkennt die Stimmigkeit dieser Informationen. Auch wenn ihr ihren Inhalt manchmal lieber nicht anerkennen würdet …

Stimmt! Ich weiß, wovon ihr sprecht. Aber eines verstehe ich nicht: Wenn diese Kommunikation so einfach ist, warum war ich dann nur zu fünf Prozent damit in Kontakt?

Ja, warum?

Irgendwie lasst ihr mich heute anscheinend gerne ein bisschen zappeln?

Das liegt uns fern. Unsere Absicht ist es, der Stimme deines Herzens Raum zu geben. Wenn wir deine Fragen sofort beantworten, wird dieser Raum sehr eng.

Aha, ihr antwortet uns mal wieder durch die Struktur eurer Botschaften?

Struktur ist Form gewordene Göttlichkeit. Euer Verstand möchte gerne viele Inhalte sammeln. Aber mal ehrlich: Macht dich diese Sammlung zufrieden?

Nicht wirklich. Am glücklichsten bin ich immer dann, wenn ich gar keine besonderen Inhalte mehr durchdenken muss. Das reine, entspannte Sein ist mein größter Genuss.

Ganz genau. Das ist die genussvolle Stille des Herzens. Allerdings handelt es sich dabei nicht um eine akustische Stille. Setz dich mitten auf einen dröhnend lauten Platz, und komm innerlich zur Ruhe. So gibst du der Stimme deines Herzens Raum …

Dann war ich wohl zu 95% unruhig in der letzten Woche?

Vermutlich. Wir bitten dich noch einmal, deine Bewertungen aufzulösen. Beobachte dich aus der Kraft deines Herzens. Erkenne deine Gewohnheiten mit Liebe und Güte. In dieser Haltung schaffst du beste Voraussetzungen für deine Entfaltung.

Die Stimme des Herzens ist eine Ausdrucksform der schöpferischen Quelle. Ihre Botschaften beschützen und achten das Lebendige. Auch daran erkennt ihr diese Stimme. Entfaltung und Wachstum bilden Grundprinzipien des Lebens. Die Stimme des Herzens leitet euch darin an, euer Wachstum zu pflegen.

Die schöpferische Quelle bedient sich unzähliger Kanäle und Möglichkeiten, um zu euch zu sprechen. Grenzenlos kreativ drückt sie sich in jeder Facette eures alltäglichen Lebens aus.

Ihre Botschaften erreichen euch durch Gesten und Worte anderer Menschen, durch die berühmten Synchronizitäten, durch die Reaktionen eurer Umwelt auf euer Sein, durch eure Träume, Visionen, Inspirationen …

Moment mal – jetzt dehnt ihr den Begriff »Stimme des Herzens« ja unendlich weit aus … kann man denn da noch von »Stimme« reden?

Wenn du möchtest … Deshalb fragten wir dich ja anfangs, was du unter »Stimme« verstehst.

Und meine Antwort war: »Etwas, das ich hören kann« …

Richtig. Hörst du denn, wie die gesamte Schöpfung zu dir spricht?

Na ja, das kommt schon vor. Aber wo ist dann mein Herz?

Dehne den Raum deines Herzens aus, und alle Universen finden darin Platz!

Wow … Dann ist also unser Menschenherz der Ort, an dem alles zusammentrifft? Und die »Stimme des Herzens« spricht von überall zu uns?

So kannst du es sehen. Allerdings bitten wir dich, neben Inhalten und Informationen auch ganz besonders auf deine Gefühle zu achten. Erinnere dich an die Qualitäten der Herzensquelle. Dann wirst du sie immer erkennen – egal, aus welcher Richtung sie zu dir spricht. Euer Herzraum bildet tatsächlich ein sehr besonderes Energiefeld. Auf dieser Ebene fällt es euch leicht, eure Multidimensionalität zu erfahren. Aber auch jede eurer Körperzellen steht gleichermaßen in Verbindung mit Allem, was ist.

Eure Körperzellen besitzen mit ihrer Erbinformation (eurer DNA) so etwas wie einen Mikrochip. Milliarden von Mikrochips speichern die gesamte Information der Schöpfung. Ihr habt davon gehört, dass eure Körperzellen Lichtquanten aufnehmen und abgeben. Ihr nennt sie Biophotonen. Das Molekül eurer Erbstruktur hat die Eigenschaften einer Antenne. Eure Körperzellen senden Lichtwellen ins Universum. Jede Zelle empfängt Lichtwellen aus allen Regionen der Schöpfung. Lichtwellen tragen Information. So seid ihr tatsächlich – auch in einem sehr physikalischen Sinne – mit allen Informationen verbunden, die es je gab, gibt, und geben wird. Alles, was existiert, befindet sich im Quantenraum der Jetzt-Zeit.

Ach, du meine Güte ... dann wählt die Stimme des Herzens ihre Botschaften also aus einer Riesenbibliothek aus?

Stimmt!

Wie kann sie die Dinge dann so klar und rasch auf den Punkt bringen?

Stell dir vor, du wärest die Quelle allen Seins (und tatsächlich bist du ein Teil davon, so wie ihr alle es seid). Wie würdest du es anstellen, zu jedem Zeitpunkt aus der Vielfalt aller Möglichkeiten die klarste und nützlichste Botschaft für einen Menschen auszuwählen? Was sagt dir dein Herz?

Ich höre das Wort Resonanz. Aber ich sehe noch keine Verbindung zu unserem Gespräch ...

Resonanz kommt von resonare: zurück- oder mit-erklingen. Da wird etwas gespiegelt ...

Wollt ihr damit sagen, dass die Stimme des Herzens ihre Botschaften nach Gesetzen der Ähnlichkeit auswählt? Wird uns jeweils die Lichtwelle geschickt, die mit unserer eigenen Ausrüstung in Resonanz steht?

Erinnerst du dich an den Satz: »Die Lösung ist bereits im Problem enthalten«?

Ja, sicher. Das erlebe ich auch oft so. Dann wohnt also die Stimme des Herzens mit allen Informationen dieser Welt in jeder meiner Zellen? Und bei Bedarf gibt sie mir Antwort, indem sie mein Problem mit einer schon vorbereiteten Lösung in Resonanz bringt?

Genau. Du weißt ja: ALLES IST EINS, HIER, JETZT!

Was unterscheidet denn dann die Stimme des Herzens von der Stimme der Engel, der Stimme Gottes, der Stimme meiner innersten Weisheit und all den anderen klugen Stimmen?

Ja, gibt es denn diese Unterschiede überhaupt? Wir wissen, dass ihr gerne viele Schubladen in einem Schrank eröffnet. Ihr fühlt euch wohl und sicher, wenn ihr die Vielfalt eures Lebens ordnen und sortieren könnt. Bitte erinnert euch an unseren Kernsatz: Im Grunde (im Urgrund!) ist Alles Eins!

Jetzt fühle ich mich genauso ratlos wie am Anfang unseres Gesprächs. Wie erkenne ich denn die Stimme meines Herzens, wenn gleichzeitig Alles Eins ist?

Jeder Impuls eures Denkens, Fühlens und Handelns steht in multidimensionaler Verbindung mit Allem, was ist. Um euch in dieser wirklich unendlichen Fülle zu orientieren, benutzt ihr euren Bewusstseinsfokus. Wie eine Taschenlampe richtet ihr eure Wahrnehmung jeweils auf einen bestimmten Ausschnitt der Wirklichkeit.

Unendlich lange schon verbindet ihr in eurem Bewusstsein euer Herz mit den Qualitäten der Liebe, der Güte, der Weisheit und des Friedens. Euer organisches Herz reagiert sensibel auf eure Gefühle und Gedanken. So habt ihr euren Herzraum zu einer kollektiven Metapher gemacht für die Eigenschaften eurer göttlichen Seele. Ebenso könntet ihr im Geiste jede eurer Körperzellen mit diesen Qualitäten verbinden. Wie wäre es, wenn ihr anstatt von »der Stimme des Herzens« von der Stimme eurer Zellen sprechen würdet?

Na ja, das hört sich ein bisschen ungewöhnlich an. Aber was ist schon Gewohnheit ... In unseren bisherigen Gesprächen bittet ihr uns allerdings selbst oft darum, der Stimme unseres Herzens zu lauschen. Warum nennt ihr sie denn so?

Wir gehen mit euch und den euch vertrauten Gewohnheitsmustern in Resonanz. So erschaffen wir eine Verständigungsbrücke, über die wir später auch für euch ungewöhnlichere Dinge transportieren können ...

Liebe Geschwister, bitte erinnert euch daran: Ihr besitzt zu jedem Zeitpunkt alles, was ihr braucht! Wenn ihr die Stimme eures Herzens erkennen möchtet, erinnert euch an ihre göttlichen Qualitäten. Akzeptiert nur diejenigen Botschaften, mit denen ihr euch innerlich im Einklang fühlt. Achtet auf den Frieden in eurem Herzen. Findet eure Momente der Glückseligkeit. Sie bilden den Leitstrahl, der euch in eure göttliche Heimat trägt. Diese Heimat wohnt in euch. In euch selbst findet ihr, was ihr sucht; an jedem Ort, und zu jeder Zeit!

Liebe Sternengeschwister, wir danken euch von Herzen! Dies ist wohl Stoff für längere Betrachtungen ...

Wenn du magst, betrachte ihn immer wieder aufs Neue. In diesen Abschnitten steckt die Weisheit eures Seins; die Weisheit eures ICH BIN. Hier ist alles enthalten, was ihr für euer erfülltes, glückliches Leben braucht.

Darf ich denn trotzdem noch weitere Fragen stellen? Ich besitze eine lange Liste von Punkten, die unsere Freunde und wir gerne mit euch diskutieren würden.

Natürlich darfst du Fragen stellen. Solange du möchtest, und soviel du möchtest. Mit euren Fragen bewegt ihr euch im »Raum des aufgefalteten Fächers der Göttlichkeit«. Die eine göttliche Energie spielt mit der Vielfalt ihrer Erscheinungen. Sie erfreut sich an ihrer eigenen Ausdehnung und Differenzierung. Eure vielen Fragen stehen für die unendlich große Fülle göttlicher Möglichkeiten. Gleichzeitig wisst ihr ja schon, dass Alles Eins ist. Im Augenblick dieser Erkenntnis seid ihr ohne Fragen.

Also dann mach ich mal mit meiner Liste weiter. Könnt ihr uns etwas zum Umgang mit Verstorbenen sagen? In vielen Kulturen gibt es besondere Rituale für die Sterbenden und die Verstorbenen. Brauchen wir etwas davon? Was sollten wir unbedingt berücksichtigen? Ist es zum Beispiel erlaubt, sich mit verstorbenen Angehörigen zu unterhalten? Oder stört das die Seelen der Gegangenen in ihrer Ruhe? Wie können wir unsere Trauer und Wut erlösen, wenn wir mit einem plötzlichen Verlust konfrontiert sind?

Wir sehen aus deinen Fragen, wie sehr euch das Thema Tod beschäftigt und auch belastet. Wir versprechen euch schon jetzt, dass sich diese Belastungen in den nächsten Jahren während eurer Entwicklung zur Multidimensionalität vollständig auflösen werden. Indem ihr euch mit der Erkenntnis eures tatsächlichen Seins verbindet, werdet ihr den Tod als das erkennen, was er ist: ein sanfter Übergang zwischen den Welten. Trennung existierte schon immer ausschließlich in eurem Bewusstsein. Öffnet euch der Einheit allen Seins, und erkennt die Illusion des Todes.

Da kann ich euch nicht ganz folgen. Wenn man hier auf der Erde einen geliebten Menschen verliert, muss man doch zumindest darauf verzichten, ihn zu berühren, ihm körperlich nah zu sein, die sinnlichen Freuden dieses Lebens mit ihm zu genießen …

Alles, was du jetzt genannt hast, betrifft einen winzig kleinen Ausschnitt eures Seins. Eure körperlich stoffliche Form erscheint als Folge einer ganz speziellen Entscheidung, die ihr gerade trefft. ICH BIN KÖRPER, lautet diese Entscheidung. Was alles seid ihr noch, ihr Lieben? Erforscht und genießt die unendlich vielschichtigen Möglichkeiten eurer Existenz. Unzählige Freuden und Genüsse verbergen sich in eurem erweiterten Sein. Ent-Deckt sie und verbindet euch mit der gesamten Schöpfung, die in euch wohnt. Auch eure geliebten Verstorbenen wohnen in euch. Übt euch in der bewussten Kommunikation mit ihnen. Lernt die Sinnlichkeit des Herzens kennen. Nichts gibt es, was ihr vermissen müsst, wenn ihr euch dem gesamten Reichtum der Schöpfung öffnet!

Das reicht aber oft nicht, wenn man eine Trauer durchlebt …

Aber? Merkst du, wie du festhältst an deinen vertrauten Mustern? Du lebst in der Überzeugung, dass jeder Abschied Schmerzen und Trauer verursachen muss. Solange du diesen Gedanken in dir nährst, wirst du selbstverständlich genauso empfinden. Niemand könnte dich daran hindern … Du selbst kannst dich neuen Überzeugungen annähern, wenn du das möchtest. Auch heute noch gibt es Kulturen auf eurem Planeten, deren Menschen den Tod als einen wundervollen Übergang begrüßen. Sie feiern die Reise des Verstorbenen und wenden sich danach ihren eigenen Aufgaben zu.

Das verlangt viel Kraft. Ich bewundere Menschen, die diese Haltung üben. Aber ich weiß nicht, wie man einen solchen Gedanken in unserer Kultur verankern könnte ...

Interessant, wann du das Wort »aber« benutzt. Wenn du magst, lausche dir selber. Immer, wenn du »aber« sagst, löscht du die voraus gegangenen Informationen. Du selbst hast dann Gelegenheit, dich an deinen gewohnten Mustern festzuhalten. Ersetze »aber« durch »und«, und du öffnest einen neuen Raum der Möglichkeiten für dich.

Du meinst, dass man viel Kraft braucht, um den Tod als sanften Übergang zu feiern? Wir sehen das genau umgekehrt. Einen großen Teil eurer kostbaren Lebensenergie verliert ihr bereits durch eure Angst vor dem Tod, während ihr noch vergnügt und unbelastet im Körper sein könntet. Außerdem verbraucht ihr sehr viel Kraft, wenn ihr den Tod als etwas Schreckliches, Unerwünschtes erfahrt. Bedenke nur, wie viel Kraft ihr in eure Trauer, eure Verzweiflung, eure Hoffnungslosigkeit fließen lasst. Die Zeit des Trauerns ist voller gebundener Energie, die ihr auch anders für euch nutzen könntet.

Sagt das mal einem Trauernden ... ich glaube der würde sich beleidigt oder tief getroffen fühlen ...

Das mag sein. Und genau dies ist ein Hinweis darauf, dass er sich ausschließlich in seinen vertrauten Mustern bewegen möchte. Er wünscht keine neuen Impulse. Er lehnt es ab, das Geschehen auch einmal aus einem anderen Blickwinkel heraus zu betrachten.

Findet ihr nicht, dass ihr ein bisschen hart seid? Wo bleibt eure Anteilnahme für die Leidenden?

Liebste Schwester, wir umarmen dich! Unsere Anteilnahme für euch ist grenzenlos. Sie ist Teil der tiefen Liebe, die uns alle miteinander verbindet. Gleichzeitig sehen wir, was ihr tut. Euch dies zu vermitteln ist ein wesentlicher Teil unserer Gespräche. Im Unterschied zu euch erfahren wir die Ereignisse schon sehr lange aus multidimensionaler Sicht. Wir blicken über die Grenzen eures derzeitigen Gedankenkäfigs hinaus. Alle großen Meister eures Planeten taten dies. Erinnert euch an den Satz: »Tod, wo ist dein Stachel?«. Im erweiterten Bewusstsein werdet auch ihr bald eure Irrtümer und Illusionen erkennen. Bitte versteht, dass wir euch in unseren Gesprächen dazu anregen, euren eigenen Blickwinkel zu öffnen und zu erweitern.

Ihr fragt, ob ihr mit den Verstorbenen kommunizieren dürft? Ihr macht euch Sorgen, ob ihre Ruhe durch diesen Austausch gestört werden könnte? Damit ihr unsere Antwort versteht, bitten wir euch, euer Bewusstsein jetzt auszudehnen. Natürlich dürft ihr mit den Verstorbenen kommunizieren! Ihr kommuniziert sowieso andauernd mit Allem was ist. Ihr könnt gar nicht »nicht kommunizieren«. Ihr alle seid Teil eines gemeinsamen Energie- und Lichtfeldes. Diese Verbundenheit ist zu jedem Zeitpunkt sehr grundsätzlich. Ihr seid unauflöslich verbunden mit Allem was ist! Ihr seid Teil von Allem was ist. Eure verstorbenen Liebsten sind es ebenso wie ihr.

Na ja, aber ist es nicht ein Unterschied, ob ich allgemein »verbunden« bin, oder ob ich eine Seele bewusst herbeirufe?

Richtig! Euer bewusstes Tun ist immer verschieden von euren unbewussten Handlungsimpulsen. Euer Bewusstsein wirkt wie ein Scheinwerfer. Eure gebündelte Aufmerksamkeit gibt den Dingen Kraft. Je mehr ihr euer Bewusstsein auf einen Impuls ausrichtet, umso kraftvoller werden die daraus folgenden Handlungen sein. Dies ist ein Grundprinzip der Schöpfung. Bewusstsein ist der Verstärker aller Bewegungen im Universum.

Wenn ihr aus eurer gegenwärtigen Position heraus die Seele eines Verstorbenen herbeiruft, fließt euer reduziertes, sehr persönliches Energiepotenzial in diesen Ruf hinein. Die Persönlichkeitsebene der großen verstorbenen Seele antwortet möglicherweise. So bindet sich Persönlichkeit an Persönlichkeit. Damit reduziert ihr eure wirkliche Größe auf einen sehr kleinen Teil. Dies ist der Grund dafür, dass die Weisen eures Planeten davon abraten, sich an die Verstorbenen zu binden. Deshalb empfehlen sie euch, euren Liebsten im Jenseits ihre Ruhe zu gönnen.

Es gibt noch einen weiteren Grund für diese Empfehlung. Der reduzierte Anteil eures persönlichen Selbst könnte sich unbewusst von eurem gesamten Energiefeld abspalten. So entstehen »verlorene« Seelenfragmente; Energieansammlungen, die mit ihrem Träger nicht mehr in bewusstem Kontakt stehen. Viele von euch erleben nur einen Ausschnitt ihres ganzen Seins. Ihre verschiedenen Seelenanteile sind abgespalten und fühlen sich heimatlos einer scheinbaren Einsamkeit ausgesetzt.

Vielleicht hilft euch ein Bild dabei, dies besser zu verstehen: Stellt euch vor, dass euer gesamtes Sein aus einer riesigen Energiewolke besteht. Durch diese große, wundervolle Lichtwolke fegt nun der Wind der Emotionen und Gedanken. Er zersplittert sie in zahlreiche kleinere Wolken. Über unendlich viele Inkarnationen hinweg haben eure Gedanken und Gefühle euch in eurem wahren Potenzial »zerstreut«. Eure Energiewolke treibt in vielen einzelnen Portionen durch Zeit und Raum. Die einzelnen »Unterwölkchen« wissen meist gar nicht mehr, zu welchem großen Ganzen sie gehören. So entsteht die Illusion von Einsamkeit und Trennung.

Nun übertragt dieses Bild auf eure Begegnungen untereinander. Stellt euch vor, dass ein Teilwölkchen ein anderes trifft. Beide lieben sich, und möchten nicht mehr voneinander lassen. Zusätzlich zu ihrer Illusion der Einsamkeit und Trennung erschaffen sie eine neue Illusion: »Ich kann ohne dich nicht sein«. Im Bewusstsein entfernen diese verschiedenen Irrtümer die Seelenwölkchen scheinbar von ihrem Gesamtpotenzial. Immer mehr verstricken sie sich in der Illusion der Trennung.

Dann tritt für einen von beiden der körperliche Tod ein. Im selben Augenblick erfährt die Seele des Verstorbenen die ganze Großartigkeit ihres Seins. Sie erinnert sich an die große Wolke, zu der sie gehört. Sie erkennt ihre Irrtümer. Lächelnd betrachtet sie ihren Liebsten oder ihre Liebste in der irdisch körperlichen Form. Sie sieht seine oder ihre Begrenzungen. Sie erkennt die Irrtümer, die hierin liegen. Und sie muss sich in Geduld üben. Der Schleier, der über den Irdischen liegt, konnte bisher nur in ganz besonderen Momenten gelüftet werden. Augenblicklich ändert sich dies mit der neuen Energie eurer aktuellen Zeit schrittweise. Bisher aber musste die Seele des Verstorbenen die Grenzen ihres irdischen Gefährten akzeptieren.

Wie entscheidet sie sich in dieser Situation? Wird sie einen Teil ihres Potenzials erneut abspalten, um ihrem Gefährten persönlich nah zu sein? In diesem Fall entwickelt sie sich zu einer »verlorenen« Seele, die dem Energiefeld des irdisch lebendigen Menschen »anhaftet«. Weil sie die Verbindung zu ihrer »Gesamtwolke« erneut aufgibt, ist sie auf ihrem Entwicklungsweg im Jenseits behindert. Davon sprechen eure Weisen, wenn sie euch empfehlen, den jenseitigen Seelen Ruhe zu gönnen. Auch ihr selbst seid auf eurem Weg behindert, denn das anhaftende Seelenfragment lebt in eurem Feld und nährt sich von eurer Energie. Ruft also niemanden zu euch, der seinen eigenen Weg gehen möchte.

Verbindet ihr euch jedoch in der Liebesqualität eures Herzens mit dem liebenden Herzen eines Verstorbenen, so befindet ihr euch gemeinsam in einem vergrößerten Raum der Seele. Hier seid ihr miteinander aufs Innigste verbunden. Hier könnt ihr euch begegnen, Zwiesprache halten, Gemeinsamkeiten und Liebe miteinander genießen. Genießt diese Nähe auch körperlich, ihr Lieben! Nichts gibt es, auf das ihr verzichten müsstet. Im Herzensraum der Seele begegnet ihr euch mit eurem vollständigen Sein. Euer Körper wird die Seligkeit dieser Momente in Form von Hormonausschüttungen spiegeln. Alles, was ihr gerne mit euren Liebsten teilen möchtet, findet ihr hier. Im Quantenraum der Seele seid ihr geschützt vor Abspaltungen und Irrtümern.

Ich glaube, ich verstehe zumindest teilweise, was ihr sagen wollt. Und wie können wir sicher sein, dass unsere Begegnung mit einem Verstorbenen wirklich im Herzensraum der Seele stattfindet? Wie können wir erreichen, dass unsere persönlichen Wünsche und Sehnsüchte sich nicht einmischen und unseren jeweiligen Weg behindern?

Eine wichtige Frage, und wir beantworten sie sehr gerne. Bitte erinnere dich an unser Gespräch über die Stimme des Herzens. Weißt du noch, woran du sie erkennst?

Ich glaube, das hat mit meinem Gesamtzustand zu tun. Die Stimme des Herzens lässt mich im Zustand des Friedens, der Ausgewogenheit und der Liebe sein. Eine innere Ruhe durchströmt mich.

Sehr gut! Genau dieser Zustand zeigt dir, dass du dich in deinem Herzensraum befindest. Innere Ruhe, Frieden, Heiterkeit, Leichtigkeit, Zuversicht, Vertrauen. Begegne den Seelen Verstorbener in dieser Haltung, und du kannst sicher sein, dich mit ihnen zusammen im Herzensraum der Seele zu befinden. Umgekehrt gilt: Fühlst du dich zerrissen, unruhig, traurig, wütend, verzweifelt, so befindest du dich in der Ebene deiner irdischen Persönlichkeit. Hier könnte es sein, dass du deine eigenen Wege und die des Verstorbenen behinderst, wenn du ihn zu dir rufst.

In diesem Fall empfehlen wir dir, zunächst für deine eigene Ruhe zu sorgen. Suche den Raum der Meditation auf. Verbinde dich mit deinen Engeln, deiner weisen Seele, deinem Herzensraum. Atme ruhig und entdecke deine Zugehörigkeit zu Allem was ist. Finde Geborgenheit in dir. Wisse dich geliebt und beschützt im Universum. Umhülle dich mit der Energie der göttlichen Schöpfungsquelle. Erlaube ihr, dich ganz zu durchdringen. Und dann beginne die Kommunikation mit deinen Liebsten im Jenseits, wenn du das Bedürfnis hierzu verspürst. Geschützt und gesegnet seid ihr auf diesem Weg!

Das klingt überzeugend. Ich fühle die Energie der Wahrheit in euren Worten.

So soll es sein!

Könnt ihr uns denn noch etwas zum Prozess des Sterbens sagen? Gibt es besondere Hilfen, die wir einem Sterbenden geben können? Sind bestimmte Rituale notwendig?

Ein wahrer Segen wird über euch kommen, wenn ihr nun bald euer Denken und Fühlen aus der Illusion der Trennung erhebt. Wenn ihr sehen könntet, was wir sehen … Ein dunkler Gürtel aus Gedanken und Gefühlen der Angst, der Verzweiflung, der Trauer und Wut umschließt wie eine zähe Masse euren gesamten Planeten. Diese lebensbehindernden Energien stören eure Entfaltung. Sie durchdringen Alles was ist. Sie rauben euch buchstäblich die Luft, die ihr zum Atmen braucht. Über Jahrhunderttausende eurer Geschichte habt ihr sie erschaffen. Ihr alle steht in Verbindung mit dem kollektiven Feld eurer alten Erinnerungen. Eure Gedanken- und Gefühlsschöpfungen verfolgen euch und behindern euer Sein.

Jeder weise Meister, jede weise Meisterin, der oder die in der Vergangenheit ihren persönlichen Aufstieg vollbringen wollte, musste sich durch dieses Dichtefeld des Schreckens hindurcharbeiten. Eure Mythologien und Märchen berichten von ihren Herausforderungen auf dem spirituellen Weg. Ihr nennt es Aufstieg und erzählt von den Prüfungen, die die Kandidaten auf diesem Einweihungsweg meistern müssen. Aus eurer eingeschränkten Sicht der Dreidimensionalität passt diese Beschreibung. Aus der erweiterten Sicht höherer Dimensionen zeigt sich ein anderes Bild.

Der spirituelle Schüler erkennt und erlöst in sich die Dichtestufen verirrter Gefühle und Gedanken. Gleichzeitig löst er damit auch seine Anbindung an das gemeinsam mit seinen Geschwistern erschaffene kollektive Feld. Er löst die Verankerung seines Lebensschiffes im zähen »Brei der Allgemeinheit« und findet sich im unermesslichen Ozean der Schöpfung ein. Dies ist die große spirituelle Befreiung des Aufstiegsprozesses, die ihr alle schon bald genießen werdet. Der »Aufgestiegene Meister« ist anschließend frei und erkennt die Wirklichkeit seines Seins in ganzer Fülle. Gleichzeitig ist das kollektive Feld der Illusionen schwächer geworden, weil ein weiterer Mensch es nicht mehr mit seiner unbedachten Aufmerksamkeit nährt.

Jede neu inkarnierte Menschenseele fühlte und fühlt die unbequeme Enge eurer Welt. Warum weinen und schreien eure Babies in den ersten Wochen nach ihrer Ankunft oft so herzzerreißend? Sie fühlen sich eingeengt und vermissen die Freiheit in den Räumen ihrer Herkunft. Sie spüren den dichten Gürtel aus verzweifelten Gefühlen und Gedanken wie Fesseln in ihrem Geist. Sie erinnern sich noch an ihr wirkliches Sein, bis die enge Verstrickung eures Kollektivs sie irgendwann in Vergessenheit versinken lässt. Reduziert und in ihrer Lebendigkeit beschnitten nehmen sie dann ihr irdisches Leben auf sich.

Wir hören, wie du innerlich den Zusammenhang zu unserem Thema suchst… Liebste Schwester: Du möchtest wissen, wie ihr einem Sterbenden am Besten bei seinem Übergang helfen könnt? Hier ist unsere Antwort: Erlöst den Gürtel der Irrtümer und Illusionen, der eure Welt und euer Bewusstsein in Fesseln hält. Erlöst in euch selbst die irrtümlichen Gefühle der Angst, der Verzweiflung, der Einsamkeit und der Trennung. Erkennt eure wahre Natur! Erkennt euch als die großen, göttlichen Seelen, die ihr seid. Erkennt euer ICH BIN!

Jede und jeder von euch, der seinen eigenen Entwicklungsprozess in dieser Zeit bewusst fördert und pflegt, erlöst Teile eures kollektiven Irrtums. Jede einzelne Erkenntnis aus euren Reihen schwächt den lebensbehindernden Gürtel der dreidimensionalen Illusion. Ein schwächerer Gürtel aus dichten Energien erlaubt euren Sterbenden einen sanfteren Übergang. Erkennt eure unauflösliche Verbundenheit und helft den Sterbenden dadurch, ihren Weg rasch und friedlich zu akzeptieren. Erschafft in euch, was sie brauchen: Zuversicht, Geborgenheit, inneren Frieden und die Gewissheit, immer und überall aufs Tiefste verbunden zu sein.

Die Kulturen eurer Welt haben die unterschiedlichsten Rituale für euren Abschied aus der physischen Form entwickelt. Jede Kultur hat das Recht, ihre eigenen Gebräuche zu pflegen. Jede Variante ist ein Teil des göttlichen Ganzen. Alles ist gut in diesem Sinne. Eines aber geht euch alle an: Erkennt die Illusion der Trennung und pflegt euren persönlichen Herzensfrieden in jedem Augenblick. Isoliert euch nicht in euch selbst durch Gefühle der Angst, der Zerrissenheit, der Trauer oder der Wut. Lasst diese Gefühle wie Wolken durch euch hindurchziehen, und identifiziert euch nicht mit ihnen.

Gefühle bestehen aus verdichteter Energie. Erschafft euch die Leichtigkeit eures erfüllten Lebens und gebt dem Sterben voller Vertrauen Raum darin. Vielleicht mögt ihr neue Bilder des Sterbens erschaffen? Vielleicht könnt ihr den Sterbenden segnen wie einen Reisenden, der zu neuen Abenteuern aufbricht? Vielleicht mögt ihr euch auch daran erinnern, dass ihr alle (jede und jeder von euch!) wählt, was ihr tut, in jedem Augenblick? Achtet euer selbst gewähltes Schicksal, und erkennt die Weisheit, die darin liegt. Eure irdischen Begegnungen mögen zeitlich begrenzt sein. Eure göttliche Verbundenheit ist dagegen unendlich!

Danke, liebe Geschwister! Eure Antwort ist wieder mal sehr gehaltvoll ...

So gehaltvoll wie das Leben selbst.

Wenn ich euch richtig verstanden habe, brauchen wir keine bestimmten Sterberituale?

Folgt der Stimme eures Herzens, und sorgt für euren inneren Frieden. So werdet ihr zu jedem Zeitpunkt wissen, was angemessen ist.

Danke! Herzlichen Dank! Mögt ihr uns auch noch etwas über den Zustand des Komas sagen?

Gerne. Wenn sich ein Mensch im Zustand des Komas befindet, ist er zwischen den Dimensionen »hindurchgeschlüpft«. Bitte versteht diese Aussage als eine Art Metapher. Die Seele des Menschen wohnt zu jedem Zeitpunkt im All-Raum und in der All-Zeit. Damit meinen wir unser schon so oft zitiertes Hier und Jetzt. Ihr persönlich inkarnierter Anteil bildet normalerweise eine Art Ausleger, der sich in eure dreidimensionale Welt hineinbewegt.

Wusstet ihr eigentlich schon, dass das Wasser eure Bindung an den Körper ermöglicht? Wenn eure Seele sich mit einem Teil ihrer selbst in den Körper herabsenkt, nutzt sie die elektromagnetischen Eigenschaften des Wassers, um sich hier »festzuhalten«. Nicht zufällig sprecht ihr von Wasserstoffbindungsbrücken. Wassermoleküle lieben es, sich mit anderen zu verbinden. Sie bieten Bindungsplätze an. Eure Seelenenergie nutzt dieses Angebot, um an der sehr viel dichteren Materie elektromagnetisch »anzudocken«.

Wenn ein Mensch ins Koma fällt, lockern sich die Verbindungen zwischen seiner Seele und seinem Körper. Noch sind sie nicht soweit aufgelöst, dass er die Transformation des Todes durchleben könnte. Aber seine Seele besitzt nun sehr viel mehr Bewegungsspielraum, als sie es in einer eindeutig inkarnierten Daseinsform hätte. Könnt ihr euch nun vorstellen, warum es zu einer solchen Situation kommt?

Wählt die Seele den komatösen Zustand, um sich freier bewegen zu können?

Häufig ist dies der Hintergrund der Ereignisse. Die Seele nutzt dann den erweiterten Spielraum, um erweiterten Aufgaben nachkommen zu können. Manchmal hat sich der Mensch auch vernachlässigt. Dann tritt das Koma ein, weil seine körperlich-seelische Bindung nicht eng genug war. Wassermangel ist ein typischer Grund für dieses Geschehen. Allerdings kann ein Koma selbst bei allergrößtem Wassermangel nur dann eintreten, wenn die Seele auf diese Weise ihre Pläne und Aufgaben zu erfüllen gedenkt.

Vielen Dank! Immer wieder sprecht ihr davon, dass wir die Angst in uns erlösen sollten. Könnt ihr uns etwas zum Wesen und zu den Folgen der Angst sagen?

Das tun wir gerne. Angst ist eine sehr dichte, sehr unruhige Energie. Gleichzeitig handelt es sich um eine kurzwellige Bewegungsform. So kann die Angst überall »hineinkriechen«. Angst ist als Energiestufe gleichermaßen rasch beweglich und verwirbelnd. Sie löst die Ordnungen auf. Deshalb besitzt sie ein geringes Informationspotenzial.

Puh – das klingt ja ziemlich technisch. Darf ich das mal wiederholen und herausfinden, ob ich es verstanden habe?

Natürlich gern!

Also die Angst ist eine rasche, chaotische Bewegung. Sie mischt sich wirbelnd in schon bestehende Strukturen ein. Das heißt, sie mischt alles auf?

Genau. Wie fühlst du dich, wenn du Angst hast?

Durcheinander, chaotisch, unsicher.

Richtig. Dir fehlt die Ausrichtung. Du verlierst deine gebündelte Konzentration. Dein Bewusstsein ist ohne Orientierung.

Lass uns noch einmal zusammenfassen, was wir über Energie wissen:

- Energie ist ein anderer Begriff für winzige, bewegte Lichtteilchen (ihr nennt sie Lichtquanten oder Biophotonen).
- Energie und Materie sind zwei verschiedene Zustandsformen einer Kraft; es liegt an eurer Betrachtung (an euch!), ob ihr gerade Energie oder Materie wahrnehmt.
- Euer bewusstes Sein (Bewusst-Sein) »sortiert« und ordnet das Potenzial an Lichtquanten, das in unendlicher Fülle im

Universum existiert. So erschafft ihr gemäß eurer Absicht eure Welt.

- Licht trägt Informationen; geordnetes, gebündeltes Licht (Laser!) trägt konzentrierte Information.

- Jede Erscheinungsform entsteht durch die Verdichtung von Lichtquanten. Diese Lichtquanten tragen Information. Dadurch kommen göttliche Botschaften in die Form (In-Form-ation).

Ihr seht also: Die sichtbare Schöpfung besitzt einen hohen Grad an Ordnung, der sich über unterschiedliche Dichtestufen des Lichtes entfaltet. Nun stellt euch die Angst als rasch bewegliche, ungeordnete Kraft vor, die überall »dazwischenfunkt«. Was geschieht mit eurer Ordnung?

Sie zerfällt. Genauso fühle ich mich auch, wenn ich Angst empfinde. Ich neige dazu, meinen Fokus zu verlieren. Schließlich gewinnt die Angst mehr und mehr Macht über mich. Sie scheint mich ganz auszufüllen. Meine Gedanken geraten durcheinander, und ich weiß nicht mehr, was ich eigentlich will.

Genau. Dieser Zustand widerspricht eurer göttlichen Natur. Euer ursprüngliches Wesen ist reinstes, in sich selbst ruhendes Bewusstsein. Eure kreativen Kräfte sind unendlich groß und wundervoll. Man nennt euch Kinder Gottes, weil ihr das vollständige Potenzial göttlicher Schöpferkraft besitzt. Dieses Potenzial wird wirksam, wenn ihr euch bewusst ausrichtet.

Eure Konzentration (die bewusste Bündelung eurer geistigen Kraft) ermöglicht es euch, freie Energie des Universums zur Form zu verdichten. Verwirrt und unkonzentriert könnt ihr eure natürlichen Fähigkeiten nicht benutzen. Deshalb bitten wir euch darum, die Energie der Angst aufzulösen. Indem ihr dies tut, betretet ihr den Weg, der euch zu eurem göttlichen Erbe führt.

Stimmt es denn, dass sich irgendwelche Wesenheiten von unserer Angst ernähren?

Stimmt es, dass es Licht und Schatten gibt in eurer Welt?

Na klar. Soweit sind wir uns ja einig. Aber wer sollte freiwillig eine chaotische, behindernde Energieform als Nahrung erwählen?

Wer sollte freiwillig Angst erzeugende Filme besuchen (und auch noch dafür bezahlen!?), erschreckende Medienberichte verfolgen, die Schrecken des Todes und der Kriege live am Fernseher verfolgen, Horrorgeschichten lesen … Wer tut dies alles? Wer nimmt freiwillig diese chaotische, verstörende Energie in sich auf?

Oh weia … so seht ihr uns?

Schaut selber hin, und betrachtet euch aufmerksam. Bitte tut dies, ohne euch zu verurteilen. Was bemerkt ihr? Angst und Schrecken sind Informationsmuster eures Kollektivs, die ihr selbst erschaffen habt. Bedenkt all die erschreckenden beängstigenden Taten, die die Menschheit über Jahrtausende vollbrachte. Erinnert euch an die Wolke aus Gefühlen der Angst, die euch in eurem Lebensraum einhüllt.

Angst ist eine lebensfeindliche Kraft. Der lebendige Fluss schöpferischer Energien wird von ihr gestört und durcheinandergebracht. Bitte überlegt selbst: In wessen Interesse könnte es liegen, euch eure natürlichen, schöpferischen Kräfte streitig zu machen? Wer oder was könnte euch kleiner halten wollen, als ihr es wirklich seid?

Kommt ihr jetzt mit den Verschwörungstheorien? Wollt ihr uns etwas über die »bösen Aliens« erzählen?

Der Begriff »Verschwörungstheorie« entstammt eurem dreidimensionalen Verständnis. Er setzt voraus, dass es einen Täter (viele Täter – die »bösen Aliens« oder die bösen Politiker) und ein Opfer (viele Opfer – euch) gibt. Wir sehen es ein wenig anders. Immer wieder erzählen wir euch von der Einheit aller Erscheinungen. Was wäre, wenn Opfer und Täter zwei Arme eines Körpers wären? Was, wenn diese zwei Arme und die daran angewachsenen zwei Hände dasselbe Werk vollbrächten?

Ehrlich gesagt finde ich eure Worte jetzt ein bisschen unheimlich und verwirrend.

Hmmm … der Inhalt unserer Gespräche spiegelt sich immer auf mehreren Ebenen gleichzeitig …

Heißt das, ich empfinde Verwirrung oder Angst, weil wir über diese Zustände sprechen …?

Möglich …

Pfff …noch verwirrender …

Wie kannst du dir helfen, wenn du dich verwirrt fühlst?

Ich lausche nach innen und konzentriere mich in meinem Herzraum. Ich nehme mir ein bisschen Zeit und Ruhe. Ich beende Gedankenschleifen und Grübeleien.

Wunderbar! Dies alles hilft dir auch sofort, wenn du in Angst bist …

Na ja, nicht immer. Das kommt auf die Intensität der Angst an …

Es hilft! Und du weißt es. Wenn deine Angst intensiv ist, brauchst du nur mehr Hilfe. Viel Angst – viel konzentrierte Ruhe und Besonnenheit.

Hmmm – irgendwie ist das aber gerade schwierig. Ihr habt selbst gesagt, dass die Angst alle geordneten Energien durcheinanderbringt. Wie kann ich mich konzentrieren, wenn ich ängstlich bin?

Du bist die Chefin im Raum deiner Gedanken und Gefühle. Angst ist ein körperlicher Zustand. Deine Zellen gehorchen dir. Gib ihnen die Richtung der Ruhe, und sie werden dir folgen.

Manchmal geht das wirklich nicht …

Nicht, wenn du es so siehst!

Ach ja, manchmal finde ich eure dauernden Hinweise auf unsere Selbstverantwortlichkeit wirklich anstrengend …

Im Gegenteil! Anstrengend ist es, sich einzubilden, jemand anderes wäre zuständig oder verantwortlich. Dann wäret ihr ja völlig unfrei …

Aber wir hätten wenigstens jemanden, auf den wir alles schieben könnten, was nicht geklappt hat …

So habt ihr in den letzten Jahrtausenden gelebt. In der alten Energie »wusste die linke Hand nicht, was die Rechte tat« …

Eure zwei Hände (Opfer und Täter) sind Bestandteile eines Körpers (des großen, göttlichen Schöpfungsaktes). Lange Zeit haben sie sich bekriegt. Vielleicht mögt ihr euch folgendes Bild vorstellen: Ein Mensch ist mit seiner bewussten Aufmerksamkeit nur bei seinen Händen. Nichts anderes interessiert ihn. Er betrachtet sie und verfolgt ihre Bewegungen. So sehr vertieft er sich in diese Betrachtung, dass er vergisst, wer die Quelle und der Ursprung dieser Hände ist. Er lebt Selbst-Vergessen. Er erschafft und erfährt das Gegenteil von Selbst-Bewusst-Sein.

Seine Hände erfüllen verschiedene Aufgaben. Manchmal tun sie auch entgegengesetzte Dinge. Schließlich beginnt der Mensch zu urteilen. Die Werke der einen Hand gefallen ihm. Die der anderen würde er gerne vernichten. Wie kann er dies tun? Während er noch darüber nachdenkt, wie er die eine Hand mitsamt ihren Werken zum Verschwinden bringen könnte, erkennt er plötzlich die Wurzel seiner beiden Hände. Er betrachtet seine Arme und seinen Oberkörper. Hier entspringen die beiden Hände. Ist es möglich, dass er auf eine von ihnen verzichtet? Wäre das klug? Was denkt ihr?

Während eurer Worte kam mir die Idee, dass die zwei Hände gemeinsam unter des Menschen Regie ein gleichsinniges Werk tun könnten? Wie wäre es mit einem Gebet?

Eine hübsche Metapher! Tatsächlich findet ihr die Geste der aneinanderliegenden Hände in allen Kulturen. Was denkt ihr, wird damit symbolisiert?

Wollt ihr ernsthaft behaupten, dass dies mit der Vereinigung von Opfer und Täter zu tun hat?

Nicht so direkt. Wir unterhalten uns gerade auf der Ebene der Bilder und Metaphern mit euch. Eine direkte Übersetzung dieser Überlegungen in eure dreidimensionale Sprache würde gewisse Verfälschungen mit sich bringen. Wir wählen die Form der Bilder und Metaphern immer dann, wenn wir mit euch über Phänomene der multidimensionalen Lebensräume sprechen möchten. Bisher kennt ihr den Zustand der Einheit nur in den Räumen eurer innersten Weisheit. Euer Herz und euer

Unbewusstes kennen den tieferen Inhalt unserer Gespräche. Euer Verstand dagegen kann mit diesen Erweiterungen seiner Erfahrungswelt nichts anfangen. Er besteht darauf, dass die Welt sich in ein paar einfache Schubladen einteilen ließe. Deshalb meldet er euch Verwirrungszustände, wenn wir euch komplexere Themen anbieten.

Die zum Gebet oder zum Gruß aneinandergelegten Hände symbolisieren die Vereinigung zweier polarer Hälften. Rechts und links – männlich und weiblich – Gegenwart und Vergangenheit – die widersprüchlichen Ebenen eures Lebens zeigen sich auch in euren beiden Körperseiten. Bringt diese zwei Hälften in eine harmonische Begegnung und erfahrt die Einheit allen Seins. Sorgt für einen harmonisch verbundenen Rhythmus eurer beiden Gehirnhälften. Erkennt die eine Kraft, die hinter den widersprüchlichen Erscheinungen eurer Welt lebt und webt.

Inzwischen gibt es viele Therapeuten und Wissenschaftler, die sich mit diesem Thema befassen. Sie alle stimmen darin überein: In euch spiegelt sich die scheinbar widersprüchliche Vielfalt einer einzigen Energiequelle. In euch selbst könnt ihr die Widersprüche eures Lebens überwinden. Körperlich, seelisch und mental ist es euch möglich, die eine Kraft hinter den unendlich vielen Erscheinungen des Universums zu erfahren. Viele hilfreiche Übungen wurden bereits entwickelt, um euch auf eurem Weg zu unterstützen. Experimentiert damit, liebe Geschwister, und entdeckt die kostbaren verborgenen Geheimnisse in diesen scheinbar einfachen Übungen. Yoga, Qi Gong, Brain Gym, religiöse Tänze und viele andere Methoden bergen in sich die Schätze, die euren Weg in die Vollkommenheit unterstützen.

Klingt überzeugend... Nun sind wir von unserem Thema »Angst« wieder ganz schön weit entfernt...

Das erscheint dir gerade nur so. Nebenbei bemerkt: Wohin sollten wir uns denn entfernen? Wir sind immer hier; egal, worüber wir gerade sprechen oder nachdenken …

Stimmt. Aber gibt es nicht noch etwas zu vervollständigen?

Immer! Nichts ist je vollständig. Oder alles ist immer vollständig! Du beziehst dich wahrscheinlich auf die Frage, wem eure Angst nützen könnte?

Genau. Gibt es sie wirklich, die Aliens aus dem Oriongebiet, die uns gerne unterdrücken und manipulieren möchten? Arbeiten sie mit unseren Politikern und Wirtschaftsbossen zusammen, um uns auszubeuten? Versetzen sie uns in Angst und Schrecken, um uns von unseren wirklichen Fähigkeiten abzulenken? Haben sie unsere DNA manipuliert, um uns dumm und abhängig zu halten?

Beunruhigende Fragen, meint ihr nicht? Bitte achtet darauf, welche Energie ihr mit euren Worten stützt oder erzeugt. Die Antwort auf eure Fragen lautet Ja. Allerdings sind nicht nur Wesenheiten aus der Orionregion an diesen Entwicklungen beteiligt. Auch andere Sternenvölker haben sich hier bei euch ausgebreitet. Euer Planet ist kostbar. Ihr seid kostbar. Viele hätten gerne, was ihr besitzt!

Viel wichtiger als diese Antwort ist jedoch die folgende Überlegung: Wie konnte es überhaupt geschehen, dass die »Kinder Gottes« in die Unterdrückung gerieten? Viele Heilige Schriften eures Planeten berichten von dieser Erfahrung. Wie konnte es geschehen, dass das »auserwählte Volk Gottes« in die Knechtschaft kam? Wer sind die eigentlichen Herrscher? Und vielleicht sogar noch wichtiger: Wie können die Kinder Gottes ihr eigenes Reich (das nicht von dieser Welt ist!) wieder für sich in Besitz nehmen? Wie erkennt ihr, wer ihr wirklich seid?

Versteht ihr jetzt den Titel unserer neuen Gespräche? Versteht ihr, warum es so bedeutsam für euch ist, euer ICH BIN zu erkennen?

Als göttliche Kinder, die ihr seid, gabt ihr euer Einverständnis für das Experiment der Dualität. Oft schon sprachen wir mit euch darüber. Nur mit der Erlaubnis eurer großen Seele (die Eins ist!) durften die Unterdrücker ihr Werk an euch tun. Nur mit eurem Einverständnis konnte die linke Hand andere Werke vollbringen als die Rechte.

Als göttliche Kinder plantet ihr euer Experiment durch die verschiedenen Stufen hindurch. Jetzt ist die Zeit eurer Selbsterkenntnis angebrochen. Der Weg in eure göttliche Heimat liegt vor euch ausgebreitet. Die neue Energie, die jetzt mit eurer Erlaubnis zu euch strömt, hilft euch dabei, eure einst zerbrochene Erblinie (eure Erbinformation!) zu heilen. So kommen eure einstmals angeborenen Fähigkeiten erneut in euer Bewusstsein. So erkennt ihr euer ICH BIN.

Bitte versteht die Metaphern eurer Weisheitsbücher, liebste Geschwister. Kümmert euch um das Wesentliche. Lasst beiseite, was euch irritiert oder beunruhigt. Manch eine Verschwörungstheorie ist das Produkt eurer Unterdrücker selbst. Gerne sehen sie euch in Angst und Schrecken. Voller Freude beobachten sie, wie ihr im Kino Filme über euren eigenen Untergang betrachtet. Sie stützen und fördern alles, was euch aus eurer Mitte bringt. Eure Angst ist ihre Nahrung. Erkennt ihre Wirkungen, und versammelt euch bewusst in eurem innersten, göttlichen Kern. Nehmt euer Erbe in Anspruch, geliebte Geschwister!

Wir fassen noch einmal zusammen, was uns zu diesem Thema besonders wichtig erscheint:

- Ihr selbst habt das große Experiment der Dualität erschaffen. Mit eurem Einverständnis entwickelte sich in euch und zwischen euch die dualistische Aufspaltung des einen göttlichen Seins.

- Ihr selbst erlaubtet euren Unterdrückern, euch eure Rechte streitig zu machen. Noch heute tut ihr dies. Niemand könnte euch zu Knechten machen, wenn ihr es verweigert.

- Manche von euch beginnen allerdings bereits damit, dies nicht mehr zuzulassen. Eine wachsende Gruppe von »Verweigerern« arbeitet mit den Chancen der neuen Energie.

Die Tür zu eurer Freiheit steht weit offen, ihr Lieben. Überschreitet die Schwelle, und betretet die königlichen Räume eurer wahren Heimat. Widersetzt euch Energieformen, die euch auf eurem Weg behindern möchten. Pflegt und vermehrt die Ruhe in eurem Herzen. Sorgt für eure innere Balance. Eine glücklich ausgewogene Erfüllung eures äußeren Lebens wird euer Lohn sein!

Danke, liebe Sternengeschwister! Jetzt sehe ich das Thema Angst tatsächlich mit klareren Augen. Immer wieder sprecht ihr davon, dass Alles Eins ist. Mögt ihr uns vielleicht etwas zum Stichwort »Globales Bewusstsein« sagen?

Globales Bewusstsein – global consciousness – ist ein Begriff für die große, göttliche Schöpferkraft, von der ihr Teil seid, ebenso wie wir es sind. Manche von euch verstehen die mentale und spirituelle Vernetzung von euch Menschen darunter. Aber diese Sicht beschränkt die Tatsachen.

Vielleicht mögt ihr euch einen riesigen Ballon aus reiner Energie vorstellen? Diese Energie ist sich ihrer selbst bewusst. Sie besitzt Selbst-Bewusst-Sein. Das menschliche Bewusstsein bildet einen Teil davon. Je mehr ihr Menschen nun euer ursprüngliches, göttliches Erbe in Anspruch nehmt, desto mehr könnt ihr heilsame Impulse in das Bewusstsein des Ganzen einbringen. Dies ist der Grund dafür, dass ihr immer wieder von vielen anderen Wesenheiten so besonders geehrt und geliebt werdet.

Wow... und ihr gehört ebenso dazu?

Wir sind eure älteren Geschwister ...

Könnt ihr uns noch ein bisschen genauer erzählen, worin unsere zukünftigen Aufgaben liegen werden?

Dies ist uns nur in einem eingeschränkten, übergeordneten Sinne möglich. Ihr selbst seid die Erschaffer eurer Welt, liebe Geschwister! Niemand weiß, was genau ihr mit euren wiedergewonnenen Möglichkeiten tun werdet.

Allerdings gibt es in eurer Zukunft ein Potenzial, das ihr selbst für euch erschaffen habt. Vermutlich werdet ihr es in der einen oder anderen Form für euch beanspruchen. Unendlich viele Wesenheiten des Universums freuen sich jetzt schon auf den Moment, in dem ihr eure einmal gefassten Vorsätze als Wirklichkeit (hier entsteht Wirkung!) realisiert. Unzählige Schöpfungsformen werden dann ihren Nutzen aus eurer Arbeit ziehen können.

Wir berichten euch davon in Form einer kleinen Geschichte. Stellt euch vor, ihr würdet als Teil eines Fischschwarms durch die Weltmeere gleiten. Vielleicht gefällt es euch auch, euch in die Situation der großen Meeressäuger zu versetzen? Jedes von euch ist ein hoch entwickeltes Wesen mit einem eigenen Lebensplan. Gleichzeitig steht ihr in telepathischer Verbindung mit allen anderen Wesen eurer Gemeinschaft. Gemeinsam setzt ihr euch zum Ziel, das Leben zu behüten. Wo es eine Aufgabe gibt, findet ihr euch ein. Dabei folgt ihr dem Impuls eures Herzens. Die euch innewohnende Weisheit spiegelt eure vollständige Freiheit und euren freien Willen. Niemand von euch fühlt sich dazu gezwungen, eine bestimmte Aufgabe zu übernehmen.

Ihr alle sorgt zunächst sehr gut für euch selbst. Ihr besitzt die Weisheit, rechtzeitig und angemessen auf die Bedürfnisse eures Körpers, eurer Seele und eures Geistes zu reagieren. Ihr kennt eure Kostbarkeit und pflegt euch in Liebe. Im nächsten Schritt (nicht vorher!) sorgt ihr ebenso gut für diejenigen, die euch nahe stehen. Erst dann beteiligt ihr euch an der Lösung weiterer Aufgaben. Spürt ihr, dass diese Reihenfolge Weisheit in sich trägt? Könnt ihr ahnen, welch spielerische Erleichterung euer Leben auszeichnen wird, wenn ihr in dieser Weise durch eure Zeit-Räume schwimmt? Nie wieder wird es einen Zwang geben für euch. Eure Werke entstehen aus dem Überfluss göttlicher Energien, die durch euch strömen und euch ernähren!

Eine wundervolle, beglückende Vision! Fast zu schön, um wahr zu sein ...

Liebste Schwester, wir machen dich auf die Qualität alter Energien in deinem Satz aufmerksam. Was sollte »zu schön« sein für euch? Was sollte »zu schön« sein für das Leben selbst? Bitte lösche die alten Muster des Zweifels aus deinen Gedanken, liebste Sternenschwester. Erschaffe in dir den Raum für die allerschönsten, kostbarsten Visionen. Wenn dir eine Vision bereits vollkommen erscheint, erweitere dein Denken um einen zusätzlichen Raum. Entdecke, dass es immer noch mehr Schönheit und Vollkommenheit gibt. Bald schon werdet ihr es erfahren. Allerdings ist es von immenser Bedeutung, dass ihr eure »Räume der Möglichkeiten« offen haltet. Das Universum kann euch nur soviel schenken, wie euer offener Geist es erlaubt.

Danke für diesen Hinweis, liebe Geschwister! Meine Gedanken konsequent in der neuen Energie zu halten, kommt mir vor wie Unkraut zupfen. Ehe man sich's versieht, wächst ein Impuls der alten, dualistischen Energie nach. Immer wieder schleichen sich behindernde alte Programme durch die Hintertür ein.

Wir empfehlen dir, weder dich selbst noch deine alten Programme zu verurteilen. Alles ist Teil des einen, großen, kosmischen Spieles. Alles hat oder hatte seine Daseinsberechtigung. Beobachte dich entspannt, und verabschiede in Liebe, was du nicht mehr brauchen kannst. Danke vielleicht auch den »Unkräutern« deines Denkens für den Dienst, den sie dir bisher auf deinem Weg geleistet haben.

Das wäre ja noch schöner – sollen die sich auch noch gut fühlen?

Alles ist göttlich. Alles hat das Recht auf Liebe und Anerkennung.

Also dann: »Willkommen ihr alten Muster! Ich begegne euch ein letztes Mal, bevor wir uns zu verschiedenen Wegen aufmachen.« – Ihr habt recht – das fühlt sich wirklich friedlich und gut an.

Die Unterscheidung in Kräuter und Unkräuter findet ausschließlich in eurem zergliedernden Verstand statt. Die Schöpfung liebt Alles was ist. Wie könnte sie auch anders? Sie besteht ja aus reinster Liebesenergie …

Danke, liebe Geschwister! Etwas anderes: In der letzten Woche haben wir wieder mal ein Merkaba Seminar durchgeführt. Es macht uns immer viel Freude, und auch die Anfänger kommen mit unserem einfachen Einstieg gut zurecht. Wir haben allerdings immer wieder das Gefühl, dass in diesem Thema noch viele Geheimnisse verborgen sind, die wir entdecken dürften. Mögt ihr uns dazu etwas erzählen?

Gerne, ihr Lieben. Was ihr hier ansprecht, hat mit den geistigen Gesetzen der Heiligen Geometrie zu tun. Ihr wisst, dass im Universum eine perfekte, wundervolle Ordnung herrscht. Einerseits existiert hier die reinste Energie. Ihr nennt sie auch freie Energie. Diese Energie besteht aus intelligenten Kräften, die zunächst einfach nur »sind«. Ohne Absicht und Ausrichtung lebt hier das reine Sein. Wenn die göttliche Schöpferkraft Form annimmt, bedient sie sich der Information (In-Form-ation). Diese Information besteht aus mathematisch beschreibbaren Gesetzen. Ihr könntet das Universum mit allen seinen Erscheinungen also auch berechnen. Eure Wissenschaftler taten dies zu allen Zeiten.

Information kann auf unterschiedlichen Wegen transportiert werden. Mathematische Formeln und Zahlen bilden eine sehr abstrakte Form der Informationsvermittlung. Geometrische Muster zeigen bildlich auf, was die Zahlen symbolisieren. Sprache, Klänge, Farbmuster bilden weitere Möglichkeiten der Informationsübertragung. Das Transportmittel für die Form gewordenen, göttlichen Botschaften besteht aus Lichtwellen. Diese Wellen haben verschiedene Eigenschaften. Ihre Länge ist unterschiedlich. Ihre Ausbreitungsgeschwindigkeit ist unterschiedlich. Ihre Amplitude (ihr Höhenausschlag) ist verschieden.

Vielleicht mögt ihr euch an die unterschiedlichen Möglichkeiten der Informationsweitergabe auf eurem Planeten erinnern? Wie vermittelt ihr euch eure Botschaften untereinander? Da gibt es den Postboten, der mit dem Fahrrad oder dem Auto kommt. Da gibt es telegraphische Botschaften oder Fax-Nachrichten. Ihr benutzt das Telefon. Manchmal werden eure Botschaften über einen Zwischenschritt transportiert. Manchmal erreichen sie euch direkt. Ebenso unterschiedlich erschafft die göttliche Schöpferkraft ihre Form gewordenen Entsprechungen.

Energie wird zu Materie, indem sie sich »zusammenzieht«. Das reine göttliche Licht übermittelt seine Botschaften, indem es sie in geometrischen Mustern »verpackt« (komprimiert). Das gesamte Universum – Alles was ist – besteht aus geometrischen Mustern. Diese Muster bergen in sich das Prinzip der Vervielfältigung. Dabei werden die Gesetze der Selbstähnlichkeit genutzt. Betrachtet den Samen für einen Baum. Der vollständige Baum mit allen seinen Entwicklungsstufen ist darin enthalten. Der winzige Samen enthält das Potenzial für die vollständige Form, die sich in Zeit und Raum ent-faltet.

Betrachtet nun das Blatt oder den Nadelzweig eines Baumes. Darin findet ihr dieselbe Form, die euch der Baum als Ganzes zeigt. »Im Kleinen wie im Großen«, sagten eure Weisen der früheren Zeit. Selbstähnlichkeit erschafft die lebendige Form aus einem ursprünglich winzigen Detail heraus. Fraktale nennen es eure Physiker. Jeder Teil der Schöpfung enthält in sich unzählige »Bruchstücke« derselben Art. Alle eure Körperzellen leben nach denselben Gesetzen wie euer gesamter Körper. Betrachtet einen Vogelschwarm: Seine Form erinnert an die Gestalt des einzelnen Vogels.

Ganz richtig vermutet ihr, dass in diesem Thema große Geheimnisse verborgen liegen. Während ihr euch mit eurer Merkaba beschäftigt, widmet ihr euch den ursprünglichen Gesetzen der Schöpfung selbst. Ist euch aufgefallen, dass die Arbeit mit der »Merkaba« immer als ein wenig mystisch und geheimnisvoll verstanden wurde? Das Wissen über euren Lichtkörper galt lange Zeit als exklusiv. »Exklusiv« bedeutet »ausschließlich« für bestimmte Menschen vorgesehen. Einige wenige durften diesen Schatz bekommen. Alle anderen waren davon ausgeschlossen. Angeblich »weise Meister« bestimmten darüber, wer zugelassen wurde und wer nicht.

Die Unterteilung in »spirituell Entwickelte« und Andere ist ein klares Kennzeichen der alten, dualistischen Energie. Im Irrtum der Trennung galten die spirituell Interessierten lange sogar als die wertvolleren Menschen. Über Jahrtausende konnte man Erkenntnisse über die verborgenen Gesetze der Schöpfung nur als Geheimwissen in bestimmten Einweihungsschulen erhalten. Lange, mühsame Wege mussten dafür gegangen werden. Schwere, oft auch gefährliche Prüfungen wurden den Einweihungskandidaten abverlangt. Macht und Manipulation hielten Einzug in viele dieser Schulen. Wahre, gereifte Weisheit unter den Lehrern wurde seltener im Laufe der Zeit.

Das göttliche Schöpfungspotenzial erfüllt Alles was ist, ihr Lieben! Nichts existiert, das nicht in diesem Sinne göttlich wäre. Nichts existiert, das man nicht mit den Gesetzen von Energie und Heiliger Geometrie beschreiben könnte. Nichts existiert, das ihr nicht haben oder wissen dürftet! Ist euch aufgefallen, wie viele einst geheime Informationen jetzt täglich in die Öffentlichkeit treten? Ihr alle seid nun eingeladen, die früher verborgenen Schätze zu entdecken und für euch zu nutzen. Nichts darf mehr exklusiv für einige Wenige vorbehalten bleiben. Euch allen gehört diese Welt! Euch allen gehört das Wissen um die Gesetze der Schöpfung!

Bitte beobachtet aufmerksam, wie euch die Geschenke dieser neuen Zeit angeboten werden. Bezeichnet sich der Anbieter als weiser und bedeutsamer, als ihr es seid? Verlangt er schwierige Übungen oder Prüfungen von euch, damit ihr seine Gaben entgegennehmen könnt? Beurteilt oder bewertet er eure unterschiedlichen Wege? Stellt er das eigene Angebot über dasjenige von anderen Anbietern? Dies ist das Zeitalter der Synthese, ihr lieben Geschwister! Eure wichtigste Erkenntnis könnte jetzt diese sein: Alles ist gut und richtig. Hier und Jetzt!

Und nun erzählen wir euch über das Wissen um eure Merkaba, das einst nur ganz exklusiv weitergegeben wurde. Wir schenken euch jetzt ein Geheimnis, das euch schon immer gehörte. Lasst euch auf eine kleine Bilderreise einladen, ihr lieben Geschwister. Stellt euch vor, dass der göttliche Impuls zur Formwerdung den Strang eurer Erbinformation erschafft. Hierin verpackt die göttliche Quelle alles für euch Bedeutsame. Alles, was ihr benötigt, um als wahrhaftige Kinder Gottes zu leben, liegt hier verborgen.

Eure Erbinformation ist aus Stoffen erbaut, die sich nach den Gesetzen der Heiligen Geometrie anordnen. Winzige Dreiecke, Tetraeder, Lichtsäulen, Spiralen und Torusse (»Downuts«) verpacken die göttliche Information, die euch gehört. Alles ist so erschaffen, dass es sich unendlich oft duplizieren und weiterentwickeln lässt. Höchste Weisheit liegt in jedem auch noch so kleinen Detail. Ist euch bewusst, dass auch der modernste Computerchip nur weit weniger Information transportieren kann als dieses göttliche Kunstwerk? Jede eurer Milliarden von Körperzellen bildet ein solches Kunstwerk!

Ihr selbst seid wie die Bäume, die das Muster ihres kleinsten Teiles als Gestalt abbilden. Jede eurer Zellen – jedes Teilchen eurer DNA – wurde nach den Gesetzen der Heiligen Geometrie erschaffen. Ihr selbst seid eine Komposition dieser Ordnungsmuster. Die göttliche Energie strömt zu euch und versorgt euch mit Lebendigkeit. Dabei erkennt sie euch als Teil von sich. Denn ihr seid ein Abbild ihrer eigenen Ordnung. Während ihr euch mit eurer Merkaba beschäftigt, erkennt ihr die göttliche Ordnung in euch. Dies ist der Grund, warum euch das Wissen um die tieferen Zusammenhänge eures Lebens in den Zeitaltern der Dualität vorenthalten wurde.

Ihr hattet die Spaltung erschaffen, ihr Lieben. Geist und Materie, gut und böse, himmlisch und irdisch – überall erschuft ihr Polaritäten aus der Einheit des Seins. Ihr trenntet, was zusammengehörte, und ordnetet in Schubladen, was einst einer Quelle entstammte. Größer und größer wurde die Kluft zwischen den scheinbaren Widersprüchen eures Lebens. So konnten Einzelne die Macht an sich reißen, um andere zu unterdrücken und auszubeuten. Und damit die Ausgebeuteten sich nicht an ihre wahre Natur erinnern würden, erschufen die Herrscher das »Geheimwissen«.

Jetzt ist die Zeit eurer Rück-Erinnerung angebrochen. Religion bedeutet Rück-Bindung (Re-ligio). Ihr dürft euch erneut verbinden mit den wahren Erkenntnissen über eure Natur. Das Wissen um die Geheimnisse eurer Merkaba steht zu eurer freien Verfügung bereit.

Manche Pioniere unter euch geben euch dieses Wissen bereits seit Jahren weiter. In der jetzt täglich rascher schwingenden Energie dieses neuen Jahrtausends werdet ihr aber auch wundervolle Vereinfachungen des Lernens erfahren. Was in früheren Jahrhunderten eine Lebenszeit der Übung brauchte, kann nun oft in wenigen Tagen von euch absorbiert und in die Praxis umgesetzt werden.

Dies hat damit zu tun, dass die kurzen, rasch beweglichen Liebeswellen der göttlichen Quelle jetzt in alle Ecken und Nischen eures lebendigen Seins eindringen. Sie lockern und öffnen eure einst starr gewordenen Muster. Ihr erhaltet das Geschenk eures Wissens auf vielfältige Art: Unbewusst, während eurer nächtlichen Wanderungen im Traum; zwischen den Zeilen eines Textes, der vielleicht von ganz anderen Dingen handelt; als Energiestrom, der aus euren eigenen Zellen in euer Bewusstsein aufsteigt. Kein Herrscher oder Manipulateur kann diesen Prozess noch aufhalten. Das Wissen um die Wunder eures Lebens gehört euch allen. Eure Merkaba wirkt wie ein magnetisches Feld, das euch überall im Universum als die göttlichen Kinder ausweist, die ihr seid.

Das sind ja wundervolle Aussichten ... dann ist es also völlig in Ordnung, mit dem Wissen um die Merkaba Erfahrungen zu sammeln und diese weiterzugeben?

Das ist buchstäblich in (der) Ordnung! Erfreut euch an der Entdeckung eurer Möglichkeiten und eures wahren Seins, liebe Geschwister! Dies ist eure, sehr besondere Zeit.

Wir danken euch einmal mehr. Jetzt habe ich mal eine ganz persönliche Frage. Was geschieht eigentlich beim Channeln? Mir sind die Gespräche mit euch inzwischen sehr vertraut, und es erscheint mir wirklich einfach, auf diese Weise zu kommunizieren. Oft fragen mich Menschen, ob sie diese Möglichkeit lernen können. Viele sehnen sich nach mehr Kommunikation mit der Geistigen Welt. Könnt ihr uns etwas darüber erzählen? Habt ihr vielleicht ein paar praktische Tipps, wie man mit dem Channeln beginnen kann und was es zu beachten gibt?

Ein Channel ist ein Kanal. Ihr alle seid Kanäle, liebe Geschwister! Ihr alle transformiert Ausdrucksformen der göttlichen Energie in euer augenblicklich noch dreidimensionales Bewusstsein. Dabei arbeitet ihr ähnlich wie ein Übersetzer. Daran ist grundsätzlich nichts Besonderes. Vielleicht erscheint euch dieses Gebiet ein bisschen außergewöhnlich, weil ihr eure medialen Fähigkeiten in den letzten Jahrtausenden zunehmend verstecken wolltet. Vielleicht verspüren manche von euch die Sehnsucht, die einst vertrauten Fähigkeiten wieder auszuüben.

Wenn ihr auf diese Erde kommt, besitzt ihr mehr als die euch später bewussten fünf Sinne. Ein Neugeborenes kommuniziert telepathisch mit seiner Mutter. Die meisten Mütter und manche Väter wissen das auch. Wie sonst solltet ihr immer genau dann zur Stelle sein, wenn euer Kleines euch braucht? Wie könntet ihr nachts wenige Sekunden vor dem ersten Schrei eures Babies aufwachen? Die meisten kleinen Kinder nutzen auch ihre Hellsichtigkeit ganz spontan. Sie sehen die Energieformen, aus denen sich Materie verdichtet. Sie sprechen mit ihren Engeln. Sie folgen ihrer Intuition und ihren Ahnungen. Sie stehen bewusst mit den Mitgliedern ihrer Seelenfamilie in Verbindung. Manche erzählen sogar sehr genaue Einzelheiten aus ihren früheren Leben. All das gehört zu euren Geburtsrechten, ihr lieben Menschen!

Und warum vergesst ihr diese Fähigkeiten im Laufe eurer Reifung zum Erwachsenen? Auf diese Frage gibt es eine sehr einfache Antwort. Beobachtet die Glaubenssysteme eurer Kultur, und ihr kennt die Lösung des Rätsels. Jahrhunderte lang wurdet ihr verfolgt, wenn ihr eure sogenannten außersinnlichen Fähigkeiten bekannt gabt. Euer Leben war in Gefahr. Das Leben eurer Liebsten wurde bedroht. Sehr bald lerntet ihr, euch zu eurem Schutz zu verstecken. Ihr unterdrücktet eure Fähigkeiten in euch. Was denkt ihr – wie viele Generationen vergehen, bis eine einst selbstverständliche Begabung im unbewussten Teil eures Seins verschwindet? Drei oder höchstens vier Menschengenerationen – etwa hundert Jahre – gehen ins Land, und eure früheren Schätze werden zur Legende.

In euren Märchen und Mythologien erzählt ihr euch von den scheinbar »besonderen« Fähigkeiten, die irgendein ganz »besonderer« Mensch besitzt. Da gibt es Hellsichtige, telepathisch Begabte, Menschen, die mit den Tieren, Engeln oder Fabelwesen sprechen. Da gibt es diejenigen, die die göttlichen Botschaften verstehen und entsprechend handeln. Da gibt es die weisen Berater, die ihrer Intuition folgen und großen Nutzen daraus ziehen. Warum, ihr Lieben, sollten diese Möglichkeiten nur in den Märchen existieren? Glaubt eurer eigenen märchenhaften Tradition! Nehmt ernst, was ihr selbst euch dort seit Generationen und Jahrhunderten überliefert. Diese Botschaften beinhalten eure Geschenke. Nehmt sie jetzt in Empfang, und übt euch darin, sie zu nutzen.

Das ist ja eine sehr ermutigende Einladung. Habt ihr denn noch ein paar praktische Hinweise, wie jemand sich seinen ursprünglichen Fähigkeiten wieder annähern kann?

Vertraut euch, und experimentiert ungeniert. Erkennt eure behindernden Grundüberzeugungen, und löscht sie mit Hilfe eurer Engel und eurer innersten Weisheit. Verankert neue, stärkende Glaubenssätze in euch. Erinnert euch an das Versprechen der neuen Energie: Ihr seid geschützt und geborgen als Teil der göttlichen Energie in jedem Augenblick. Ihr habt den Heimweg angetreten, liebe Geschwister. Nichts kann euch auf Dauer von eurem göttlichen Erbe fernhalten. Weil ihr die kleinen Aufzählungen liebt, fassen wir hier noch einmal zusammen, wie ihr eure Entwicklung selbst unterstützen könnt.

- Entdecke deine einschränkenden Grundüberzeugungen. Erinnere dich an die Sätze, die du als Kind über die »außersinnlichen Fähigkeiten« gehört hast. Glaubst du daran, verrückt zu sein, wenn du Stimmen hörst? Erschrickst du, wenn dich deine Intuition mit anderen Informationen versorgt, als es deine logische Intelligenz glauben möchte?

- Bitte deine innerste Weisheit und deine himmlischen Begleiter darum, deine behindernden Irrtümer zu erkennen. Bitte darum, einschränkende Glaubensmuster aus deinem Energiefeld zu lösen und sie im göttlichen Licht zu transformieren. Bitte um Erkenntnis deiner wahren Natur.

- Beobachte die kleinen Kinder. Nimm ernst, was sie dir erzählen. Frage sie nach ihren Eindrücken und Wahrnehmungen. Nimm ihre Berichte ernst, und sie werden sich dir anvertrauen und dich mit ihrer Weisheit beschenken.

- Weise nicht automatisch von dir, was irrational erscheint. Öffne deinen inneren Raum der Möglichkeiten. Bitte deine Engel und die göttliche Quelle darum, dich mit deinen ursprünglichen Fähigkeiten in Kontakt zu bringen.

- Lausche, sieh hin, nimm wahr (akzeptiere als Wahrheit!). Entspanne dich in der Gewissheit, dass es nur eine Frage der Zeit sein kann, bis dir deine ursprünglichen Fähigkeiten wieder zur Verfügung stehen.

- Beende das Urteilen. Außersinnliche Fähigkeiten sind weder gefährlich, noch beweisen sie eine besondere spirituelle Reife des Menschen. Diese und ähnliche Bewertungen entstammen der alten Energie.

- Spirituelle Reife zeigt sich im Umgang mit dir selbst und mit Allem was ist. Sie zeigt sich ausschließlich auf diese Art! Sie ist vollständig unabhängig von den sogenannten außersinnlichen Fähigkeiten. Sie ist auch unabhängig von deinem Beruf, deiner Familienstellung, deinem Einkommen und anderen Strukturen dieser Welt.

- Und schließlich: Was heißt schon »außersinnlich«? Welche eurer Sinne ordnet ihr bei den »inneren« ein, und welche gehören demnach zu den »äußeren«? Schon immer gehörten euch mehr als die wissenschaftlich bekannten fünf Sinne. Holt euch zurück, was euch gehört! Entdeckt und nutzt eure wahre Natur!

Und das ist alles? Keine Übung? Keine spezielle Meditation?

Natürlich gibt es zu diesem Thema zahlreiche Übungsvorschläge. Wahrscheinlich ist ihre Zahl so groß wie die der augenblicklich inkarnierten Menschen. Jede und jeder von euch besitzt ihren bzw. seinen ganz spezifischen Weg nach Hause. Bitte verbindet euch mit eurer innersten Weisheit. Sie zeigt euch den Weg, der für euch jeweils ganz persönlich am einfachsten, heitersten und lehrreichsten ist. Bittet, so wird euch gegeben! Vertraut dem Prozess des Lebens. Vertraut den Entwicklungschancen dieser Zeit. Vertraut der neuen – eurer neuen – Energie!

Vielleicht sollten wir euch noch an Eines erinnern: Auf eurem Weg befindet ihr euch in Übung. Ihr erkennt und transformiert eure bisher vertrauten Lebensmuster. Ihr entwerft und wählt neue Gewohnheiten. Bitte bedenkt, dass ihr eure alten Gewohnheiten über Jahrtausende in Gebrauch hattet. Bedenkt auch, dass euer gesamtes Kollektiv dieselben Gewohnheiten pflegte und noch pflegt. Wenn ihr nun mit ernsthafter Absicht neue Wege gehen wollt, solltet ihr Zeit und Geduld einsetzen. Gebt euch selbst eine faire Chance. Arbeitet und übt ohne Leistungsdruck, und geht gleichzeitig konsequent den Weg, der euch zur Erfüllung eurer Wünsche führt.

Alle eure Körperzellen müssen sich mit euren neuen Absichten vertraut machen. Eure Gedanken und Gefühle (von denen ihr höchsten acht Prozent bewusst kennt!) müssen sich den neuen Mustern anpassen. Dies alles erfordert Zeit, liebe Geschwister. Oft hören wir euch stöhnen: Nun praktiziere ich diese Übung schon seit drei Wochen täglich, und nichts tut sich! Erinnert euch an die langen Zeiträume, in denen die alten Muster sich in euch verankern und wachsen konnten. Nehmt euch Zeit, um sie zu verabschieden und das Neue in eurem Leben einzupflanzen. Geht euren Weg mit Hingabe und Ausdauer, und vertraut auf euren Erfolg!

Wir danken euch, liebe Geschwister! Mich selbst interessiert an dieser Stelle noch etwas Spezielles. Vor vielen Jahren erhielt ich die ersten Botschaften der Göttin. Eine ganz besondere, beglückende Liebesqualität durchströmt mich seitdem. Ich erhielt und erhalte wundervolle Texte, mit denen ich diese heilsame Energie auch anderen Menschen weitergeben kann.

Ein paar Jahre später kam ich mit euch in Kontakt. Nie werde ich diese außergewöhnlichen Momente in dem englischen Kornkreis vergessen. Unsere Gespräche schulen und fördern mich seitdem kontinuierlich. Ihr habt mir weitere Aufgaben versprochen, bei denen ich als eure Botschafterin viele Menschen unterstützen kann. Ich freue mich darauf und bin sehr dankbar für diese Chance.

Manchmal frage ich mich aber auch, ob und wie diese zwei Bereiche zusammengehören. Bin ich nun ein Kanal »zweier Welten«? Eure Energien unterscheiden sich von denen der Göttin. Auch die Inhalte unserer gemeinsamen Arbeit unterscheiden sich. Wenn ich mich der Göttin als Kanal zur Verfügung stelle, durchströmt mich ihre weise Inspiration. Ich mache sozusagen nur den Mund auf und lasse durch, was kommt.

Die Gespräche mit euch sind ein Dialog. Ich weiß nicht, wie ich es gut ausdrücken könnte; irgendwie scheint ihr mir näher – obwohl das auch wieder nicht stimmt. Nichts ist mir näher als die innige Verbindung mit der Göttin in meinem Herzen. Ihr merkt, dass ich ein bisschen verwirrt bin. Könnt ihr mir weiterhelfen?

Sei umarmt und umhüllt in Liebe, Schwesterchen! Manchmal fühlen wir uns im Kontakt mit dir wirklich besonders angerührt. Es ist so wundervoll, euch in eurer freiwillig gewählten Begrenztheit beobachten zu dürfen. Diese Welt entzieht sich unserer Erfahrung. Wir können uns gar nicht vorstellen, wie solche Fragen entstehen. In unserem Geiste trennen wir nichts. Wirklich gar nichts!

Wie könntest du »der Kanal zweier Welten« sein? Du bist Eins! Ein einziges, wundervolles Schöpfungswerk mit hunderttausend schillernden Möglichkeiten, dich selbst zu leben und zu erleben! Wir sind eine dieser Möglichkeiten in dir. Die Göttin ist eine weitere Möglichkeit. Durch dich fließen ebenso viele verschiedene Energiefrequenzen, wie du selbst es wünschst und ermöglichst. Dies gilt für euch alle!

Dein Leben lang hast du hingebungsvoll und intensiv gearbeitet. Viele – unzählig viele – Leben lang tatest du dies. Du erschufst dir selbst die Schleifflächen, die deine Natur zum Diamanten machten. In den unendlich vielen Irrungen und Wirrungen deiner Entwicklungszeit setztest du dich unendlich vielen Reibungen aus. Deine materielle Form kann dadurch nun immer größere Portionen des göttlichen Lichtes absorbieren und weitergeben. Das ist es, was du als Kanal tust. Du lässt die unterschiedlichsten Qualitäten des göttlichen Lichtes durch dich hindurchfließen, und stellst sie dem Universum und allem Leben zur Verfügung.

Ihr alle tut genau dies. Dies ist eure Mission. Dafür seid ihr hier. Dafür bildet ihr euch aus. Dafür entwickelt ihr euch. Dies macht euer Mensch-Sein aus. Ihr alle seid Kanal in diesem Sinne.

Den Teil verstehe ich inzwischen auch ganz gut. Aber es gibt da für mich noch eine ganz persönliche Unklarheit. Sind meine Göttinnen-Channelings nun etwas völlig anderes als die gechannelten Gespräche mit euch? Oder gehören diese zwei Gebiete irgendwie zusammen? Werde ich mich auch in Zukunft beiden widmen, oder erhaltet ihr irgendwann den Vorrang?

Wem du dich widmest und was du machst, entscheidest du allein. Wir hoffen natürlich auf eine weitere Zusammenarbeit mit dir, da sich unser »Projekt Botschafterin« mit dir sehr Erfolg versprechend entwickelt. Dennoch bist du in jedem Augenblick vollständig frei in deinen Entscheidungen. Natürlich weißt du genau, dass auch die Liebesenergie der Göttin dich vollständig frei sein lässt.

Das stimmt. Im Zusammenhang mit den Channelings habe ich mich noch nie bedrängt gefühlt. Weder von euch noch von der Göttin war je irgendeine Form von Druck zu spüren. Ihr seid so dezent, dass ich mich euch wirklich aktiv hinwenden muss, um überhaupt mit euch kommunizieren zu können.

So soll es sein. Nun erzählen wir dir noch ein paar Dinge, die deine innere Klarheit stärken können. Selbstverständlich ist es kein Zufall, dass du erst den Kontakt mit der Göttin erhieltest. Alle Schritte auf deinem Weg folgen einer wunderbaren Ordnung. Auch dieser Satz gilt für euch alle. Die Göttin begleitet und behütet dich seit Urzeiten.

Stimmt, Das habe ich an vielen Punkten meines Lebens bewusst erfahren dürfen. Seit Jürgen und ich uns miteinander verbunden haben, kam diese Erkenntnis sogar noch viel stärker in unser Leben.

Siehst du? Alles entfaltet sich gemäß einer (man könnte auch sagen deiner) göttlichen Ordnung. Du und Jürgen – ihr seid Kinder derselben Sternenregion. Schon über sehr lange Zeiträume begleitet und unterstützt ihr euch. In diesem Leben habt ihr Entscheidungen getroffen, die euren Bund erneuern. Gemeinsam steht ihr im Dienst. Gemeinsam steht ihr bewusst in Verbindung mit der göttlichen Quelle und den Sternenregionen eurer Heimat. Über endlos lange Zeiträume lebtet ihr als Priester und Hüter der weiblichen Gottesquelle. Deshalb ist dir diese Energie seit deiner Kindheit so selbstverständlich vertraut.

Stimmt. Mit der Göttin und Gott habe ich mich immer unterhalten. Ich kam gar nicht auf die Idee, dass das verboten sein könnte. Meine Religionslehrer fragten mich später gelegentlich ganz streng, ob ich auch sicher sei, die richtige Quelle zu hören. Aber das stand für mich nie in Zweifel.

Freu dich an dieser Verbundenheit. Es ist ein Zeichen deiner Stärke, dass du sie dir nicht ausreden ließest. Noch ein weiterer Grund lässt dich der Göttin sehr nah sein. Oft schon haben wir dir gesagt, dass du eine Schwester des Sirius bist. Weißt du eigentlich, dass unsere Heimatregion unter dem besonderen Schutz der weiblichen Gottesquelle steht? Seit alters her war Sirius ein Gestirn der Göttin. Hier verwirklicht sie ihre Energie.

Ich erinnere mich daran, etwas Ähnliches über die ägyptische Kultur gelesen zu haben. Ihr Sirius-Kult war der Göttin Isis geweiht, stimmt das?

Genau. Isis, Osiris und Horus. Diese uralte Mythologie stammt direkt aus den wirklichen Geschehnissen im Siriusgebiet. Die ägyptischen Priester lebten in den ersten Jahrtausenden ihrer Zeitrechnung sogar in bewusster telepathischer Kommunikation mit uns.

Ach – so wie ich jetzt gerade mit euch rede?

So in etwa. Du kannst dich unserer Kommunikation öffnen, weil du dich schon vor Jahrtausenden darin geübt hast. Schon immer wurden deine Energie-Kanäle mit diesen Frequenzen versorgt. Sirianer besuchten einst die Mittel- und Nordafrikanischen Regionen. Sie siedelten dort und schenkten der

Menschheit ihr weiter entwickeltes Wissen. Manche erschufen auch Nachkommen mit euch. Manche verliebten sich so sehr in diesen Planeten, dass sie immer wiederkamen.

Zu ihnen gehört auch ihr, du und dein Mann Jürgen. Viele eurer Freunde teilen diesen Weg schon sehr lange mit euch. Viele Menschen, die euch begegnen, entstammen einer ähnlichen Lebensgeschichte. Ihr alle kennt das »Liebesklima« der Siriusregion. Ihr alle sehnt euch gelegentlich danach, einfacher, heiterer, liebevoller miteinander zu leben. Diese Sehnsucht entsteht aus eurer Erinnerung, liebe Geschwister. Ihr wisst genau, wie ihr euch in den Regionen eurer Heimat gefühlt habt. Ihr kennt das unendliche Herzensglück der Einheit.

Hass, Verfolgung, Neid, Streit und Krieg, Existenzangst, Manipulation, Übervorteilung, sind die typischen Folgen eines dualistischen Weltbildes. Aus der Einheit kommend versteht ihr manchmal gar nicht, wie man sich in dieser Weise verstricken kann. Und doch war das dichte Feld eures Planeten ein Anziehungspunkt für euch. Hier wolltet ihr eintauchen. Hier wolltet ihr leben und euer Werk vollbringen. Hier möchtet ihr die feine, reine Liebeskraft eurer ursprünglichen Heimat verankern. Deshalb seid ihr hier, ihr lieben Geschwister.

Du bist also eine Schwester des Sirius im wörtlichen Sinne. Du kennst die Liebesqualität der weiblichen Gottheit. Du liebst sie und dienst ihr aus deinem tiefsten Herzensimpuls heraus. Dieser Dienst entspricht deiner Natur. Du musst dich dafür nicht extra entscheiden oder anstrengen. So sprach dich die Göttin vor vielen Jahren an und bat um deine Mitarbeit in einem größeren Rahmen. So schulte sie dich darin, ihren Botschaften zu lauschen und sie öffentlich auszusprechen.

Dies war der erste Schritt auf deinem Weg als Channel. Die Göttin trainierte dich auch darin, ihre Botschaften sehr präzise aufzunehmen. Sie zeigte dir die »Kunst der Nicht-Einmischung«, eine unverzichtbare Geisteshaltung der göttlichen Botschafter. Mit ihrer extrem hohen Liebesfrequenz reinigte und öffnete sie deine Energiebahnen, während sie dich als Kanal besuchte. Zu der Zeit solltest du nur aufnehmen und wiedergeben, was sie dir schenkte.

Nachdem du diese Haltung gut geübt hattest, durften wir unsere ersehnten Gespräche mit dir beginnen. Nun bist du in der Lage, verschiedene Frequenzen durch dich hindurchzuleiten. Du kannst sie erkennen und unterscheiden. Du erkennst und unterbindest auch Impulse der Einmischung, die gelegentlich aus deinem persönlichen Selbst durchklingen. Deine Arbeit trägt gute Früchte, liebe Schwester. Immer einfacher und müheloser erfolgt unsere Zusammenarbeit. Dein System (Körper, Seele, Geist, Gefühle, Gedanken) ist ein wertvolles Instrument geworden, auf dem wir gerne spielen.

Wow – jetzt bin ich aber platt.

Hoffentlich nicht wirklich …

Na ja, das ist mir so rausgerutscht. Was mich wirklich total überrascht ist die Präzision der Planung, die sich offenbar in meinem Leben entfaltet.

Hast du je etwas anderes erwartet? Göttlichkeit bedeutet Ordnung. Euer menschliches Leben ist in die Form gebrachte Göttlichkeit – in die Form gebrachte Ordnung.

Ich erkenne meine Blindheit und möchte fast darüber lachen.

Tu das! Das erfrischt! Lachen ist wirklich sehr gesund.

Ich selbst habe meine Entwicklung der letzten Jahre oft wie einen Nebelspaziergang empfunden. Ich spürte zwar deutlich, was ich zu tun hatte. Ich spürte auch, was ich loslassen sollte. Mein Weg veränderte sich permanent. Nie konnte ich genau sagen, was als Nächstes kommen würde. Oft war ich sehr unsicher, ob ich in der Kommunikation mit meiner innersten Ebene auch alles richtig verstanden hätte. Manches schien so willkürlich in mein Leben zu purzeln ... Erst die Channelings der Göttin, dann die Gespräche mit euch ... und nun sehe ich, dass dies alles tiefere Zusammenhänge hat ...

Dein Staunen amüsiert uns. Kaum vorstellbar, wie wirksam eure freiwillig gewählte »Verblindung« arbeitet ... Was für uns offensichtlich zusammengehört, erlebt ihr getrennt. Wie, liebste Schwester, sollte in deinem Leben etwas »zufällig« sein? Wie sollte für irgendeine oder einen von euch etwas »zufällig« sein? Zufällig erscheint, was dir zufällt. Und warum sieht es für dich so aus, als würde dir etwas zufallen? Weil du die Zusammenhänge zwischen deinem eigenen, ausgesendeten Impuls und der Antwort darauf nicht kennst. Erkenne die Einheit in Allem was ist, und du erkennst die wundervolle, göttliche Ordnung in Allem was ist!

Danke für diesen Hinweis! Nun kann ich wieder Einiges verdauen ...

Hier ist eine weitere Frage, die sich mit den Entwicklungen in der neuen Energie beschäftigt. Wie können wir unsere Chakren reinigen und stärken? Habt ihr dazu ein paar Hinweise für uns?

Eure Chakren sind große Energietore. Über sie steht ihr in multidimensionaler Verbindung mit Allem was ist. Lasst euch diesen Satz vielleicht einmal ganz langsam auf der Zunge zergehen. Die großen und kleinen Energiewirbel, die ihr in eurem

Körper tragt, bilden euer Tor zur Unendlichkeit! Ist das nicht eine wundervolle Information? Von hier aus erreicht ihr alles, was ihr möchtet. Wirklich alles!

Was würdet ihr tun, wenn ihr auf eurem Grundstück ein so kostbares, bedeutsames Tor hättet? Richtig: Ihr würdet es gut behüten. Ihr würdet genau darauf achten, wer und was durch dieses Tor hindurchgehen darf. Ihr würdet den Durchgang in beide Richtungen behüten: hinein und hinaus. Ihr wäret besonders aufmerksam. Denn beim Stichwort Multidimensionalität wüsstet ihr, dass unerwünschte Passanten auch auf überraschende Art und aus schwer vorhersehbaren Richtungen durch das Tor eindringen könnten. Ebenso wäre denkbar, dass unbemerkt Kräfte euer Grundstück verlassen, die ihr gar nicht gehen lassen wolltet. Also sorgt ihr für Wachsamkeit. Tag und Nacht.

Nun lasst uns miteinander betrachten, welche Kräfte durch eure zahlreichen Chakrentore in euch eindringen könnten. Lasst uns auch erkennen, welche Kräfte euch durch diese Tore möglicherweise unerlaubt verlassen. Die Antwort ist in beiden Fällen einfach: immer handelt es sich um Energie. Eure persönliche Quellenenergie verlässt euren Handlungs- und Lebensraum durch eure Chakren. Soweit dies eurer Absicht entspricht, gibt es nichts dagegen zu sagen. Ihr seid gespeist von der großen, kosmischen Energiequelle, die das Leben selbst erschafft. Also erhaltet ihr regelmäßig Nachschub.

Was aber geschieht, wenn ihr unbeobachtet und unbeabsichtigt eure Energie hinausfließen lasst? Was geschieht, wenn eine fremde Wesenheit, angezogen von eurer großartigen Leuchtkraft, an eurem Tor steht, und unbemerkt absaugt, was euch gehört? Wie könnt ihr euch davor schützen? Im bewussten Sein meistert ihr diese Herausforderungen. Was aber geschieht in den Momenten eurer Unbewusstheit? Sorgt gut und aufmerksam für euch, liebe Geschwister. Behütet eure Tore. Tag und Nacht. Ihr fragt, wie das gehen könnte?

Erinnert euch an eure riesigen, bislang noch ungenutzten Bewusstseinspotenziale. Diese sind fast neunzehn Mal so groß wie euer bewusstes Sein. Eine unvorstellbar große Kraft gehört euch. Erinnert euch daran, dass jede eurer Körperzellen aus reinem, göttlichen Bewusstsein erschaffen wurde. Reines, göttliches Bewusstsein erhält euch am Leben und speist euren Energiefluss. Bittet deshalb eure Körperzellen und euer kluges Unbewusstes darum, euch bei eurer Aufgabe zu helfen. Delegiert die Arbeit des sorgfältigen Behütens. Bittet eure Zellen darum, nur die Energie abzugeben, die gemäß dem Plan eurer höchsten Weisheit auch abgegeben werden soll.

Ebenso könnt ihr mit der Zurückweisung unerwünschter »Besucher« in eurem Energiefeld verfahren. Nichts und niemand kann euch »besetzen« oder euch in eurem Lebensraum stören, wenn ihr es nicht zumindest unbewusst duldet oder gestattet. Alle »Verwünschungen, Flüche oder schwarzmagischen Angriffe« sind unwirksam, wenn ihr euren Frieden jenseits der Dualität pflegt und behütet. Lasst euch nicht einschüchtern, wenn ihr anderen Aussagen begegnet. Erlöst eure Angst vor Fremdeinflüssen. Sie ist Teil der alten Energie und wird bald der Vergangenheit angehören.

Natürlich existieren im Universum der Dualität Kräfte, die euer Leben behindern könnten. Bitte versteht jedoch, dass sich diese Prozesse ausschließlich in eurem Bewusstsein abspielen. Erhebt euer Bewusstsein in den multidimensionalen Raum der Einheit, und ihr werdet nie wieder einen »Angriff« erleben. Ihr werdet auch nichts mehr reinigen oder behüten müssen.

Wir verstehen, dass ihr jetzt gerade die Zeiten des Übergangs durchlebt. Augenblicklich seid ihr gerade erst dabei, euch mit den unterschiedlichen Energieformen dieses Universums vertraut zu machen. Täglich entdeckt ihr eure eigenen Verhaltensmuster und erhaltet so die Gelegenheit, euch bewusst neu zu entscheiden. Dieser Prozess erscheint euch gelegentlich mühsam. Kein Wunder! In wenigen Jahren transformiert ihr buchstäblich jahrtausende alte Muster und Energieformen. Wir verstehen eure Müdigkeit, ihr Lieben! Eure Arbeit ist aufwendig und bewundernswert! Wir wissen, was ihr leistet, und danken euch dafür.

Darf ich mal was dazwischen fragen? Wenn ich euch richtig verstanden habe, brauchen wir überhaupt keine Reinigung oder Stärkung unserer Chakren, wenn wir unser Bewusstsein in die Einheit bringen? Ist der Körper dann automatisch auch geheilt? Der Zustand unserer Chakren hat doch einen großen Einfluss auf unseren Körper, oder nicht?

Wir danken dir für deine Frage, denn damit sprichst du einen wichtigen Punkt an. Wir selbst sind so sehr in der Energie der Synthese verwurzelt, dass wir manchmal »einen Gang runterschalten« müssen, um eure Fragen wirklich differenziert zu beantworten. Die Antwort lautet ja. Im energetischen Feld der Einheit ist alles geheilt. Heilung bedeutet Ganz Sein. Krankheit und Missbehagen existieren nur im Zustand der Dualität.

Nach eurer Transformation werden eure Körper durchlässiger sein. Je nach Bedarf werdet ihr euch den unterschiedlichen Gegebenheiten eurer Umgebung rasch anpassen können. Eure Verbindung zur göttlichen Quelle wird so innig sein, dass ihr mit dem Bekunden eurer Absicht erschafft, was ihr euch wünscht. Kraft eurer geistigen Reife werdet ihr nur die Wünsche ausdrücken, die eurem eigenen Wohle und dem Wohl des Ganzen dienen. Krankheit, Missbehagen und seelisches Leid gehören dann vollständig der Vergangenheit an. Vermutlich möchtet ihr nun gerne wissen, wie ihr die Zeit des Übergangs bis zu eurer Transformation gut meistern könnt?

Das wäre prima …

Wir verstehen eure Sehnsucht. Auch wir durchlebten einst dieselben Stufen der Entwicklung. Euer Zustand ähnelt dem einer Geburt: Das Alte kann nicht mehr bestehen. Das Kind muss den Weg ans Licht der Welt auf sich nehmen, denn es ist gereift und gewachsen und braucht einen neuen Raum. Das Neue ist aber noch nicht ganz zu erkennen. Das Kind weiß nicht wirklich, wo es nach seinem Geburtsweg ankommen wird. Anspannung und Unsicherheit kennzeichnen diese Phase. Nur der unerschrockene Mut und das tiefe Vertrauen in die Göttlichkeit eures Seins hilft euch in dieser Situation.

Viele heilsame, neue Übungen und Hilfe-Techniken wurden euch in den letzten Jahren überreicht. Dieses Angebot wird auch in den kommenden Jahren stetig erweitert und fortgesetzt werden. Unzählige Helfer aus der geistigen Welt inspirieren die Bereitwilligen unter euch. Bitte wisst, dass die neue Energie in Liebe für euch sorgt. Entdeckt und nährt das Vertrauen in euch, dass eure Hilfe immer bei euch ist. Rasche Veränderung und hohe Flexibilität sind Kennzeichen der neuen Energie.

Früher erlerntet ihr bestimmte spirituelle Techniken, um sie ein Leben lang zu üben. In der neuen Energie habt ihr vielleicht gerade eben eine spannende Strategie der Hilfe kennengelernt. Einige Monate lang erlebt ihr sie als recht nützlich. Plötzlich bemerkt ihr, dass ihr etwas Anderes braucht. So schult euch die neue Energie in der Flexibilität, die ihr selbst zu eigen ist. Zug um Zug werdet ihr beweglicher. Eure Anpassungsfähigkeit wächst, ebenso wie euer Vertrauen. Ganz sanft löst sich die Starre eurer alten Muster, und macht so dem frischen, heiteren Wind der neuen Zeit Platz!

Wir bieten euch also keine speziellen Reinigungsübungen für eure Chakren an. Stattdessen möchten wir euch ermutigen, im engen Kontakt mit eurer göttlichen Weisheit zu erspüren, was ihr zu einem bestimmten Zeitpunkt gerade besonders braucht. Erlaubt euch, zu experimentieren, liebe Geschwister. Lernt kennen, was euch anzieht. Überprüft den Nutzen, und verwerft, was ihr nicht mehr braucht. Geht spielerisch in euren Prozess der Entdeckung, und lernt dabei von euren Kindern. Sie zeigen euch die Freude, jeden Tag im Augenblick zu sein.

Danke für diese hübsche Botschaft. Ihr versteht es wirklich, uns auf den Geschmack zu bringen ...

Das tun wir besonders gerne.

Dann kann's ja weitergehen. Wir haben noch viele Fragen für euch ... Vor Kurzem las ich etwas Interessantes zum Thema UFOs. Zwei Autoren stellen die Hypothese auf, dass es sie nicht wirklich gibt. Ihrer Meinung nach könnten die Effekte, die viele Menschen weltweit beobachten, durch sogenannte Vakuumdomänen entstehen. (Anm.: Dies sind Orte im Universum, an denen soviel negative Masse existiert, dass die Gravitation instabil wird. Wegen der besonderen Kräfteverhältnisse kommt es hier oft zu eigenartigen Lichterscheinungen). Was meint ihr dazu?

Diese Aussage ist richtig. Wo ihr ein UFO beobachtet, existiert im Moment der Fortbewegung fast immer auch eine Vakuumdomäne. Diese kann spontan erscheinen. Meistens ist sie aber absichtlich technisch erzeugt worden. Die Autoren sehen nur die Vakuumdomäne und denken nicht daran, dass sich darin etwas befinden könnte. Vakuumdomänen ermöglichen uns eine wesentliche Form der Fortbewegung.

Hat denn die Vakuumdomäne nicht Materie vernichtende Eigenschaften? Wie könnt ihr überleben, wenn ihr in so ein aktives Energiefeld eintaucht?

Können wir – kannst du – überhaupt »nicht überleben«? Gibt es deiner Meinung nach Bedingungen, die dein Leben beenden?

Na ja, auf der physischen Ebene ist das ja wohl offensichtlich möglich ...

Genau! Und was geschieht dann mit dir?

Wahrscheinlich wechsele ich die Ebene?

So könnte man es ausdrücken. Man kann auch sagen, du änderst deine Dichtestufe. Und nun stell dir vor, du kämest in einen Materie auflösenden Energiewirbel (eine Vakuumdomäne). Was geschieht? Die hohen Verwirbelungskräfte lösen deine Dichtestufe. Die Lichtquanten, die deine Form bilden, bekommen mehr Platz. Der Abstand zwischen ihnen vergrößert sich. Dein Bewegungsradius vergrößert sich. Deine Vibrationsgeschwindigkeit erhöht sich. Rasch »wirbelst« du an einen neuen Ort.

Unsere Worte beschreiben nur ungefähr, wie Beweglichkeit durch Vakuumdomänen möglich wird. Auf jeden Fall könnt ihr euch vorstellen, dass in diesem Phänomen sehr viele interessante Hinweise stecken. Bisher denken eure Physiker noch selten über die Konsequenzen ihrer Beobachtungen nach. Die Vielfalt und Differenziertheit der tatsächlichen Schöpfung erscheint ihnen unwahrscheinlich oder unmöglich. Sie nehmen ihre Beobachtungen zur Kenntnis und staunen. Ihr werdet aber schon bald konkrete Erfahrungen in neuen Ebenen und Dimensionen machen können. Das wird euer bisheriges Weltbild dann vollständig verändern. Man könnte sagen »euer Denken wird auf den Kopf gestellt sein« …

Wie in der Tarot-Karte »Kopfunter hängend sehe ich alles anders …«

So ähnlich. Bisher seid ihr in eurer Wahrnehmung sehr einseitig festgelegt. Alle eure Erkenntnisse spielen sich in den Grenzen der Dreidimensionalität ab. Außerdem begrenzt ihr euch durch die Bedingungen der Zeit. Ihr selbst nehmt eine bestimmte Position in Raum und Zeit ein, von der aus ihr alles beurteilt. Schon wenn ihr auf dem Kopf steht, sieht eure Welt völlig anders aus. Wenn ihr euch hinlegt, erhaltet ihr wieder neue Eindrücke. Eure eigene Ausrichtung in Raum und Zeit erschafft die unterschiedlichsten Ein-Drücke (ihr selbst drückt euch mit eurer Form ins Energiefeld des Universums!) eurer Welt.

Wenn ihr mögt, genehmigt euch öfter mal einen Perspektivenwechsel. Trainiert eure Wahrnehmung darin, Informationen aus unterschiedlichen Blickwinkeln heraus zu verarbeiten. Schon bald werdet ihr nicht umhin können, dies zu tun. Eure Welt durchläuft einen starken Veränderungsprozess, den ihr selbst herbeigerufen habt. Scheinbar unverrückbar feste Gegebenheiten lösen sich auf. Die Zeit beschleunigt sich. Sie durchläuft Rhythmen der Ausdehnung und Zusammenziehung. Sie ist nicht mehr linear, so wie ihr es gewohnt ward.

Euer Verständnis vom Raum verändert sich. Täglich entdeckt ihr neue Räume. Euer Begriff vom Universum verändert sich gemäß eurer täglich wachsenden Erkenntnisse. Auch ihr selbst erlebt einen immer rascher werdenden Wandlungsprozess. Erinnert euch daran, welche Gewohnheiten ihr vor zehn oder fünf Jahren pflegtet. Erinnert euch daran, welche neuen Anregungen und Erkenntnisse ihr in eurem Leben seitdem integrieren konntet. Erkennt, welch rasche Dynamik in diesen Prozessen liegt. Niemals bisher hattet ihr diese riesigen Wachstumschancen. Was ihr jetzt durchlebt, entspricht einer vollständigen Neuwerdung von Allem was ist.

So wird auch eure Wahrnehmung Prozesse der Neuwerdung durchlaufen. Sie kann gar nicht anders. Alles euch bisher Vertraute ändert sich so sehr, dass ihr euch fast in jedem Augenblick neu orientieren müsst, um diese Entwicklung genießen zu können. Wir empfehlen euch deshalb, euch im Wechsel der Perspektiven zu üben. Spielt damit! Stellt euch vor, die Welt mit den Augen und der Wahrnehmung eines Vogels zu erfassen. Versetzt euch in die Situation eines wilden Tieres. Schaut noch einmal aus den Augen eines kleinen Kindes zu den scheinbar hoch aufragenden Gegenständen und Lebewesen der Welt um euch hinauf.

Versetzt euch in unsere Perspektive, und betrachtet euch und eure Welt aus übergeordneter Sicht. Unterstützt eure Neuwerdung, indem ihr die Vielfalt eures Seins auskostet. Nehmt euch mehr und mehr Räume der Wirklichkeit, und haltet für möglich, was bisher unmöglich erschien. Eure technologische Entwicklung unterstützt diesen Prozess. Vielleicht mögt ihr einmal die animierten Filmtechniken aus den 90er Jahren mit denen von heute vergleichen. Oder betrachtet die Möglichkeiten, die ein Computer euch vor 15 Jahren bot. Eure Technologien entwickeln sich explosionsartig rasch. Während ihr mit ihnen arbeitet oder sie zu eurem Vergnügen nutzt, schulen sie euch in eurer Wahrnehmungskraft. Eure Kinder wachsen damit auf und starten bereits von einer weiter entwickelten Ebene.

Mir scheint, dass auch ihr genau das mit uns übt, während wir hier über »Gott und die Welt« plaudern. Arbeitet ihr mit einer »hidden agenda"? (Anm.: mit einem verborgenen Plan)

Wir verfolgen weder verborgene noch offensichtliche Pläne. Dies ist für euch augenblicklich noch sehr schwer vorstellbar. Ihr seid darin geübt, am Beginn jedes Projektes im Feld eurer Gedanken einen Plan zu entwerfen. Dann arbeitet ihr diesen Plan Schritt für Schritt durch und erwartet, das erwünschte Ziel zu erreichen. Manchmal klappt das auch. In anderen Fällen bauen sich neue Herausforderungen vor euch auf. Dann verändert ihr eure Pläne notgedrungen.

Unser Vorgehen ist sehr verschieden von diesem Ansatz. Vielleicht mögt ihr eure kleinen Kinder beim Spiel beobachten? Ihre Bewegungen sind den unseren ähnlich. Ein kleines Kind nimmt zunächst einen Impuls aus der Ebene seiner Intuition wahr. Es folgt diesem Impuls. Wenn ihr die Energiefelder beobachtet, könnt ihr Folgendes erkennen: Das Kind schlüpft mit seinem Energiefeld in frei gewordene Räume und erkundet sie. Vielleicht hat seine Mutter soeben den Raum verlassen und ein Teil-Vakuum erzeugt. Nun erforscht das Kleine diesen Raum und breitet sich darin aus. Äußerlich seht ihr zum Beispiel, dass es die Bewegungen seiner Mutter nachahmt. Energetisch erschafft es eine neue Seins-Ebene für sich.

Wir beobachten euch, erkennen eure Muster und bewegen uns im harmonischen Fluss mit den Bildern, die ihr erschafft. Wir erkennen die Räume, die ihr für euch noch nicht entdeckt habt und weisen euch darauf hin. Wir schlüpfen in die Felder, die ihr gerade nicht beansprucht. Wir tanzen mit euch und passen uns dabei euren Bewegungen an. Manchmal machen wir auch einen kleinen Ausfallschritt und locken euch auf neues Gebiet. Wir tanzen behutsam und respektvoll, im Bemühen, euch Freude zu bereiten.

Heißt das, dass ihr ohne Absicht seid?

Nicht ganz. Unsere Absicht ist es, dem Leben zu dienen. Dies entspricht unserer Natur. Möglicherweise ist unser Ansatz ein bisschen verschieden von eurem Verständnis der »Absicht«. Wenn ihr eine Absicht erschafft, befindet ihr euch meistens im Raum eurer Gedanken. Ihr formuliert eine Idee. Ihr lasst Energie Form werden. Ihr manifestiert. Wir pflegen nur sehr wenige Grundsatzintentionen. Vielleicht lassen sie sich sogar auf eine einzige reduzieren. Wir fühlen uns Eins mit dem Leben selbst und fördern und schützen es, wo immer wir können. Dies ist ein Kennzeichen des Lebens in den höheren Dimensionen.

Also werden auch wir eines Tages so leben und empfinden?

Vermutlich … Diese und ähnliche Fragen können wir nicht völlig eindeutig beantworten. Wir kennen zwar das Potenzial eurer Entwicklung, aber wir wissen nicht, was genau ihr daraus letztendlich machen werdet.

Also dann werden wir es irgendwann gemeinsam erleben.

Stimmt. In jedem Augenblick, Stunde für Stunde, Tag für Tag …

Hier ist eine etwas ungewöhnliche Frage. Warum lassen sich Menschen zu Diamanten pressen?

Die ist wirklich amüsant. Was interessiert den Frager denn eigentlich wirklich? Gibt es ein verborgenes Interesse, das hinter dieser Frage steckt?

Ich weiß nicht …

Dann gehen wir zunächst einmal auf das Offensichtliche ein. Menschen lassen sich zu Diamanten pressen, weil ihr die technische Möglichkeit dazu entwickelt habt. Technische Möglichkeiten bringen euch auf neue Ideen.

Dann ist es also die technische Entwicklung, die uns inspiriert?

Nicht immer. Ihr erhaltet Inspiration aus vielen Ebenen. Der Kreislauf aus Inspiration, Wunsch und Schöpfung speist sich aus sehr unterschiedlichen Quellen. Manchmal entwickelt ihr eine Technologie, um etwas Bestimmtes damit zu erreichen. Manchmal »spielen« eure Wissenschaftler mit ihren Möglichkeiten und erschaffen dadurch eine Technologie, die euch zu neuen Ideen verführt.

„Verführt«? Wollt ihr damit auf die möglichen Gefahren der technischen Entwicklung anspielen?

Es gibt keine wirklichen Gefahren. Tatsächlich steht euch ein unendlich großer Spiel-Raum der Möglichkeiten zur Verfügung. Ihr selbst entscheidet, wie ihr ihn nutzen wollt. Ihr schult eure Verantwortlichkeit, indem ihr euch den Konsequenzen eurer Entscheidungen aussetzt. Ob etwas zur Gefahr wird, hängt vom Standpunkt der Betrachtung ab. Ist die Entdeckung der Atomkraft eine Gefahr, oder ist sie nützlich für euch? Für die Menschen in Hiroshima und Nagasaki wurde die Atombombe auf der äußeren Ebene zur tödlichen Gefahr. Aber was wisst ihr über die Wege ihrer Seele, die mit den Konsequenzen eines gewaltsamen Todes konfrontiert war? Was wisst ihr darüber, welche Schulungen ihr in eurem Bewusstsein durchlauft, während ihr euch mit den Phänomenen der Kernspaltung auseinandersetzt?

Ihr wisst wenig, ihr Lieben. Euer Blick ist eingeengt. Ihr definiert als Gefahr, was euer irdisches Leben bedroht oder begrenzt. Sinnvoll und richtig ist es, das Leben zu schützen. Sinnvoll ist es, euch über die Kostbarkeit des Lebens Rechenschaft abzulegen und entsprechend zu handeln. Sinnvoll ist aber auch, Beurteilungen und Ängste aufzulösen. Lebt wie die behutsamen, mutigen Pioniere. Jeden Schritt, den sie tun, prüfen sie sorgfältig im Hinblick auf seine langfristigen Konsequenzen. Sie behalten ihre Ethik im Blick, bevor sie handeln. Die Ethik, der sie sich verpflichten, lautet immer gleich: Schütze und fördere das Leben in jedem Augenblick.

Mir scheint, wir sind ein bisschen vom Thema abgekommen …

Und das wäre?

Warum lassen sich Menschen zu Diamanten pressen?

Wie könnten wir ein Thema verlassen, das mit dem Leben selbst zu tun hat? Menschen lassen sich zu Diamanten pressen, weil sie sich als kostbar erachten. Mit dieser Einschätzung liegen sie richtig. Sie sind kostbar. Ihr alle seid kostbar! Ein Diamant steht für Unendlichkeit und kostbarsten Wert. Menschen symbolisieren sich selbst als unendlich und kostbar, wenn sie sich in die Diamantform begeben. Unbewusst wissen sie auch, dass jede organische Form irgendwann zu Diamanten geformt sein wird. Lange Zeiträume und großer Druck erschaffen Diamanten aus jeder lebendigen Form. Jeder Diamant ist ein über lange Zeiträume und mit großem Druck zusammengepresstes Teil der lebendigen Schöpfung.

Ihr seid ungeduldig geworden, ihr Lieben! Ihr wollt das Ergebnis langer Prozesse sofort sehen. Also erzeugt ihr die technischen Voraussetzungen, um dies zu tun. Und ihr seid noch immer verunsichert, was die unendliche Kostbarkeit eurer Existenz angeht. Wüsstet ihr sicher, wie kostbar und unendlich euer Leben ist, würdet ihr über die Idee einer menschlichen Diamantpressung schmunzeln. Solange ihr über eure Existenz noch unsicher seid, wünscht ihr euch sichtbare Zeichen eures

Wertes und eurer Dauerhaftigkeit. Dies sind die äußerlichen Aspekte zu deiner Frage.

Vielen Dank! Eine weitere Frage aus unserem Zuhörerkreis: Was können wir gegen die Chemtrails tun? Können wir überhaupt etwas dagegen tun?

Immer und überall könnt ihr etwas tun. Ob ihr allerdings etwas dagegen tun solltet, lohnt sich, betrachtet zu werden. Solange ihr »etwas gegen etwas« tun möchtet, befindet ihr euch im Denkmuster der Dualität. Was wollt ihr wirklich erreichen? Ihr möchtet das Leben schützen. Dazu ist es sinnvoll, etwas für das Leben zu tun. Und es lohnt sich, eure dualistischen Denkmuster aufzulösen. Wenn ihr aus dem Gedanken der Einheit heraus handelt, entwickelt ihr große Kraft. Im Zustand der Dualität schwächt ihr euch unbemerkt. Was könnt ihr also tun?

Ihr beobachtet die Gefahren der Chemtrails. Tatsächlich stecken viele lebensstörende Momente in dieser Methode; viel mehr, als es euch augenblicklich noch bewusst ist. Darüber hinaus existieren sehr viele weitere lebensstörende Kräfte in anderen Methoden, die ihr noch gar nicht als solche entdeckt habt. Es gibt sie, die lebensstörenden Mächte, in eurer Welt. Noch vor wenigen Jahrzehnten herrschten sie ungefragt und unbemerkt über euch und euren Lebensraum. Nun ist ihre Macht im Schwinden begriffen. Täglich werden sie unruhiger. Immer öfter versammeln sie sich, um Gegenmaßnahmen gegen die Zeichen der Zeit zu entwickeln.

Aber genau hier schwächen sie sich unbemerkt selbst. Sie entstammen dem Muster der Dualität. Sie sind die Repräsentanten der Dualität. Sie leben durch die Unterteilung aller Erscheinungen in Licht und Schatten in eurem Bewusstsein. Erhebt euer Bewusstsein in die Räume jenseits der Dualität, und ihre Macht wird sich vor euren Augen auflösen! In eurem Bewusst-Sein liegt eure größte Kraft, liebe Geschwister!

Wir empfehlen euch keine speziellen Versammlungen. Wir rufen euch nicht dazu auf, Chemtrails und ähnliche Machenschaften zu bekämpfen. Wir laden euch »nur« dazu ein, euer Bewusstsein im göttlichen Licht der Einheit zu baden. Stärkt euch im Bewusstsein eurer schöpferischen Kraft. Noch ahnt ihr nicht, wie wirksam ihr seid. Noch unterschätzt ihr die Mächte, die in euch ruhen. Eure scheinbaren Gegner kennen euch besser als ihr selbst. Sie wissen um eure großen Schätze. Nichts wäre ihnen lieber, als euch selbst für immer im Unklaren darüber zu sehen.

Wenn ihr mögt, betrachtet jetzt noch einmal mit uns das größere Bild (so wie wir es im ersten Teil unserer Gespräche miteinander geübt haben): Vor sehr langer Zeit beschloss die große, göttliche Menschenseele, ihr Werk der Dualität in die Tat zu bringen. Ein Teil von ihr übernahm den Auftrag der »dunklen« Seite. In dieser Energie inkarnierten Menschen, die die wahre Göttlichkeit und Macht der Quelle verschleierten, ablehnten und verneinten. Ein anderer Teil übernahm den Auftrag der »lichtvollen« Seite. Hier inkarnierten Menschen, die die wahre Größe und Kraft des Göttlichen leben wollten und an sie erinnerten.

Im Laufe der Zeit gerieten diese beiden Seiten natürlich in Widerstreit. Alle ihre Vertreter lebten in der Überzeugung, »zu den Richtigen« zu gehören. Beide Seiten bekämpften sich und gaben ihr jeweiliges Wissen weiter. So entstanden riesige, kriegerische Bewegungen, die um die Macht im Universum stritten. Der uralte Kampf zwischen Licht und Schatten lebte aus der Illusion, getrennte Welten zu bewohnen. Diese Illusion konnte nur durch eine tiefe Spaltung im Bewusstsein jedes einzelnen Menschen aufrechterhalten werden.

Nun ist das Zeitalter der Synthese angebrochen. Die inkarnierten Vertreter des Lichtes freuen sich über diese Entwicklung. Schließlich war es ja ihr Auftrag, das Licht zu repräsentieren. Die Vertreter der sogenannten Dunkelheit sind noch nicht so glücklich über die neuen Bewegungen. Ihre Aufgabe war es, die Göttlichkeit zu widerlegen. Im Lichte der neuen Zeit wird dies täglich schwieriger. Ihre Kraft schwindet, und sie verlieren an Einfluss. Mehr noch: Die Erinnerung an ihre eigene, lichtvolle Göttlichkeit dringt jetzt immer häufiger in ihr Bewusstsein. Auch sie werden sich ihres eigentlichen Selbst bewusst. Wie sollten sie ihren einstigen Auftrag unter diesen Bedingungen länger durchführen können?

Viele von ihnen wechseln deshalb in diesen Jahren die Seite. Ihr hört von den Wissenschaftlern, die ihre Universität verlassen und einer überraschten Öffentlichkeit von ihren tiefen, neuen Einsichten berichten. Ihr erfahrt von den Politikern oder Wirtschaftsbossen, die abdanken und völlig neue Wege gehen. Ihr lest ganzseitige Anzeigen in teuren Zeitschriften, in denen Gruppen von Berühmtheiten der Öffentlichkeit sich zum Schutz des Lebens bekennen. Diese »Chemtrails« des Lichtes beunruhigen eure scheinbaren Gegner, ihr Lieben. Ihr selbst bemerkt noch nicht, welche revolutionäre Kraft in allen diesen Entwicklungen verborgen ist.

Wir bitten euch also, euer Denken und euer Bewusstsein im Licht zu halten. Löst alle dualistischen, urteilenden Gedanken und Gefühle in euch auf, liebe Geschwister. Und seid versichert, dass ihr dem Schutz des Lebens und der Ausbreitung der göttlichen Schöpferkraft damit einen wundervollen Dienst erweist!

Vielen Dank, ihr Raumgeschwister! Das hört sich eigentlich ganz einfach an.

Ist es auch! Wie immer braucht es von euch nur dreierlei:

- Eure absichtsvolle Entscheidung
- Eure liebevolle Hingabe
- Euer nachhaltiges Dranbleiben

Hier ist wieder mal eine Frage, die sich an euch persönlich richtet: Woher kommt ihr?

Wir lieben eure Fragen! Immer wieder staunen wir über eure enge, gedankliche Bindung an Raum und Zeit. Wahrscheinlich würde niemand von uns auf die Idee kommen, so eine Frage zu stellen. Wir leben im Augenblick. Alles – die gesamte Welt der Erscheinungen – spiegelt sich jederzeit in unserem Sein. Eure Fragen regen uns dazu an, die eine Welt unserer Wahrnehmung aufzufächern, in die hunderttausend Möglichkeiten der göttlichen Quelle.

In diesem Sinne versteht bitte jetzt unsere Antwort. Unsere ursprüngliche Heimat liegt in einem fernen Universum. Es ist dies ein anderes Universum, als ihr es zurzeit bewohnt. Bitte stellt euch die verschiedenen Universen wie ineinanderfließende Wolken unterschiedlicher Dichte vor. Um von dem einen Universum in ein anderes zu wechseln, verändern wir unsere Eigenschwingung. So eröffnen sich neue Horizonte vor unseren Augen. Die göttliche Quelle »erträumt« die unendlich vielen Welten des Seins. Wir sind die Reisenden ihrer Träume.

Vor undenkbar langen Zeiten (aus eurer Sicht undenkbar!) fanden wir euer Universum auf einer unserer Reisen vor. Hier gab es noch sehr viel ungeformte Energie zu entdecken. Alles befand sich in einem jungen, sehr aufregenden Entwicklungsstadium. Dieser göttliche Traum durchlebte gerade den Beginn seiner Existenz. Unendlich viele Forschungsmöglichkeiten boten sich unserer Neugier an. In unserer Begeisterung erschufen einige von uns eine Art »Außenposten«. Eine Sternenkolonie im fremden Universum. Wer die Besonderheiten und Wunder dieser neuen Welt beobachten wollte, konnte hier siedeln.

Ihr wisst ja, dass alles Leben zum Ausgleich drängt. Wir kamen, um etwas zu gewinnen. Und wir wurden eingeladen, unseren Teil zum Ausgleich beizutragen. Worin konnte dieser Ausgleich bestehen? Was konnten wir geben, um diese junge, universelle Entwicklung zu unterstützen? Wir beobachteten den Kampf zwischen den widersprüchlichen Ebenen der Dualität, der in eurem Universum gerade seinen Höhepunkt zu entfalten schien. Als gereifte Seelen eines älteren Universums konnten wir diesen Prozess zu seiner endlichen Synthese hin unterstützen.

Während sich die widersprüchlichen Kräfte der Dualität nun wieder in ihre Einheit hineinbewegen, wird sehr viel neue Energie geboren. Die hohe Reibung zwischen den unterschiedlichen Polen der göttlichen Elektrizität erzeugt wahre Energieblitze, die ungeahnte Kräfte entfalten. Blitze, die mehr als ein Universum mit neuer Energie versorgen … Erinnert ihr euch an dieses Stichwort? Erkennt ihr die Zusammenhänge zwischen diesem Prozess und eurer »neuen Energie«, über die wir uns im zweiten Teil unserer Gespräche so ausgiebig unterhalten haben?

Nun besitzt ihr den Schlüssel, der die vielen Einzelteile eures Puzzles zusammenführt. Erkennt ihr das wundervolle, größere Bild? Die göttliche Quelle träumt sich in den Prozess der Schöpfung hinein und erschafft Universum auf Universum. In eurem Universum (nicht in allen!) erschuft ihr das »Experiment Dualität«. Widersprüchliche Kräfte rieben sich aneinander. Licht und Schatten erschufen Abstand zwischen sich. In diesem Abstand zwischen den Polen entstand Spannung. Diese baute riesige Energiemengen auf und erschuf damit neue Welten. Alles was ist wird genährt aus der hoch frequenten Liebeskraft einer »neuen Energie«.

Versteht ihr, dass wir voller Aufregung unsere Heimat verließen, um diese Geburt zu unterstützen? Kennt ihr die Freude, bei einer Geburt anwesend zu sein? Seht ihr, dass sich jeder Einsatz und jede Mühe lohnt, wenn man in dieser Weise als Teil der Schöpfung tätig wird? So haben wir uns entschieden, euch dabei zu unterstützen, euren Weg zu gehen. Gemeinsam mit euch erleben wir diese besondere Zeit im Geburtszimmer der göttlichen Schöpfung. Wir sind dankbar dafür, unseren Teil beitragen zu dürfen. Unsere gemeinsamen Erfahrungen machen unser Leben lebenswert.

Ooooh ... das klingt wirklich wundervoll. So deutlich seid ihr noch nie geworden ...

Vielleicht hast du bisher noch nie so deutlich hingehört?

Möglich ... egal – es ist einfach eine sehr schöne Erfahrung, so mit euch zu sprechen. Manchmal kann ich richtig spüren, wie sich mein Bewusstsein ausdehnt ...

Sehr schön. Dein Bewusstsein dehnt sich übrigens permanent aus. Du spürst es nun öfter, weil sich deine Wahrnehmung verfeinert ...

Also gut. Wie immer. Auf jeden Fall genieße ich unsere Begegnungen!

Danke, das tun wir auch. Gibt's noch weitere Fragen?

Jede Menge. Was haltet ihr von dieser: Gibt es wirklich den »einen Erlöser«, auf den so viele warten?

Natürlich gibt's den! Und du weißt auch schon längst, wo du ihn findest …

Jetzt sagt bloß nicht, dass er in jedem von uns steckt …

Und wo sollte er sonst sein?

Na, da gibt's doch die unterschiedlichsten Aussagen. Manche behaupten, dass der Christus wieder unter uns ist. Jesus soll übrigens gleichzeitig als zusätzlicher Mensch an einem anderen Ort leben.

Das stimmt. Viele sehr große Meister sind in dieser Zeit lebendig unter euch. Einige von ihnen besitzen einen selbst erschaffenen Körper. Um ihn aufzubauen, verdichten sie ihr Potenzial göttlicher Energie so lange, bis es für eure Augen sichtbar wird. Andere bedienen sich des Körpers eines Verstorbenen. In diesem Fall finden vorher Absprachen zwischen der Seele im Übergang und dem sogenannten »Walk in« statt. Menschen, die klinisch tot waren, haben manchmal tatsächlich ihren Weg ins Jenseits vollendet. Gleichzeitig nimmt eine andere Seele bei der Wiederbelebung in ihrem Körper Platz.

Dies geht allerdings nur dann, wenn die beiden Seelen sehr ähnliche Persönlichkeitsmuster aufweisen. Nicht jeder Körper kann die hohen Frequenzen einer spirituell gereiften Seele bei sich halten. Während die Seele in den Körper eintaucht, sind seine Zellen einer hohen Vibration ausgesetzt. Die hohe Frequenz der Seelenenergie verbindet sich mit der biologischen Frequenz des Körpers. Zu große Unterschiede zwischen den Schwingungsmustern würden diese Verbindung unmöglich machen. Eure Körper ähneln den Saiteninstrumenten. Ein

Cello ist für bestimmte Tonfrequenzen geeignet. Einen hohen Geigenton könnte man nicht darauf erzeugen.

Einige hundert weise Meister leben derzeit auf eurem Planeten unter euch. Mehr denn je erhaltet ihr Hilfe aus allen Ebenen des Universums. Auch hier spielen die Gesetze der Resonanz eine ausschlaggebende Rolle. In früheren Zeiten gab es zu jedem Zeitpunkt einige wenige Meister unter euch. Wer von ihnen lernen wollte, musste auf seinem eigenen Weg so weit gereift sein, dass er die passende Resonanzstufe erreichen konnte. Nun wollt ihr alle eure Meisterschaft erreichen. Das bedeutet, dass ihr sehr viele unterschiedliche Meister braucht, die euch auf eurem Weg begleiten. Jeder zurzeit inkarnierte Mensch besitzt die außerordentliche Chance, die für seinen speziellen Bedarf passende, meisterliche Resonanz zu finden. Für jede und jeden von euch gibt es die passenden Helfer.

Den »einen Erlöser«, den euch viele eurer Religionen seit Jahrtausenden versprechen, findet ihr definitiv nur in euch selbst. Die vielen Weisen, die eure Arbeit in dieser Zeit unterstützen und segnen, führen euch zu ihm. Manche von euch werden ihren inneren Erlöser auch spontan und ohne äußerlich sichtbare Hilfe erkennen. Andere werden sich von unsichtbaren Helfern unterstützt wissen, die sie selbst in stiller Meditation oder im Gebet herbeigerufen haben. Beobachtet sorgfältig diejenigen, die sich als eure Erlöser ausgeben. Prüft, wohin sie euch zu führen gedenken. Niemand kann den Platz der göttlichen Weisheit in euch einnehmen. Ihr seid bereits vollkommen, liebe Geschwister! Euer Transformationsprozess führt euch auf den Weg, genau dies zu entdecken!

Danke, ihr Lieben. Wenn wir euch richtig verstanden haben, erübrigt sich mit dieser Aussage auch jede fundamentalistische Gedankenwelt?

Wir haben es euch wiederholt gesagt. Wir blicken voller Respekt auf jede und jeden von euch und möchten eure Gefühle nicht verletzen. Dennoch gibt es aus unserer Sicht eine klare Erkenntnis: Alle Wahrheit wurzelt in einer einzigen göttlichen Schöpfungsquelle. Alle Wahrheit führt zu ihr zurück. ICH BIN DAS ICH BIN beschreibt die tiefste Erkenntnis dieser Art.

Genau darauf berufen sich allerdings auch alle fundamentalistisch ausgerichteten Religionen. Jede nimmt für sich in Anspruch, dieser einen Wahrheit am nächsten zu sein.

Wir wissen, dass sich hierin ein großes Potenzial des Irrtums verbirgt. Eure Religionen sprechen aber gleichzeitig auch von der großen Liebe der einen göttlichen Quelle. Alle wirklich weisen Religionsführer haben diese Liebe persönlich erfahren, und ihr spürt es im Kontakt mit ihnen. Sie verströmen die göttliche Liebe, wenn sie mit ihr in Kontakt sind. Wie könnte die eine göttliche Liebe nun einen Teil ihres Schöpfungswerkes ausschließen? Wie könnte die Liebe in richtig und falsch unterteilt werden? Die Liebe existiert aus sich heraus. Reines, göttliches Sein ist ihre Qualität.

Ich vermute, dass fundamentalistisch ausgerichtete Religionsführer verbieten würden, Gott in dieser Weise zu interpretieren. Ihre Aussage ist ja gerade, dass Gott zu groß ist, um von uns Menschen wirklich verstanden oder gar interpretiert zu werden.

Dann haben wir es an dieser Stelle mit einem Zirkelschluss zu tun. Wer interpretiert denn Gott als so groß, dass er nicht interpretiert werden darf?

Hmmm …

Alles ist vollkommen, so wie es ist. Wir lieben und ehren euch, ganz unabhängig davon, was ihr glaubt oder für richtig haltet.

Zu eurer eigenen Freude und Stärkung ermutigen wir euch aber, Kontakt mit der göttlichen Quelle in euch aufzunehmen. Ihr werdet »Kinder Gottes« genannt. Also dürft ihr euer göttliches Erbe in Anspruch nehmen.

Das würde vielleicht auch Impulse der Rache und der Vergeltung auflösen? Die augenblicklich stattfindenden Gewaltakte auf dieser Welt werden fast alle mit der Notwendigkeit zur Rache begründet. Dabei folgt Racheakt auf Racheakt. Niemand kann dabei glücklich werden ...

Die Gedanken von Rache und Vergeltung entstammen eindeutig den Zeiten der alten Energie. Ihr hört es schon aus den Begriffen heraus: Hier wird aus einem dualistischen, polaren Weltbild argumentiert. Was bedeutet Rache in einem psychologischen Sinne? Diese Impulse haben zwei Wurzeln: Ein Denksystem der dualistischen Art, in dem sich der Rachsüchtige im Recht glaubt. Ein Gefühlssystem der Schwäche. Nur wer sich schwach fühlt, schafft es nicht, seine Wut anders als in Rache aufzulösen. Wirkliche menschliche Größe zeigt sich in der ruhigen Auflösung äußerer Krisen im eigenen Inneren. Damit übernehmt ihr Verantwortung für euer Tun und setzt neue Bewegungsmuster in die Welt. Rache und Vergeltung erschaffen dagegen eine unendliche Kette derselben Art.

Damit Frieden entstehen kann, müssen Opfer und Täter sich als von der gleichen Art erkennen. Solange ihr euch im Irrtum der Andersartigkeit oder gar der wertvolleren Einzigartigkeit (wertvoller als andere) befindet, gefährdet ihr euch selbst und alles weitere Leben. Das Leben, das ihr als »falsch ausgerichtet« vernichten möchtet, wendet sich gegen euch und vernichtet euch selbst. Erst die tiefe Erkenntnis eurer Gemeinsamkeiten öffnet euch die Tür zu den Räumen des Friedens. Über die Jahrtausende wechseln Opfer und Täter sich in ihren Rollen ab. Nichts kann die Kette des Recht-Haben-Wollens unterbrechen, solange ihr nicht eure tiefe Verbundenheit untereinander anerkennt. Erst wenn sich Täter und Opfer in gegenseitigem Respekt begegnen, beginnt eine neue Zeit.

Religiöse Kämpfe sind oft von Idealismus geprägt. Die Kämpfer fühlen sich im Recht und wollen der Menschheit das Beste bringen. Auch politischer Fanatismus argumentiert aus dieser Überzeugung.

Bitte versteht, dass ihr alle aus einer übergeordneten Sicht im Recht seid. Wer sich darauf beruft, der Menschheit Gutes tun zu wollen, sollte dies mit seinen Taten beweisen. Was braucht die Menschheit? Was braucht das Leben? Nahrung, Schutz, Gesundheit, das Recht auf freie Entfaltung und Ausbildung. Welcher Fanatiker bringt dies wirklich in die Welt? Allzu oft werden die Ideologien mit den Taten verwechselt. Allzu oft geht es darum, sich selbst in den Vordergrund zu spielen, sich als stark herauszustellen und im Recht zu sein. Schaut genau hin, ihr Lieben, und lasst euch nicht durch klug erscheinende Sprüche verwirren.

Idealistische Impulse wurden durch den 6. Strahl der Hingabe in dieser Welt verankert. Vor mehr als zweitausend Jahren kam diese Qualität auf die Erde. Sie sollte eure Begeisterungsfähigkeit stärken und euch mit euren ursprünglich egoistischen Impulsen für ein höheres Ziel gewinnen. Sie sollte Liebe und Hingabe in euch wecken und euch ermutigen, eure Spiritualität zu entfalten und zu genießen. Während der vergangenen zweitausend Jahre durchlebtet ihr viele verschiedene Stufen der Hingabe. Idealismus und Fanatismus sind Spielarten der Begeisterungsfähigkeit. Nun ist es an der Zeit, dass ihr das richtige Maß in allen Dingen erkennt und leben lernt.

Was ist dieses richtige Maß? Hierfür gibt es einige ganz einfache Kriterien:

- Orientiert euch an den Basisbedürfnissen der Menschheit.

- Stellt gemeinsam sicher, dass alle Menschen diese Bedürfnisse stillen können.

- Sorgt für den Schutz des Lebens in allen seinen Facetten.

- Behütet euren Lebensraum.

Sowie ihr eure vollständige Aufmerksamkeit auf diese einfachen Ziele lenkt, wird sich euer Planet vor euren Augen in ein Paradies verwandeln. Keine Ideologie braucht ihr, um dies zu verwirklichen. Alle großen Religionen und Philosophien leiten euch darin an, diesen Grundideen zu folgen.

Nun ist die Zeit der Synthese angebrochen. Der 7. Strahl der rituellen Ordnung und Magie regiert euer neues Zeitalter. Kreativität, Spiritualität Mut und Stärke kommen in eure Welt. Liebe, Sanftheit, Toleranz, Mitmenschlichkeit werden als bedeutsame neue Qualitäten von euch eingeübt. Die Erkenntnis der Einheit in der Vielfalt allen Seins heilt eure Wunden aus den Zeiten der Dualität. Folgt den Qualitäten des 7. Strahls, und genießt euer neues Leben in Frieden, Gesundheit und Fülle.

—

Liebe Sternengeschwister – jetzt möchten wir gerne einen besonderen Abschnitt mit euch besprechen. Unsere Freundin Carolina Hehenkamp hat einige spannende Fragen zu den Indigos. Sie ist eine bewundernswürdige Pionierin. Als eine der Ersten hat sie mit diesen Kindern und ihren Eltern gearbeitet und viele wichtige Bücher darüber veröffentlicht. Eure Antworten zu ihren Fragen dürften für viele Eltern, Kinder und Jugendliche von großem Interesse sein.

Woher kommen die Indigos genau?

Die Kinder, die ihr als Indigos bezeichnet, besitzen eine besondere Energieausrüstung. Sie sind die inkarnierten, individualisierten Anteile einer großen, kollektiven Seele. Ihre Vibration ist sehr hoch und kurzwellig. Mit dieser Energiestufe können sie sich rasch in alle bestehenden Strukturen der Materie hinein bewegen. Ihre Energie zischt sozusagen durch die dichteren Stufen der Schöpfung hindurch. Ihre Herkunft liegt in einer Region, die sich etwa in der Mitte eures Universums befindet. Sie stammen also nicht aus eurer Galaxie. Dies erklärt auch die Schwierigkeiten, die manche von ihnen mit eurem Lebensstil haben.

Die zentraluniversale Region ihrer Heimat bildet eine Art Schornstein zwischen den unterschiedlichsten Ebenen. Hier existieren riesige Energiewirbel, die als Tore zwischen den Welten aufgespannt sind. Die hoch frequente, göttliche Indigo-Gruppenseele betreut diese Region. Ihre energetische Ausrüstung befähigt sie dazu, rasche Bewegungen zu vollführen. In eurer Welt zeigen sie euch dies durch die außergewöhnliche Geschwindigkeit ihrer Wahrnehmungsmuster. Sie sind Hüter der Verbindungstore zwischen den Universen und Welten. In dieser Eigenschaft haben sie sich auch jetzt hier bei euch versammelt. Denn ihr, liebe Geschwister, seid gerade im Begriff, neue Verbindungstore zwischen den Dimensionen eures Seins zu erschaffen. Eure Indigos helfen euch dabei.

In ihrer Heimatregion sind diese Wesen so etwas wie hoch spezialisierte Handwerker. Sie betreuen die interdimensionalen Tore. Um dies tun zu können, brauchen sie ein enormes Wissen über Gravitation, Magnetismus, Elektrizität, Licht, Bewegung, Energie, Manifestation und noch viele andere zu diesem Thema gehörende Aspekte. Dieses Wissen haben sie sich wie Spezialisten über unendlich lange Zeiträume angeeignet. Ihre eigene körperliche Ausrüstung entspricht ihrer Aufgabe. Während ihrer irdischen Inkarnation stehen sie mit ihrem Wissen nur unbewusst oder indirekt in Verbindung. Kollektiv nutzen sie es aber, um eure derzeitige Transformation in rascher schwingende Seinsebenen zu unterstützen.

Viele von ihnen interessieren sich wenig oder nicht wirklich für die üblichen Abläufe eures irdischen Lebens. Sie finden es zum Beispiel ziemlich verrückt, wie sehr ihr euch stresst. Sie verstehen nicht, warum man sich in den persönlichen Möglichkeiten und Wünschen freiwillig so extrem einschränken sollte. Sie verstehen auch nicht, warum ihr euch so schnell manipulieren, unterdrücken oder einschüchtern lasst. Sie sind sich der menschlichen Schöpferkraft bewusst und finden es unpassend, wenn ihr selbst nicht dazu steht. Sie selbst sind durch ihre Herkunft an völlig andere Freiheitsgrade gewöhnt. »Warum sollte ich heute Hausaufgaben machen, um in vier Wochen eine bessere Note zu erhalten?« fragen sie beispielsweise.

Sie durchschauen jede Unwahrheit und sind nicht bereit, diplomatisch darüber hinwegzugehen. Diese Haltung entsteht aber nicht aus moralischen Skrupeln. Wahrheit oder Unwahrheit sind für sie nur die zwei Betrachtungsweisen einer selben Sache. Bewertungen gehören nicht zu ihrem Denksystem. Sie handeln eher aus einem geradlinigen Impuls heraus. Sie sehen nicht ein, in Auseinandersetzungen die persönlichen Empfindlichkeiten ihres Gegenübers zu berücksichtigen. »Was bedeuten schon Emotionen und persönliche Eigenheiten?«, fragen sie euch.

Ihr Bewusstsein ruht in einem großen Kollektiv, für das alle gleichermaßen einstehen. Viele eurer typisch irdischen Probleme erscheinen ihnen aus dieser Sicht buchstäblich lächerlich. Ihr kennt ja die Momente, wo sie sich über euch und eure

Gewohnheiten lustig machen. Oft seid ihr geneigt, dies als Kränkung zu erleben und im Streit darauf zu reagieren. Dann zeigen euch die Indigos wieder eine andere Seite ihres Unverständnisses. Sie sehen einfach nicht ein, warum ihr euch beleidigt oder gekränkt fühlt. »Hab dich doch nicht so ...«, möchten sie sagen. Alle diese Besonderheiten haben mit ihrer Herkunft zu tun. Sie sind einfach mit einem völlig anderen Lebensstil vertraut, als ihr es seid.

Gibt es einen Unterschied in der DNA zwischen den verschiedenen Kindergruppen, die seit 1995 zur Erde kommen?

Es gibt Unterschiede in der genetischen Ausrüstung zwischen bestimmten Individuen der Indigogruppe. Manche von ihnen weisen einen besonderen Erbsatz auf. Die unterschiedlichen Inkarnationswellen unterscheiden sich aber nicht grundsätzlich in Bezug auf ihre DNA. Ihr erlebt die Kinder dieser Wellen als unterschiedlich, weil ihre Ausrüstung im Laufe der Zeit immer durchlässiger wird.

Seit dem Ende der 80er Jahre wird die materielle Ausrüstung eures Planeten zunehmend durchlässiger und lichtvoller. Eure Kinder inkarnieren immer in Resonanz mit dieser Dichtestufe. Das war zu allen Zeiten so. Sehr durchlässige Wesen können nicht in Regionen der großen Dichte eintreten; sie würden beim Versuch dazu an der astralen Hülle eures Planeten abprallen.

Die Entwicklung eures Planeten ist nun dynamisch. Fast täglich werdet ihr ein wenig durchlässiger. Deshalb können die neuen Kinder sich bereits erlauben, mit weniger Ballast zu euch zu kommen. Ihr erlebt sie als charmanter, friedfertiger, freundlicher. Dabei spiegeln sie euren eigenen Weg, der euch von der Härte der Dualität in die Sanftheit der Synthese führt. Ihre persönliche Gestimmtheit und ihre Dichtestufe erlauben jedoch keine Aussage über ihre genetische Ausrüstung. Die Unterschiede, die ihr an ihnen beobachtet, sind eher so etwas wie verschiedene Hüllen, die sie sich für ihr Hier-Sein ausgesucht haben.

Was ist die wahre Aufgabe der Indigos hier auf der Erde?

Eine knappe Antwort auf diese Frage lautet: Sie rütteln alles auf. Das ist augenblicklich ihr offensichtlichster Dienst. Durch ihre Unbeugsamkeit und ihr im wörtlichen Sinne gutes Selbst-Bewusst-Sein widersetzen sie sich euren überkommenen Strukturen. Sie wissen, wer sie sind. Sie kennen ihre göttliche Natur. Warum sollten sie sich mit diesem Bewusstsein anpassen oder in enge Strukturen zwängen? Sie fordern, was euch allen gebührt: Anerkennung eurer Kostbarkeit, Würde und Freiheit.

Weil sie in ihrem Innersten nur wenig einzuschüchtern sind, erschaffen sie brennende Konflikte zwischen eurer eigenen aktuellen Unbewusstheit und den neuen Möglichkeiten eurer Bewusstwerdung. Sie präsentieren euch den Spiegel, damit ihr erkennt, wer ihr wirklich seid. Dafür zahlen sie einen hohen Preis. Ihre Kindheit und Jugend verläuft oft zutiefst traurig und vereinsamt. Im Unterschied zu euren älteren Familienmitgliedern akzeptieren sie deshalb aber noch lange keine angepassten Verhaltensmuster. Bisher war die Menschheit immer manipulierbar. Die Indigos sind es nicht.

Einige wenige von ihnen werden den Stein eurer Entwicklung bald ins Rollen bringen. Sie werden mit derselben unbeugsamen Struktur, die ihnen eigen ist, und ihren ungebrochenen Idealen der Liebe und Gerechtigkeit Positionen eures öffentlichen Lebens übernehmen. Ab diesem Moment wird eure Geschichte neu geschrieben werden. Nichts wird sie daran hindern, sich durchzusetzen. Lebensfeindliche Strukturen werden unter ihrer Führung aufgelöst. Wie ein Wirbelwind der Erneuerung werden sie durch alle bisher bestehenden Organisationsformen fegen. In kurzer Zeit wird nichts mehr sein, wie es einmal war.

Gleichzeitig betreuen alle Indigos als Kollektiv in einem ihnen selbst nicht bewussten Prozess die Tore, die sich zwischen den Dimensionen jetzt täglich mehr öffnen. Sie sind die Türhüter eurer Entwicklung in die höheren Dimensionen. Ihre Energiefrequenz ermöglicht es ihnen, zwischen den Ebenen hindurchzuschlüpfen. So verbinden sie die vielen unterschiedlichen Seinsebenen miteinander und tragen einen heilsamen Anteil zu eurer Transformation bei.

Ihr seht diese Kinder und Jugendlichen oft aus dem Blickwinkel der Bedürftigkeit. Ihr erlebt, wie sie unter euren Schulen leiden. Ihr erkennt ihre Einsamkeit und Verzweiflung als Teil ihres menschlichen Weges. Diese Anteilnahme zeichnet euch als die Gattung aus, die ihr seid: menschliche Wesen mit der Herzenskraft der Liebe. Gleichzeitig überseht ihr aber möglicherweise die tieferen Zusammenhänge, in denen eure Indigos hier sind. Schaut einmal genau hin, wenn ihr mögt.

Wie alle Wesen im Universum haben sich die Indigos eine Aufgabe ausgesucht. Um diese zu erfüllen, haben sie die für sich passenden Instrumente und Werkzeuge erschaffen. Sie sind in der angemessenen Zeit an den für sie angemessenen Ort zu euch gekommen. Nichts ist daran verkehrt. Ihre Mission ist sogar äußerst erfolgreich. Auf der Seelenebene wiegt ihr scheinbares Leiden weniger als die Tatsache, dass sie ihre Aufgabe hier sehr gut meistern.

Sie haben sich dazu bereit erklärt, einen schwierigen, häufig unangenehmen Job zu übernehmen. Es ist nicht einfach und angenehm, euch in eurer Erstarrtheit aufzurütteln. Das wussten sie. Das haben sie akzeptiert. Um es aushalten zu können, haben sie sich mit weniger persönlichen Empfindlichkeiten ausgestattet, als die Älteren unter euch es taten. Sie haben sich ein in mancher Hinsicht »dickeres Fell« angezogen, um ihren Dienst leisten zu können.

Gibt es eine universelle Übung, um ihre Ängste und Zweifel zu lösen, damit sie sich heilen können?

Mit ihrer hohen Sensibilität »rutschen« die Indigos in das von euch erschaffene Feld kollektiven Zweifels und kollektiver Angst. Viele von ihnen sind nur unzureichend geerdet (alle Erdungsübungen würden ihnen helfen!), sodass sie mit ihrem Bewusstsein rasch in den unterschiedlichsten Ebenen »verschwimmen«. Erdung, Zentrierung und Verankerung wären aus menschlicher Sicht wichtige Übungen für sie. Typischerweise stößt dieser Bedarf aber oft an die Grenzen ihrer Kooperationsbereitschaft. Die meisten von ihnen mögen sich keiner Regel beugen. Regeln widersprechen ihrem Freiheitsbedürfnis.

Auf der Seelenebene haben eure Kinder diesen Konflikt vor dem Zeitpunkt ihrer Inkarnation akzeptiert. Um euch eure Starre zu spiegeln, wählten sie sich eine sehr widersprüchliche Ausrüstung in ihrem Gefühls- und Gedankenkörper. Nur so kann offensichtlich werden, wie sehr ihr selbst euch seit Jahrtausenden selbst unterdrückt. Abgesehen von ihrer persönlichen Gefühlslage ist es den Indigos nicht wirklich ein Anliegen, ihre Ängste und Zweifel zu überwinden. Auf der Seelenebene nehmen sie diese unangenehmen Zustände in Kauf, um euch als angemessener Spiegel zu dienen. Deshalb sind sie in der Regel auch nur schwer für Übungen, Therapien oder andere Unterstützungsversuche offen. Sie nehmen ihre Aufgabe als Spiegel sehr ernst.

Es gibt allerdings etwas, das sie dringend brauchen und vermutlich auch gerne von euch annehmen. Liebe, Akzeptanz, Respekt für ihr Sein, Wertschätzung für ihre besonderen Eigenschaften (selbst, wenn euch diese manchmal fremd erscheinen!) – das alles könnt ihr ihnen schenken. Eure Zuwendung wärmt ihr Herz und erleichtert ihnen ihren Dienst. Begegnet ihnen ohne Veränderungswünsche. Nehmt und liebt sie so, wie sie sind. Setzt ihnen in ihrem Verhalten Grenzen, wenn sie euch direkt treffen. Aber anerkennt ihre Würde ohne Vorbehalte.

Während ihr euch in diesem Verhalten übt, wirkt ihr heilsam in zwei Richtungen. Für die Indigos wirkt eure Anerkennung und Liebe heilend. Ihr selbst entdeckt und übt gleichzeitig einen besonders wertvollen Teil von euch: Reine, bedingungslose Liebe verbindet euch mit der tiefsten Quelle eurer Göttlichkeit und heilt euch selbst in allen Ebenen eures Seins.

Viele junge Menschen haben Probleme mit Fremdbesetzungen. Was können sie tun, um lichtvoller und stabiler zu werden?

Vieles, was wir in unserer vorigen Antwort sagten, passt auch zu dieser Frage. Sicher ist es wertvoll, wenn ihr mit den Kindern und Jugendlichen arbeitet, die sich euch anvertrauen und eure Hilfe wünschen. Ihr werdet aber feststellen, dass die meisten von ihnen ihre Dinge gerne allein regeln möchten. Tatsächlich führt ihre eingeschränkte Erdung häufig zu Besetzungen mit Fremdenergien. Erfahrene Heiler können ihnen helfen, wenn sie das möchten. Sie selbst helfen sich, indem sie enge Kontakte mit der Natur und dem Erdboden pflegen.

Vielleicht hört es sich für euch merkwürdig an, wenn wir euch sagen, dass dieses Thema nicht wirklich so problematisch ist, wie ihr es empfindet. Die meisten Indigos werden ihr Energiepotenzial in den nächsten Jahren Schritt für Schritt zu sich nehmen. Indem sie dies tun, lösen sich alle ihre Schwierigkeiten »wie von selbst«. Die hoch frequente Indigoenergie wirkt wie ein reinigender Wirbelwind auch in eigener Sache. Manche werden sich auch gegen diese Selbstreinigung entscheiden. In euren Augen sind sie vielleicht krank, ängstlich, »besetzt«. Auf ihrer Seelenebene haben sie vermutlich einfach beschlossen, euch weiterhin als Spiegel zu dienen.

Wie können wir diejenigen unter ihnen unterstützen, die erneut erwachen?

Unterstützt sie, indem ihr sie liebt und ihnen Wertschätzung für ihr Sein schenkt. Vertraut ihrer Göttlichkeit, die alles Notwendige bewirkt. Sie wird die Wunder in ihnen erschaffen, nach denen ihr euch sehnt.

In meinen Visionen sehe ich seit einigen Jahren Gruppen- bzw. Massenhealings (400 bis 500 Menschen), bei denen die Jugend ihre Energien fließen lässt. Werden diese Visionen bald Realität sein?

Liebe Sternenschwester, deine Vision ist zutreffend. Allerdings wird diese Situation vermutlich eher »in der Stille« stattfinden. Nur einige wenige Indigos haben das Potenzial gewählt, in der Öffentlichkeit tätig zu sein. Sie bereiten sich jetzt gerade auf ihre Aufgaben vor und werden sie bald übernehmen. Die größte Zahl von ihnen arbeitet eher wie ein »undercover agent«. In ihrer telepathischen Vernetzung arbeiten sie gemeinsam und gleichzeitig an vielen sehr wichtigen Aufgaben. Sie lassen heilsame Energien in die Welt strömen. Sie balancieren und korrigieren die Kräfte, die ihr durch eure Unwissenheit ins Ungleichgewicht gebracht hattet. Das Meiste davon ist ihnen selbst nicht bewusst.

Wie können sie lernen, die wahren Lichtwesen von den scheinbaren Lichtwesen (getarnte Wesen der Dunkelheit) zu unterscheiden?

Die meisten von ihnen werden diese Unterscheidung nicht wirklich brauchen. Wir betonen noch einmal, dass die meisten Indigos ein Leben im verborgenen Dienst gewählt haben. Äußerlich erscheinen sie vielleicht als »Schulversager«, als seelisch Belastete oder Kranke, als »schwierige Mitmenschen«, die sich ungern an Gesetze und Vereinbarungen halten. Vielleicht beschweren sie sich auf der Ebene ihrer Persönlichkeit sogar über ihr Los. Innerlich aber nehmen sie dies alles klaglos auf sich. Sie wissen, dass es zu ihrem Dienst gehört. Auf diese Weise rütteln sie an den bestehenden Strukturen eurer Welt und ermöglichen damit das Kommende.

Indigos wissen in ihrem Herzen, dass die Unterscheidung zwischen Hell und Dunkel nur in einem dualistischen Denkmodell existiert. Deshalb interessiert sie dieses Thema nicht wirklich. Sie kennen die Wesen der Dunkelheit als natürlichen Teil von sich. Oft fühlen sie gar keinen Impuls, sie zu vertreiben oder von sich fernzuhalten. Manche Jugendliche befassen sich sogar ausgiebig mit den dunklen, destruktiven und gewaltsamen Seiten dieser Welt. Sie fühlen sich geradezu davon angezogen. So erschaffen sie Ausgleich und bringen in Verbindung, was scheinbar getrennt war.

Auch in ihren Familien erschaffen die Kinder und Jugendlichen des Indigo-Potenzials Ausgleich. In vielen europäischen Familien wurzelt eine tief sitzende Angst vor Gewalt und Dunkelheit. Seit den Kriegszeiten sind diese Gefühlspotenziale unerlöst. Das Dunkle wird aus Angst und kollektiver Verstrickung abgelehnt; nicht so sehr, weil man sich bewusst für das Licht entscheidet. So nehmen es die Indigos auf sich, dieses Thema ins Bewusstsein zu heben. Sie widmen sich den Kräften der

Dunkelheit. Als eure Eltern seid ihr geneigt, euch ihnen zu widmen. Ihr folgt ihrer stillen Einladung und begegnet durch sie den Kräften der Finsternis. Gemeinsam könnt ihr dann neue Wege entdecken.

—

Wie hängt unser Immunsystem mit dem elektromagnetischen Feld zusammen?

Wir vermuten, dass du mit dem elektromagnetischen Feld die technischen Frequenzen eurer Geräte und Maschinen meinst. Alle (ausnahmslos alle!) Geräte und Maschinen nutzen elektrische Frequenzbänder, die der biologischen Struktur schaden. Manche eurer Wissenschaftler haben diese Frequenzen sehr genau bestimmt und gemessen. Nicht nur euer Immunsystem – alle eure Körperzellen werden über Resonanzphänomene in ihrer Arbeit gestört, wenn man sie diesen technischen Frequenzen aussetzt. Jede Körperzelle erleidet Schwächungen in ihrer Fähigkeit zur Selbstreparatur.

Manche Körperzellen durchlaufen einen raschen Generationswechsel. Schleimhautzellen erneuern sich beispielsweise innerhalb weniger Wochen vollständig. Tritt nun eine Schädigung im genetischen Code ein, vererbt sich die kranke Zelle eventuell endlos weiter. Das menschliche Immunsystem sollte diesen Prozess zwar unterbrechen, damit eine heilsame Korrektur eingeleitet werden kann. Aber die vielen tausend Störreize, die ihr diesem System inzwischen täglich zumutet, überfordern und schwächen es. Vermehrte Krebserkrankungen und viele andere lebensbedrohliche Prozesse sind die Folge davon.

Wie funktioniert die Zellerinnerung?

Das Zellgedächtnis entsteht aus einem multidimensionalen Prozess, der für euer dreidimensionales Denken nur sehr schwer verständlich wird. Bitte stellt euch vor, dass euer Denksystem eine unzureichende Werkzeugausrüstung für dieses Thema besitzt. Deshalb können wir euch nur Bilder und Metaphern anbieten, um diese Zusammenhänge etwas zu verdeutlichen. Gleichzeitig bitten wir euch darum, mit dem Herzen zu hören. Hier besitzt ihr bereits alle Informationen, die ihr euch wünscht.

Stellt euch vor, dass im Inneren eurer Zellen ein Kraftgenerator existiert. Er arbeitet mit den Prinzipien von Elektrizität und Magnetismus. Das gesamte Leben – alle Erscheinungen in Raum und Zeit – sind nach demselben Prinzip erschaffen. Die elektrischen und magnetischen Felder eurer Zellen unterhalten sich mit den Feldern um sie herum. Informationen speichern sie dabei in Form von geometrisch angeordneten Mustern. Die Muster wiederum setzen sich aus Lichtquanten zusammen, die sich als Informationsträger zur Verfügung stellen. Muster können gespeichert und weitergereicht werden. Eure DNA bildet den Prototyp für diese Möglichkeit.

So speichern eure Zellen auf Photonenebene in geometrischen Mustern ihre Erfahrungen ab. Sie vererben sie entsprechend und reichen sie weiter. Da über die morphischen Felder Alles mit Allem in Verbindung steht, imprägniert jede einzelne Information sofort das Ganze. Im Quantenfeld der Wirklichkeit existiert keine Trennung. Eure Zellen können in jedem Augenblick auf das gesamte Informationspotenzial der gesamten Schöpfung zugreifen. Ebenso greifen andere Anteile der Schöpfung auf euch und euer Potenzial zu.

Könnt ihr etwas über das Christusgitternetz und Moorea erzählen?

Wir beobachten amüsiert, welche zahlreichen Konzepte ihr in den letzten Jahren über die »Gitternetze« entwickelt. Immer wieder kommen neue Botschaften hoch, die von weiteren Gitternetzen berichten. Natürlich steckt darin eine wichtige Entdeckung für euch. Wir freuen uns, wenn ihr eure Freude damit habt. Gleichzeitig könnt ihr dieses Thema auch differenzierter betrachten. Hier sind ein paar Gedanken aus unserer multidimensionalen Sicht.

Gitternetze entstehen, wenn die göttliche Energie Form annimmt. Die Energie äußert sich in Lichtquanten, die als In-Form-ationsträger dienen. So verdichtet sich die Göttlichkeit und zeigt sich in ihrem materiellen Aspekt. Gitternetze bilden solche Formen. Schon immer war eure Erde von mehreren feinstofflichen Gürteln umgeben. Ihr kennt den astralen Gürtel, der ein Produkt eurer Gefühle über Jahrtausende ist. Weiter gibt es einen mentalen Gürtel, den ihr mit euren Gedanken erschafft. Es gibt auch einen spirituellen Gürtel, den ihr gemeinsam mit der Erdmutter in die Form bringt.

Wenn ihr euren Planeten aus dem Abstand der Multidimensionalität betrachtet, findet ihr das folgende Bild: Unterschiedlich dichte Wolken aus Energie durchweben einander. Im Inneren dieser Energiewolken verdichtet sich die Energie so sehr, dass ein beinahe kugelförmiger Planet Gestalt annimmt. Durch die Rotationsgeschwindigkeit eures Planeten verwirbeln sich die übrigen Wolkenstrukturen miteinander und werden nach außen hin dünner (durchlässiger). Betrachtet vielleicht die Satellitenbilder eures Planeten. Dort könnt ihr die Formationen der Wasserwolken erkennen. Ähnlich wie diese umwirbeln die Erde auch die feinstofflichen Energiewolken.

Nun stellt euch vor, dass diese Energiewolken aus Mustern aufgebaut sind. Stellt euch vor, ihr würdet euch einer solchen Energiewolke aus dem Weltraum heraus von oben langsam nähern. Langsam kommt ihr dichter und dichter in ihr Gebiet. Je näher ihr der Energiewolke kommt, umso deutlicher erkennt ihr winzig kleine geometrische Muster in ihrem Feld. Nur von Weitem sah die Wolke wie ein zusammenhängender Nebel aus. Aus der Nähe betrachtet findet ihr Dreiecke, Tetraeder, Torusformen, Pyramiden, Oktaeder – die ganze Vielfalt eures Geometrieunterrichts lebt hier und bildet miteinander ein energetisches »Gitternetz«.

Tatsächlich handelt es sich sogar um mehr als ein Gitternetz. Viele unterschiedlich strukturierte Netze durchweben einander. Jedes einzelne von ihnen speichert und transportiert ganz spezielle Energiefrequenzen. Ihr findet euch in einem bunten Wunder der Schöpfung wieder. Vielleicht erinnert ihr euch einen Augenblick lang an unsere Gespräche über die Struktur eurer Erbinformation? Erkennt ihr jetzt die Ähnlichkeit von Allem was ist? Auch in eurer Zellstruktur finden sich dieselben geometrischen Figuren, wie ihr sie hier in diesen planetaren Energiewirbeln entdeckt.

Nun zu eurer Frage. Ihr habt euch dazu entschieden, die dualistischen Zeiträume eurer Geschichte zu beenden. Ihr habt das Zeitalter der Synthese herbeigerufen und den Heimweg in eure Göttlichkeit angetreten. Alle Informationsspeicher in euch und um euch müssen diesem Ruf nun folgen. In dieser Zeit werden alle universellen »Festplatten« gereinigt und neu programmiert. Die Gitternetze eures Planeten arbeiten wie riesige Festplatten. Auch die Erbinformation in jeder eurer Zellen tut genau das. Die mineralischen, kristallinen Strukturen eures Planeten tun es. Überall findet eine Neuausrichtung der geometrischen Strukturen statt, damit neue Informationen in euch und um euch herum Platz nehmen können.

Als der große Christus zusammen mit dem Meister Jesus vor 2000 Jahren euren Planeten mit seiner Energie beschenkte, verankerten beide hier einige sehr besondere Informationsmuster. Wenn ihr mögt, erinnert euch: Welche Informationen brachte der Christus als neue Botschaft in eure damalige Welt? Zunächst einmal rief er zum Frieden auf. Durch den Meister Jesus erklärte er euch, dass das alte Recht des »Auge um Auge« ein Ende haben müsse. Vor Kurzem besprachen wir diesen Gedanken im Zusammenhang mit menschlichen Rachegelüsten. Seit 2000 Jahren besitzt ihr die notwendige Energie, um diese polaren Streitpotenziale zu beenden.

Der Christus erinnerte euch an das Gesetzt der Liebe und verlangte, dass es allen anderen Gesetzen vorangehen sollte. Er erinnerte euch an eure Gottes-Kindschaft. In vielen Gleichnissen ermutigte er euch dazu, eure sehr persönliche Beziehung mit dem Göttlichen in euch zu pflegen. Eigentlich wurde euch nicht überliefert, dass er wirklich eine Kirche gründen wollte. Oft wandte er sich sogar gegen die bestehenden Strukturen. Die einseitige Machtausübung und Unterdrückung von Menschen durch Menschen lehnte er ab. Er kritisierte öffentlich die politischen und wirtschaftlichen Gepflogenheiten der damaligen Zeit. Er forderte seine Mitmenschen auf, Abstand zu nehmen von der Verurteilung anderer. Man könnte sagen, dass seine Botschaft viele Qualitäten der neuen Energie besaß.

Ihr fragt nach dem Christusgitter, liebe Geschwister? Ein Gitternetz entsteht, wenn die Qualitäten einer Information hier auf eurem Planeten und in euren Herzen bzw. Körperzellen verankert werden. Eure Körperzellen besitzen die Informationen, die der Christus euch durch den Meister Jesus gab, nun bereits seit 2000 Jahren. Man könnte es auch so ausdrücken: Ihr lebt in einem Energiefeld, das mit diesen Informationen erbaut und gespeist wurde. In magnetischer Resonanz wird auch euer Planet von diesen Qualitäten durchtränkt.

Die Lichtgittermuster der Christusliebe bilden einen Teil eurer Materie.

Und was hat dies alles mit dem Gebiet bestimmter Südseeinseln (Moorea) zu tun? Ein Lichtmuster lässt sich dort am besten verankern, wo bereits eine ähnliche Schwingungsfrequenz anzutreffen ist. Die Inseln der Südsee gehören zu dem alten Kontinent Lemurien. Hier wurde die Liebesenergie verwurzelt seit uralter Zeit. Die Völker Lemuriens lebten in der Tradition der weiblichen Gotteskraft. Was beinhaltet diese Tradition? Alles, was wir bisher über die Eigenschaften der neuen Energie besprochen haben, findet hier seinen Platz. Die Qualitäten der neuen Energie entsprechen denen der weiblichen Gottesenergie.

Natürlich ist das Göttliche in seinem Kern Eins. Alles was ist, ist Eins in diesem Sinne. Wenn wir hier eine weibliche von einer männlichen Gottesqualität unterscheiden, möchten wir euch auf bestimmte Akzente der einen, göttlichen Schöpferkraft aufmerksam machen. Welches sind die Attribute des Männlichen? Zielgerichtetheit, Geradlinigkeit, Gerechtigkeit, Bestimmtheit, Klarheit, Vision, Macht und Schutz. Natürlich gehört auch die Liebe zu diesen Qualitäten. Gibt es einen Unterschied zwischen der männlichen und der weiblichen Liebe?

Aus unserem übergeordneten Blickwinkel heraus unterscheidet sich die eine Schöpferkraft durch die verschiedenen »Klangfarben« ihrer Energie. Stellt euch vor, die gesamte Schöpfungsenergie der Quelle wäre so etwas wie ein Orchester. Einige Instrumentengruppen würden dann die männliche Liebeskraft zum Klingen bringen. Andere würden die weibliche Kraft repräsentieren. Wann empfindet ihr die Liebe als weiblich gefärbt? Wann erscheint sie euch eher männlich zu sein?

Als weibliche Attribute der einen Schöpferkraft empfinden wir die allumfassende Liebe, die nichts fordert und nichts voraussetzt. Ewige Güte, Ermutigung, Anerkennung. Die beschützende Kraft, die Raum für Wachstum eröffnet. Die Kraft der Hüter. Friedenschaffende Impulse. Die einende Kraft, die die streitenden Widersacher an ihre gemeinsame Herkunft erinnert. Versteht ihr nun, dass die weibliche Qualität des Göttlichen sich in eurer neuen Energie spiegelt? Gleichzeitig ist sie eine sehr alte Energie, die ihr bereits seit Urzeiten kennt.

Der versunkene Kontinent Lemurien und die Kultur der Hüter hatten sich den Qualitäten der weiblichen Gotteskraft verpflichtet. Der Christus brachte seine Energien in eure Welt, um diese Strömung wieder zum Leben zu erwecken. Schon vor 2000 Jahren entspann sich das Lichtgitternetz der Christusenergie von Jerusalem über das Zweistromland, um von dort aus die Gebiete der alten und neuen Kulturen zu befruchten. Schon damals waren die Regionen der Südseeinseln darin eingewoben. Auch Europa besaß seine spezifischen Punkte in diesem Gitternetz. Noch heute kennt ihr sie als die Plätze der Göttinnen- oder Marienenergie.

Für die Inseln der Südsee bedeutete die Erschaffung des Christusgitters vor 2000 Jahren den ersten Schritt zu einer tiefgreifenden Heilung. Die vergessenen Kontinente wurden neu eingebunden in die damals bedeutsame Welt. Ihre Liebeskraft fand Anschluss an die damals neue Zeit. Nun erlebt ihr den nächsten Schritt dieser Heilung. Die neue Energie, die seit einigen Jahren vermehrt und reichlich zu euch strömt, bringt euch in Kontakt mit der Liebeskultur Lemuriens. Was der Christus vor 2000 Jahren für euch hier verankerte, trägt jetzt seine ersten, sichtbaren Früchte.

Hier erkennt ihr den Kern seiner Liebesbotschaft. Hier und jetzt erhaltet ihr die Gelegenheit, den tiefsten Sinn seines Geschenkes für euch auszuloten. Das Christusgitter umspannt euren gesamten Planeten. Die neue Energie dieser Zeit öffnet die darin gespeicherten Informationen jetzt Zug um Zug. Die hoch frequente Gammastrahlung dieser neuen Energie durchströmt das Lichtgitternetz und versetzt es in heftige Vibrationen. Nebenbei gesagt: Die vulkanischen Aktivitäten der Südsee sind ein Ausdruck hierfür.

Was geschieht, wenn eine Bibliothek des Wissens mit rasch beweglichem Licht durchströmt wird? Was geschieht, wenn ihr einen gerichteten (absichtsvoll gelenkten) energetischen Impuls auf die Festplatte eures Computers bringt? Die gespeicherten Informationen (bzw. Programme) werden aktiv. Das verborgene Wissen kommt zum Vorschein. Ähnliches bewirkt die neue Energie, wenn sie die Lichtgitternetze eures Planeten nun absichtsvoll berührt. »Wie kann eine Energie absichtsvoll handeln?«, fragt ihr vielleicht. Bitte erinnert euch, ihr Lieben: Die neue Energie eures Planeten entstammt einer sehr hoch vibrierenden Quelle der Göttlichkeit. Zielgerichtete Impulse der Quelle selbst vollbringen hier ihr schon lange versprochenes Schöpfungswerk.

Viele gechannelte Botschaften beschäftigen sich heute mit den Lichtgitternetzen eures Planeten. Die meisten dieser Gitter existieren schon seit uralter Zeit. Sie sind Ausdruck eurer Geschichte. In ihnen verbergen sich die Informationen eures gesamten Schöpfungswerkes. Geometrisch geordnete Lichtfelder bilden die Bibliothek eures Lebens. Alles wurde darin aufgehoben. Wenn die neue, rasch vibrierende Energie jetzt zu euch strömt, verändern und öffnen sich die Lichtgitter, um ihre Informationen schubweise frei zu geben. Die Lichtmuster eurer Erbausrüstung nehmen diese Botschaften auf und erinnern sich an ihr ursprüngliches Potenzial. Auch sie ordnen sich neu, gemäß den Gesetzen und Qualitäten der neuen Energie.

Moorea (Lemuria?!) findet Anbindung an seine eigene frühe Zeit. Ihr alle entdeckt die Verbindung mit der Tradition der Hüter, der ihr selbst einst vor sehr langer Zeit angehörtet. Die Qualität der weiblichen Liebe – die neue Energie – startet das Programm der Neuwerdung in euren Zellen, euren Gedanken und Gefühlen, euren Erinnerungsspeichern und in der Energie eures Planeten. Was der Christus säte, kommt jetzt zur Blüte und schließlich eines Tages zur Frucht.

Warum sind die mexikanischen Pyramiden und Tempel wichtig für die Welt?

Zunächst einmal: Alles ist wichtig für die Welt. Oft seid ihr geneigt, ein besonderes Heiligtum, einen besonderen Ort, ein besonderes Kunstwerk als außerordentlich wichtig zu betrachten. Wir möchten euch daran erinnern, dass eure Welt holgraphisch erschaffen wurde (und in einem ständigen Prozess erschaffen wird). Dies bedeutet, dass ihr alles (wirklich alles!), was für euch wichtig ist, in jedem Detail der Schöpfung und in jedem Augenblick erfahren bzw. entdecken könnt. Wir laden euch ein, diesen sehr grundsätzlichen Gedanken immer wieder bewusst zu betrachten.

Indem ihr im Bewusstsein dieser Wahrheit lebt, könnt ihr euch sehr tief entspannen. Stellt euch vor, dass es nichts gibt, was ihr unbedingt erreichen oder vermeiden müsstet. Nehmt den Gedanken in euch auf, dass alles überall und immer mit euch in Kontakt steht. Freut euch daran, dass alles für euch vorbereitet wurde, was ihr braucht.

Die mexikanischen Pyramiden verbinden euch wie riesige Antennen mit dem Weltraum. Einst wurden sie so ausgerichtet, dass ihr die Energien bestimmter Sternenregionen hier optimal empfangen und nutzen konntet. Dies tun oder taten übrigens alle Pyramiden eures Planeten. Ihr habt bereits erkannt, dass es auch auf anderen Planeten Pyramiden gibt. Außerdem existieren auf eurer Erde noch zahlreiche, bisher nicht entdeckte bzw. erkannte Pyramiden. Manche wurden im Laufe der Geschichte zerstört oder umgebaut. Andere befinden sich unter Hügeln, die inzwischen vollständig bewachsen sind. Ihr würdet staunen, wie viele es sind. Ein Netz von Antennen überzog einst eure Erde.

Die mexikanischen Pyramiden nehmen in dieser Zeit keine besondere Stellung ein. Zahlreiche Veränderungen und Verschiebungen der Erdkruste haben dazu geführt, dass sie ihre ursprüngliche Funktion nicht mehr ganz wahrnehmen können. Dies gilt für etwa 90% aller Pyramiden auf eurem Planeten. Prinzipiell beinhaltet die geometrische Form der Pyramide immer noch große Kräfte, die ihr für euch nutzen könnt. Einige von euch experimentieren erfolgreich damit. Die riesigen Bauwerke der frühen Zeit können diese Kräfte allerdings oft nicht mehr so halten, wie es einmal möglich war.

Überraschende Nachrichten werdet ihr in den nächsten Jahren eher von den ägyptischen Pyramiden erhalten. Dabei liegen die Überraschungen nicht in den Pyramiden selbst, sondern im Boden der Region um sie herum. Auch in und unter den mexikanischen Pyramiden befinden sich noch einige Überraschungen. Sie sind aber von weniger bedeutsamer Natur als das, was in Ägypten auf euch wartet. Einige sehr bedeutsame Entdeckungen warten auch in China auf euch. Ein riesiges Areal mit mehreren Pyramiden wurde bisher weitgehend vor euren Augen verborgen gehalten. Dies alles wird in den nächsten fünfzig Jahren an die Öffentlichkeit gebracht werden.

Die mexikanischen Tempelanlagen wurden einst als Orte der versammelten, kosmischen Energie erschaffen. Zu diesem Zwecke erbaute man sie an sehr speziellen Kraftorten, die die Qualität von Sternentoren besaßen. Physikalisch fand sich an diesen Plätzen zum Beispiel eine veränderte Gravitation. Erinnert ihr euch? Gravitation und Bewusstsein verhalten sich gegensätzlich zueinander. Wo die Gravitation geringer ist, kann sich das Bewusstsein multidimensional ausdehnen. Umgekehrt arbeiteten Priester und Schüler im Feld ihres Bewusstseins und beeinflussten dadurch die Schwerkraft. Die interdimensionalen Sternentore bildeten so etwas wie »Bahnhöfe für Sternenreisende«. Hier konnten sich die Angehörigen der verschiedenen Sternenvölker begegnen. Hier waren die verschiedenen Dimensionen und Universen miteinander verlinkt.

Über die Jahrtausende eurer Geschichte versammelten sich hier allerdings auch sehr viele zerstörerische Kräfte. Im Zuge der dualistischen Spaltungen erlebten diese Orte Gewaltherrschaft und Tod. Ihre Sternentore schlossen sich oder wurden verschlossen. Euer Planet veränderte seine Gravitation, um drohende Gefahren einzugrenzen. Welche Gefahren hattet ihr erschaffen? Nun – das Projekt »dualistische Trennung von der Göttlichkeit« enthielt die Gefahr einer endgültigen Zerstörung eures Planeten. Niemand wusste, wie weit ihr gehen würdet. Deshalb beschlossen andere Sternenvölker gemeinsam mit der Gottheit eures Planeten, die Ausbreitung eures Projektes zu unterbinden.

Euer Planet veränderte sich. Eine neue, fluktuierende Verteilung seiner Schwerkraft ließ keine Sternenreisen mehr zu (zumindest nicht in größeren Ausmaßen). In dieser Situation befindet ihr euch noch heute. Deshalb leben auch eure alten heiligen Plätze nicht mehr in derselben Kraft wie einst. Der göttliche Plan eures Sonnensystems beschloss sogar eine weitere Maßnahme. Wenn ihr eure Sternenreisen jemals wieder aufnehmen wolltet, müsstet ihr euer Bewusstsein soweit entfalten, dass ihr dadurch Einfluss auf die Schwerkraft eures Planeten nehmen könntet. Nur mit einem erweiterten Bewusstsein würden euch je wieder Sternenreisen möglich sein.

Der Zeitpunkt für diese Entwicklung ist nun gekommen, ihr lieben Geschwister. Ihr habt ihn tatsächlich erschaffen! Ihr seid wirklich müde geworden, eure Entfernung von der Göttlichkeit zu erproben. Ihr findet euch bereit, die eine göttliche Kraft in euch und zwischen euch wieder zu entdecken und zu genießen. Allein durch diesen Entschluss habt ihr schon eine großartige Transformation eures Bewusstseins in die Wege geleitet. Als Antwort darauf erhaltet ihr Hilfen ohne Ende. Bis aus den hintersten Ecken des Universums (bitte versteht dies als Metapher; das Universum hat natürlich keine Ecken...) eilen diejenigen an eure Seite, die euren Bewusstwerdungsprozess unterstützen möchten.

Schon bald werdet ihr die Möglichkeiten eures neuen, erweiterten Bewusstseins genießen können. Euer Planet dankt euch für diesen gemeinsamen Weg. Gemeinsam mit euch vollzieht die Göttin Erde denselben Transformationsprozess, den ihr durchlauft. Deshalb schwanken die Aktivitäten ihrer Schwerkraft augenblicklich sehr. Ihr Menschen verändert (erweitert) euer Bewusstsein. Die Erde verändert das Verteilungsfeld ihrer Schwerkraft. Beides geschieht in vollkommener Harmonie. Für beide Entwicklungen stehen euch riesige Gruppen kosmischer und göttlicher Helfer zur Verfügung.

Eure alten Kulturdenkmäler werden in der neuen Zeit einen liebevollen Platz der Erinnerung erhalten. Eure neuen Sternentore, die »Bahnhöfe der interdimensional Reisenden«, werden an anderen Orten stehen, als ihr sie aus den frühen Kulturen kennt. Dies muss so sein, denn das gesamte Erdfeld wird sich in wenigen Jahren vollständig erneuert haben. Ihr werdet auch keine großen Pyramiden mehr brauchen, um euch mit den Sendestationen des Weltalls zu verbinden. Einst kamen die Wachstumsimpulse über diese Sendestationen zu euch in eure Welt. Nun seid ihr erwachsen geworden und sendet eure Impulse hinaus ins Universum.

Wir gratulieren euch zu eurer aufregenden Entwicklung, ihr lieben Geschwister!

Was bedeutet Polynesien für die Welt?

Polynesien – die Heimat der alten, lemurischen Kulturen. Ein sehnsuchtsvoller Seufzer durchzieht euer Energiefeld, wenn ihr diesen Klang hört. Tief in euch wurzelt die Sehnsucht danach, wieder so zu leben wie einst. Wir bringen euch eine wundervolle Nachricht: Die Qualitäten, nach denen ihr euch sehnt, werden bald wieder unter euch leben. Ihre Erschaffung und Verankerung findet jetzt gerade statt. Damit ihr sie in eurer menschlichen Gemeinschaft genießen könnt, dürft ihr sie nun zunächst in euren Herzen entdecken und pflegen. Was ihr dann aus eurem innersten, göttlichen Kern heraus strahlt (ausstrahlt), manifestiert sich unter euch als eine neue Gesellschaftsordnung.

Polynesien erinnert euch mit seiner Energie an die alten Zeiten. Allerdings befinden sich die dort lebenden Menschen jetzt häufig gerade in einer Phase der erneuten Dualität. Gesellschaftsformen, die ihr eben als problematisch erkennt, werden von ihnen angestrebt. Ihr überprüft kritisch eure Herrschaftsstrukturen. Sie bestehen darauf, ihrer hierarchischen Tradition zu folgen. Alle Menschen durchlaufen jetzt den Weg der Transformation. Auch die weisen Schätze der alten Kulturen müssen sich in diesem Sinne neu ausrichten. Nichts und niemand bleibt von der großen Transformation ausgenommen. Eure menschliche Gruppenseele hat es so bestimmt. Ihr alle seid Teile von ihr und durchlebt die Konsequenzen dieser Entscheidung.

So fühlen sich die Hüter der alten Kulturen nun oft sehr herausgefordert. Einige Jahrhunderte lang haben sie ihren kostbarsten Schatz alter Tradition unter großen Schwierigkeiten überliefert und bewahrt. Oft war dies ihr einziger Besitz. Sie mussten ihn verteidigen gegen ein hereinbrechendes Zeitalter der Ausbeutung und Gewalt. Ihre Unterdrückung machte sie zu Opfern einer Entwicklung, die sie ablehnten. Viele klammerten sich geradezu an ihre überlieferte Tradition. Und nun sollen sie einer neuen Strömung folgen? Jetzt, wo die einstigen Unterdrücker sich selbst auf ihren neuen Weg machen, sollten sie folgen und ihre Tradition hinter sich lassen?

Augenblicklich fällt es ihnen sehr schwer, eine entspannte, kritische Diskussion über das eigene kulturelle Erbe zu führen. Plötzlich erfahren sich die letzten Überlebenden der alten Tradition selbst in der dualistischen Rolle des Widerspruchs. Plötzlich streiten und kämpfen sie für ihre Rechte und bringen damit in die Dualität, was einmal reinster, göttlicher Energiefluss der Liebe war. Keine Beharrlichkeit und Starre findet in diesen Zeiten Platz. Nur wer zu flexibler Neugestaltung und Erprobung bereit ist, setzt sich durch. Dies sind die Kriterien der neuen Energie, die ihr gerufen habt.

So befinden sich die Völker Polynesiens im Widerstreit zwischen ihrer Tradition, den traumatischen Verletzungen der letzten Jahrhunderte und den Anforderungen und Bedingungen einer neuen Energie. Viele sind verwirrt. Viele sind orientierungslos. Spätestens in einigen Jahrzehnten wird euer Planet in den Regionen der Südsee neues Land erschaffen. Möglicherweise wird dies jetzt auch sehr rasch geschehen. Neue Besiedelungen werden stattfinden. Schließlich wird die alte Liebesenergie Lemuriens sich hier wieder verankern. Die überlieferten Schätze der Tradition werden in gereinigter und transformierter Form einmünden in die Bewegung dieser sehr besonderen, neuen Zeit.

Wie funktioniert die Verschiebung vom Himalaja-Chakra zum Anden-Chakra, die seit Ende der 50er Jahre läuft? Was bedeutet das genau für die Welt? Und was haben die Indigos damit zu tun?

Liebste Schwester, wir wissen nicht genau, worauf du dich beziehst. Wir kennen keine entsprechende Information. Wir sehen vielmehr, dass auf eurem Planeten eine ähnliche Bewegung geschieht, wie ihr selbst sie körperlich gerade durchlebt. Vielleicht dürfen wir euch dies mit einigen Worten zu eurer körperlichen Situation erläutern?

Eure frühere Körperstruktur zeichnete sich durch große Dichte aus. Einige wenige Chakren hatten für euch die Funktion von Energietoren. Über sie ward ihr verbunden mit Allem was ist. Mit ihrer Hilfe konntet ihr euren Energiestoffwechsel meistern. Nun entwickelt ihr in euch die Zustände wachsender Durchlässigkeit. Eure ursprünglichen Chakren verkleinern sich und übernehmen neue Aufgaben. Gleichzeitig entwickelt ihr neue, kleinere Energietore.

Vielleicht mögt ihr euch das folgende Bild vorstellen: In einem kleinen Dorf gab es einmal fünf Kreuzungen. Diese reichten völlig aus, um den wenigen durchlaufenden Verkehr zu steuern. Nun wächst dieses Dorf. Neue Menschen siedeln sich an. Neue Häuser werden gebaut. Neue Strassen müssen hinzukommen, um alle zu versorgen. Zusätzlich zu den fünf großen Kreuzungen gibt es nun auch noch einige kleinere. Alles zusammen wird so gestaltet, dass ein optimaler Verkehrsfluss gewährleistet ist.

Euer Körper entwickelt und verändert sich in diesen Jahren wie das wachsende Dorf in unserer Geschichte. Über eure Zellen und eure DNA findet ihr Zugang zu neuen Dimensionen. Ihr integriert zusätzliche Energiepotenziale in euch. Sie alle müssen in einem harmonischen Fluss mit der kosmischen Energie, mit eurer göttlichen Quelle, in Verbindung stehen. Für diesen Zweck entwickelt ihr neue, kleinere Chakren.

Manche von euch spüren, dass dieser Prozess schubweise stattfindet. Ihr durchlebt Zeiten der scheinbaren Stagnation. Dann spürt ihr wieder Bewegung in euer System einströmen. Ihr erweitert und öffnet euer Bewusstsein; dies entspricht der neuen Besiedelung in unserem Dörfchen. Nach einer gewissen Zeit der Ausdehnung wird es euch »eng ums Herz«. Ihr braucht ein neues Chakra (eine neue Kreuzung), um den gesteigerten Energiefluss gut steuern zu können.

Bald schon werdet ihr euch in einen kontinuierlichen, harmonisch fließenden Strom eingebunden fühlen. In wenigen Jahren wird euer Körper mühelos sehr unterschiedliche Energiemuster bei sich halten oder durchleiten können. Eure Dichtestufe wird dann nur noch einen kleinen Bruchteil betragen, verglichen mit den früheren Zeiten. Ihr werdet einige größere Chakren besitzen. Mehrere kleine regeln darüber hinaus fluktuierend euren wechselnden Bedarf.

Genaue Lokalisationen eurer Chakren werden sich nur noch ausnahmsweise finden. So mag sich euer Herzchakra beispielsweise an einem Tag mehr auf der rechten Seite des Brustkorbes befinden. Am nächsten Tag vibriert es dann auf der Höhe eures Zwerchfells und verbindet sich dort mit einem eigentlich weiter unten liegenden Energiewirbel. Diese äußeren Phänomene passen jeweils exakt zu euren inneren Entwicklungsprozessen.

Auch auf eurem Planeten zeigen sich jetzt entsprechende Veränderungen. Wir kennen keine einseitige Chakren-Verschiebung vom Himalaja in die Anden. Möglicherweise beobachtet ihr die fluktuierenden Energiewirbel in diesen Regionen. Manche Chakren verlieren vorübergehend an Kraft; andere werden stärker. Dieser ganze Prozess steht aber erst an seinem Beginn. Niemand (auch wir nicht!) weiß zu sagen, über welche Zwischenstationen sich eure Erde in den nächsten Jahren transformieren möchte.

Bitte bedenkt: Die Transformation eures Planeten geschieht in enger Wechselwirkung mit eurem eigenen Transformationsprozess. Dieser wiederum hängt von unzähligen einzelnen Faktoren ab. Wie viele Menschen entscheiden sich beispielsweise zu einem bestimmten Zeitpunkt für eine gemeinsame Friedensmeditation? Wie rasch erkennen eure Führungskräfte aus Politik und Wirtschaft die Notwendigkeit für einen Wandel? Wie kompromisslos setzen sie ihre Erkenntnisse in die Tat um? Wie lange halten sie sich möglicherweise noch mit Versteckspielen auf?

Millionen von Antworten auf Millionen ähnlicher Fragen entscheiden darüber, welche Schritte euer Planet auf dem Weg durch seine Transformation durchläuft. Wir kennen das Ergebnis dieses Prozesses. Ebenso wie euer Körper wird die Erde viele kleinere Kraftorte (Chakren) besitzen. In eruptiven Momenten wird sie neues Land erschaffen. Anderes wird im Meer verschwinden. Trotz aller Spekulation können auch wir nicht sagen, welche Anteile schließlich dazugehören werden. Der Grund dafür liegt in der Schöpfungsenergie des Göttlichen. Sie ist unvorhersagbar und in jedem Augenblick neu.

Eure Indigos beteiligen sich mit ihrem unbewussten (!) Energiepotenzial an der Balancierung der fluktuierenden, planetaren Energiefelder. Man könnte ihre Arbeit als Rettungsdienst bezeichnen. Während eurer Transformationsprozesse kommt es immer wieder zu Momenten des Ungleichgewichtes. Ihr erlebt sie in euch, in der Entwicklung eurer gesellschaftlichen Situation, in den Gesprächsrunden der Politiker, in den Verhandlungen der Krieg führenden Nationen.

So ein Ungleichgewicht würde für euren Lebensraum rasch sehr ungemütlich sein. Eure Erde kann euch nur dann beschützen, wenn sie euch relativ ausgewogene Verhältnisse bietet. Stellt euch nur einmal das folgende Szenario vor: Eure Politiker streiten sich um ein Handelsgesetz. Sie finden keine zufriedenstellende Lösung. Die Gespräche stagnieren. Das bedeutet, dass diese Männer und Frauen eine Stagnation in ihrem Bewusstsein durchleben! Konsequenterweise müsste euer Planet nun auch alle seine lebendigen Prozesse abstoppen. Was hieße das für euch? Keine Versorgung, kein Schutz! Habt ihr euch das einmal überlegt, liebe Geschwister?

Eure Indigos übernehmen in diesen Fällen die Aufgabe des Rettungsdienstes. Sie balancieren den Energiefluss entlang der Sternentore und Planeten-Chakren. Sie lösen den Verkehrsstau, indem sie sich mit ihrem erweiterten Bewusstsein selbst an die Kreuzung stellen. Durch ihre eigene hohe Vibration bringen sie in Bewegung, was zu stagnieren drohte. Euer Kind liegt vielleicht »faul« im Bett und verweigert seine Hausaufgaben. Es braucht diese Pause dringend, denn unbewusst ist es mit dem größten Teil seiner Energie unterwegs, um wichtige Dinge zu regeln. Ihr dürft ihnen danken, euren Indigos!

In Südamerika ist viel los. Es gibt viele Indigos. Warum werden sie vermehrt dort geboren?

Das erscheint euch nur so. Tatsächlich werden sehr viele Indigos in Afrika geboren. Kinder, die niemand beachtet. Kinder, die vielleicht als heimatlose Waisen ein trauriges Dasein durchleben. Auch für sie gilt: Sie arbeiten hingebungsvoll an der energetischen Balance eurer Welt. Auch sie setzen dafür größtenteils ihre unbewussten Potenziale ein. Viele Kinder eurer sogenannten dritten Welt führen ein ähnliches Leben. Große Gruppen von Indigos leben in Indien, auf den Philippinen, in Malaysia, Thailand, Vietnam.

Sehr viele Indigos leben auch in den ehemals kommunistischen Ländern. Häufig halten sie sich hier vor den Augen der Öffentlichkeit verborgen. Die Politiker dieser Länder sind noch immer geneigt, jede Ressource ihres Volkes gedankenlos auszubeuten. Indigos werden zum Beispiel mit ihren besonderen Fähigkeiten für militärische Zwecke ausgebildet. Die Kinder wollen das nicht und verschließen sich vollkommen. Viele leben angeblich behindert oder geistig unentwickelt in ihren Familien und zeigen sich nicht mit ihrem wahren Potenzial.

Auch in den Industrienationen leben viele Indigos unerkannt. Habt ihr schon einmal an die Möglichkeit gedacht, dass eure Kinder mit der Diagnose »Autismus« zu ihnen gehören könnten? Manch ein psychiatrisches Krankheitsbild wurde so in Unkenntnis der wahren Verhältnisse diagnostiziert. Auch viele drogensüchtige Jugendliche entstammen der Gruppe der Indigos. Ihr würdet es vielleicht nie vermuten, aber auch sie balancieren einen Teil der destruktiven Energien eurer Welt durch ihr schwieriges Leben.

Südamerika durchläuft enorme Herausforderungen. Altes Kulturland, über Jahrhunderte besiedelt von den verschiedensten Gruppen herrschsüchtiger und missionierender Europäer. Unbalanciert! Gleichzeitig lebt in den Ländern Südamerikas ein riesiges, kreatives Potenzial. Erinnert euch daran, wie rasch und gewaltlos das argentinische Volk vor einigen Jahren die größte Versorgungskrise eines modernen Staates löste. Kreativität wurde aus dem Ärmel geschüttelt. Lebendigkeit und Mut setzten sich durch.

Dass eure Indigos hier zahlreich zu finden sind, hat noch weitere Gründe. Südamerika wird in den nächsten Jahrzehnten riesige Veränderungen seiner planetaren Struktur durchleben. Hier verändert sich die Gravitation des Planeten sichtbar. Wisst ihr denn, dass die Flugzeuge vor der Küste Argentiniens bereits neue Linien fliegen müssen? Das magnetische »Loch« im Südatlantik ist inzwischen so groß, dass die Kontrollinstrumente der großen Flugzeuge nicht mehr sicher arbeiten können.

Was schließt ihr daraus? Der Südpol verändert sich! Die gesamte Meeresregion nördlich des Südpols durchläuft enorme Bewegungen. Das Meiste davon ist für euch jetzt noch nicht sichtbar. In zwanzig oder dreißig Jahren werdet ihr verstehen, warum eure Indigos bereits jetzt als Rettungsdienst vor Ort sind und hier ausgleichen, was andernfalls ungemütliche Turbulenzen erzeugen könnte. Einmal mehr laden wir euch ein, ihnen zu danken!

Werden wir wieder kristallin? Was bedeutet das genau? Gibt es mehr kristalline Wesen auf unserem Planeten? Was sind wahre Kristallwesen?

Aus unserer Sicht wart ihr schon immer kristalline Wesen. Eure DNA wurde in Form von Eiweißkristallen erschaffen. Optisch entsprechen eure kleinsten Bausteine den geometrischen Formen, über die wir schon so oft gesprochen haben. Die gesamte Schöpfung ist in diesen Formen aufgebaut. Nicht zufällig sprecht ihr von der »Heiligen Geometrie«. Ihr bezeichnet sie als heilig, weil sie aus der Form gewordenen Spiegelung der heiligen, göttlichen Quelle selbst entsteht. Winzige Kristalle erschaffen euer biologisches Sein. In ihnen speichert ihr die gesamte Information des Universums.

Vor vielen Jahrtausenden setzten euch die Vertreter eines anderen Sternenvolkes bestimmten genetischen Manipulationen aus. Dabei wurde die kristalline Ordnung eurer Körperzellen verändert. Vielleicht mögt ihr euch diesen Prozess an einem Beispiel vorstellen: Ein Kind hat mit seinem Baukasten wunderschöne, geometrische Raumobjekte erschaffen. Nun kommt ein anderes Kind und schlägt auf das Gebäude ein. Ein Teil der geometrischen Formen bleibt stehen. Noch erkennt man, wie das gesamte Gebäude vorher aussah. Um den Gebäuderest herum liegen die Fragmente der zerstörten Struktur. Nur das erste Kind könnte sie wieder zu seiner ursprünglichen Form zusammensetzen.

Das ist es, was ihr augenblicklich tut, liebe Geschwister. Ihr fügt die kristallinen DNA Bruchstücke in euren Zellen zu ihrer ursprünglich vollkommenen Struktur zusammen. Ihr entdeckt und aktiviert die DNA-Stücke, die eure Wissenschaftler bisher als Junk-DNA (überflüssige, nutzlose Erbsubstanz) bezeichneten. Ihr fügt zusammen, was zusammengehörte. Erinnert euch dieser Satz an etwas? Dies ist das Zeitalter der Synthese! Trennung und Zerrissenheit werden überwunden. Selbst in den kleinsten Bausteinen eurer Materie spiegelt sich dieser Prozess.

Jedes kristalline Fragment eurer Erbsubstanz trägt einen Teil der euch gehörenden Informationen. Auch die sogenannte Junk-DNA tut dies. Während ihr sie zusammenfügt, fließt die in ihr gespeicherte Information wieder in euer Bewusstsein. Ihr erinnert euch an frühere Episoden eures langen Lebensweges. Auch die Erinnerungen an eure früheren Leben tauchen wieder auf. Ihr entdeckt und entfaltet neue Fähigkeiten. Ihr traut euch, euer altes Wissen wieder zu euch zu nehmen. In der Öffentlichkeit werden wichtige Abschnitte eurer Geschichte diskutiert. Wissenschaftler entdecken fehlende Puzzleteile eurer Menschheitsentwicklung und verändern damit euer Weltbild. Die kristalline Struktur eurer Biologie setzt ihre Programme frei, und euer Horizont des Wissens erweitert sich.

Manche von euch verstehen unter dem »kristallinen« Menschen denjenigen, der die vollständige Struktur seiner DNA bereits wieder zusammengesetzt hat. Dieser Mensch nutzt seine göttlichen Potenziale als Folge von dieser Entwicklung vermehrt. Er ist besonders empfänglich für zahlreiche, unterschiedliche Strahlungsmuster. Er absorbiert die Energien des Universums in ihren vielschichtigen Frequenzen. Über seine Zellen steht er in multidimensionaler Verbindung mit Allem was existiert. Er arbeitet als Sender und Empfänger für das gesamte, göttliche Schöpfungspotenzial.

Ihr bezeichnet diese Menschen als weise, erleuchtete Meister. Und tatsächlich sind sie erleuchtet in einem sehr physikalischen Sinne. Sie leuchten, weil ihre vollkommen strukturierte, kristalline Erbsubstanz sehr viel göttliches Licht aufnimmt, bündelt und verteilt. Eure erleuchteten Meister zeigen euch die Möglichkeiten eurer wahren Natur. Sie leben euch vor, was jede und jeder von euch erreichen kann. Ihr alle besitzt das Potenzial dieser Entwicklung. Jetzt ist die Zeit gekommen, in der das gesamte Universum euren Heilungsprozess unterstützt. Die neue Energie dieser Zeit stimuliert eure Körperzellen. Wie ein klingender Wecker ruft sie eure DNA-Bruchstücke dazu auf, sich neu zu ordnen. Als Ergebnis dieser Entwicklung werdet ihr zu dem Menschen, der ihr im Raum eurer Möglichkeiten schon immer wart.

Vielleicht versteht ihr nun, warum wir euch schon immer als kristalline Wesen sahen? Unsere Wahrnehmung ist multidimensional ausgerichtet und erkennt alle Schöpfung im Quantenraum der Einheit. Wir sehen euer gesamtes Potenzial. Wir wissen auch, dass ihr eure großartigen Möglichkeiten bisher nur in winzigen Ausschnitten gelebt habt. Umso mehr freuen wir uns über die Transformation, die ihr jetzt gerade durchwandert. Ihr habt es verdient, euch vollständig zu entfalten, liebe Geschwister! Und ihr werdet es genießen!

Natürlich gibt es noch zahlreiche weitere kristalline Wesen auf eurem Planeten. Eure Erde wimmelt davon! Möchtet ihr erkennen, wer dazu gehört? Dann beobachtet sorgfältig, und nehmt euch dabei die Qualitäten der neuen Energie zu Hilfe. Kristalline Wesen besitzen eine kristalline Erbsubstanz, die viele unterschiedliche Lichtfrequenzen aufnehmen, bündeln und weiterleiten kann. Was folgt daraus? Kristalline Wesen leben das göttliche Energiepotenzial sehr umfassend, manchmal sogar vollständig. Was sind die Aspekte der Göttlichkeit? Werdet euch hierüber bewusst, und entdeckt sie in euren Mitgeschöpfen, liebe Sternengeschwister. Dann beantwortet sich eure Frage von selbst.

Was möchten uns die Kristallschädel sagen? Sollten wir sie an ihre Ursprungsplätze zurückbringen? Wenn ja: warum?

Wie jede kristalline Struktur speichern auch die Kristallschädel riesige Mengen an Information. Indem ihr sie pflegt und bei euch behütet, erhält das göttliche Licht die Gelegenheit, diese Informationen in Bewegung zu bringen. Zug um Zug werden sie als Energieform in die Welt entlassen. Euer Dienst an den Kristallschädeln ist daher sehr wertvoll.

Diese Schädel wurden euren Vorfahren von Wesenheiten einer anderen Sternenregion übergeben. Mit ihnen überreichte man euch das Wissen, das bei der Entwicklung eurer Kulturen helfen sollte. Allerdings entschied sich die Menschheit schon bald darauf, ihr Experiment Dualität in die Tat zu bringen. So waren die Kristallschädel sehr lange in der Obhut dualistischer Herrscher. Über lange Zeiträume versammelten sie in sich auch die Informationen über Gewalt, Unterdrückung, Vernichtung.

Heute bergen die Kristallschädel unterschiedlichste Energieformen. Das einstmals für euch vorgesehene, hilfreiche Wissen befindet sich ebenso in ihnen wie die Erinnerungsberichte aus den Zeiten des Schreckens. Wundert euch also nicht, wenn mit einem Kristallschädel auch sehr viel »dunkle« Energie in euer Haus kommt.

Die Kristallschädel müssen nicht wieder an ihren ursprünglichen Heimatort gebracht werden. Euren Vorfahren wurden sie einst gemeinsam in einer bestimmten Region des Himalajas übergeben. Damals existierte dort ein großes Sternentor, das einen regen Austausch zwischen den Sternenkulturen ermöglichte. Dieses Sternentor wurde bereits vor sehr langer Zeit verschlossen. Lange vor der von euch so verehrten tibetischen Kultur waren die Zeiten dieser interstellaren Begegnungen bereits beendet.

Ihr möchtet eure Kristallschädel angemessen behüten? Hier sind einige Anregungen für euch:

- Setzt die Kristallschädel dem Sonnenlicht aus.

- Überspült sie gelegentlich mit reinem, wertvollem Quellwasser.

- Reinigt sie mit heilsamen Symbolen, und »badet« sie in der Lichtkraft, die die Objekte der Heiligen Geometrie ausstrahlen.

- Bringt sie mit der göttlichen Kraft eures Herzens in Verbindung.

- Bittet die göttliche Quelle darum, die in ihnen gespeicherten dualistischen Muster der Zerstörung zu transformieren.

- Bittet eure helfenden Engel darum, zu entsorgen, was sich möglicherweise an destruktiver Energie aus diesen Schädeln löst.

- Stimmt euch darauf ein, die für euch wertvollen Informationen aus diesen Schädeln in euch aufzunehmen.

Ihr werdet entdecken, dass nicht alle eure Kristallschädel wirklich aus der sehr alten Zeit stammen. Viele Kulturen wussten um ihr Geheimnis. Viele Herrscher ließen heimlich »Nachbauten« anfertigen, um auf diese Weise ihre Macht zu demonstrieren. Wer einen Kristallschädel besaß, galt als Verbündeter der Sternenvölker. Manch einer schmückte sich mit diesem Titel, ohne ihn wirklich zu verdienen.

Liebe Sirianer, eure Antworten zum Thema Indigos haben mir an manchen Stellen fast die Sprache verschlagen. Eure Kommentare überraschen mich. Was ihr sagt, klingt teilweise so ganz anders als die Botschaften mancher Esoterik-Autoren ...

Wir wissen nicht, auf welche Autoren du dich berufst. Wir möchten auch keine konkurrierende Diskussion eröffnen. Widmet euch den Botschaften und Texten, die euch ansprechen, und findet das für euch Weise darin. Jede Botschaft enthält weise Anteile, die ihr nutzen könnt. Euer Herz zeigt euch den Weg dorthin. Im Übrigen: Warum sollten wir nicht einen zusätzlichen Blickwinkel zum Thema einnehmen? Genau das ist doch auch ein wesentlicher Bestandteil unserer Arbeit, meinst du nicht?

Das stimmt. Ich liebe die Erweiterung meines Blickwinkels sehr, die aus unseren Gesprächen entsteht. In diesem Fall habe ich nur manchmal das Gefühl, dass ihr mein bisheriges Bild auf den Kopf stellt ...

Und wenn es so wäre? Erinnere dich: »Kopfunter hängend sehe ich alles anders« ...

Ja, ja. Ich möchte trotzdem noch mal darauf zurückkommen. Ihr erschafft ein ganz anderes Bild der Indigos, als ich es kenne.

Und wie war dein bisheriges Bild?

Ich sah die Indigos als besonders begabte Kinder und Jugendliche.

Das sind sie!

Ich wusste, dass sie eine spezielle Aufgabe mitgebracht haben.

Stimmt!

Seit Jahren erlebe ich, wie sie in unseren Institutionen und unserer Welt leiden.

Stimmt auch. Wo ist das Problem?

Ihr beschreibt dieses Leiden als Teil ihrer gewählten Aufgabe. Ihr lasst durchblicken, dass wir daran nicht so viel ändern könnten ...

Richtig. Das Leiden der Indigos entsteht aus dem hohen Widerspruch zwischen ihren mitgebrachten Eigenschaften und Gewohnheiten und den starren Strukturen eurer Welt.

- Indigos kennen die reine Freiheit der göttlichen Seele. Ihr lebt in Unfreiheit und erschafft freiwillig die engen Grenzen der Dreidimensionalität. Sie verstehen das nicht. Nie würden sie es für sich selbst akzeptieren.

- Indigos stehen telepathisch in Verbindung mit Allem was ist. Manipulation, Unehrlichkeiten, Versteckspiele finden sie überflüssig und sinnlos. Sie weigern sich, daran teilzunehmen. Sie konfrontieren euch, wenn sie euch dabei »erwischen«.

- Indigos leben im Bewusstsein, als Teil einer Gruppe im gemeinsamen Dienst zu stehen. Konkurrenz, Leistungsehrgeiz, »Besser-Sein-Wollen« ist ihnen zutiefst zuwider. Dadurch haben sie einen schweren Stand in eurem Schulsystem. Eure Schulen arbeiten fast nur mit diesen Strukturen.

- Indigos leben bewusst in der multidimensionalen Raum-Zeit. Stundenpläne, Zeitgrenzen, bindende Vereinbarungen lösen Verwunderung in ihnen aus. »Warum sollte ich genau dann mit meiner Arbeit fertig sein?«, fragen sie vielleicht. »Meine Seele braucht gerade etwas ganz Anderes. Diese Arbeit muss warten.« Weil sie im Quantenraum des Augenblicks wahrnehmen, lehnen sie die Strukturen eures All-Tags ab.

- Indigos besitzen eine hoch bewegliche, rasche, mehrdimensionale Wahrnehmung. Nichts erscheint ihnen so eindeutig und festgelegt wie euch. Ein kleines Schulkind spielt beispielsweise in seiner Wahrnehmung mit den Buchstaben. Aus dem G wird eine eingerollte Katze. Seine Schulleistung wird aber nur nach den engen Kriterien eurer Gewohnheiten bewertet. Die Kreativität des Kindes zählt (fast) nichts. Punkte erhält es nur, wenn es genau ausführt, was ihm aufgetragen wurde. Genau das tun die Indigos aber überhaupt nicht.

- Stetige Entfaltung und Bewegung begeistert die Indigos. Damit sind sie den Prinzipien der schöpferischen Quelle besonders nah. Alles Gewohnte, Eingespielte, Vorhersagbare, Geforderte langweilt oder ärgert sie. Dafür könnt ihr sie nicht gewinnen. Sie erkennen es als Lebens-Fremd.

- Mit ihrer hohen Energiefrequenz sind die Indigos der schöpferischen Quelle sehr nah. Ihr seid es, die sich von der Quelle entfernt hatten. Ihr lebt Qualitäten, die die Quellenenergie verzerren. Die Indigos sind nicht bereit, diesen Abstand von der Quelle für sich zu akzeptieren. Sie sind hier, um euch genau darauf hinzuweisen. Denn ihr, liebe Geschwister, habt euch entschieden, euch eurer Heimat wieder anzunähern. Sie helfen euch dabei! Würden sie Kompromisse eingehen (so wie ihr es euch gelegentlich wünscht), wären sie für ihre Mission unwirksam.

Zwischen der inneren Welt eurer Kinder und den äußeren Strukturen eurer Alltagswelt existiert ein Graben, der Reibung und Leid erzeugt. Eure Kinder akzeptieren dieses Leiden als Teil ihres Auftrags. Sie verweigern Therapien, Übungen, lange Diskussionen. Sie wissen sowieso, dass sie sich nicht anpassen werden. Anpassung würde ihrem Dienst zuwiderlaufen. Trotz all dieser Turbulenzen wissen sie sich gut geschützt. Bitte bedenkt: In ihrem Bewusstsein sind sie der göttlichen Quelle deutlich näher als die meisten von euch. Diese Nähe werden sie sich auch erhalten. Sie laden euch dazu ein, dieselbe Nähe für euch zu entdecken. Sie werden sich euch nicht annähern. Sie erwarten euch in ihrem Feld!

Während ich euren Worten folge, kann ich wahrnehmen, wovon ihr sprecht. Dennoch verstehe ich eines nicht: Viele Kinder und Jugendliche beschweren sich über ihr Los. Sie tun gefährliche Dinge und beschuldigen ihre Eltern, sich nicht genügend um sie zu kümmern. Sie rufen doch nach Hilfe, oder nicht?

In den letzten 50 Jahren habt ihr euch angewöhnt, »auffälliges Verhalten« mit therapeutischen oder heilerischen Maßnahmen zu beantworten. Bitte bedenkt, dass die Entwicklungsgeschichte eurer Psychologie gerade mal eben einige Jahrzehnte beinhaltet. Ihr habt wundervolle Strategien der Hilfe entwickelt, und das alles ist vollkommen in der Ordnung. Euer Denkmuster lautet in diesem Zusammenhang »Andersartigkeit braucht Hilfe«. »Leiden braucht Hilfe«. »Beschwerden brauchen Hilfe«. Vielleicht gibt es aber auch Situationen, in denen Beschwerden, leidvolle Erfahrungen, Andersartigkeit gar nicht wirklich nach Hilfe verlangen? Vielleicht geht es um eure Veränderung, mehr als um die eurer Kinder?

Bitte nehmt unsere Worte als Anregung, genauer hinzuschauen. Es wird Situationen geben, in denen ein Kind tatsächlich therapeutische oder heilerische Hilfe braucht. Es wird aber auch Situationen geben, wo das Kind entschieden hat, euch einen Spiegel vorzuhalten. Wenn ihr eure Lektion gelernt habt, legt es den Spiegel beiseite und benimmt sich »normal«.

Wie können wir denn aber erkennen, um welche Situation es sich handelt? Wie können wir sicherstellen, dass wir denen helfen, die es brauchen? Wie können wir respektvoll akzeptieren, was sich nicht verändern will?

Ihr kennt die Antwort, liebe Geschwister. Die Lösung, nach der ihr fragt, wartet bereits auf euch. Sie ist einfach. Geht in die Stille eures Herzens. Fragt euren Schutzengel, den Schutzengel eures Kindes, eure innere Weisheit, die göttliche Quelle ... wendet euch an die Ebene der geistigen Klarheit, und findet dort alles, was ihr braucht! Stellt euch selbst eine einfache Frage: »Was ist es, was ich tun soll? Wie kann ich hier am besten dienen?« Die göttliche Quelle wird euch antworten, ihr Lieben! Niemals seid ihr allein!

Also können wir nur von Fall zu Fall entscheiden, was richtig ist?

So ist es. Nebenbei bemerkt, habt ihr es ja auch nicht mit »Fällen« zu tun. Ihr widmet euch dem Leben selbst. Das Leben ist bunt und unerschöpflich neu in jedem Augenblick. Daher benötigt ihr auch bunte Konzepte, die ihr in jedem Augenblick aus der unerschöpflichen Quelle eurer eigenen Lebendigkeit heraus erneuern könnt. Genau das zeigen euch eure Indigos. Sie selbst leben bereits so.

Außerdem solltet ihr natürlich schleunigst damit beginnen, eure Schulen und Institutionen den Kindern anzupassen. Noch immer leben die meisten Einrichtungen in dem Bewusstsein, dass sie die Kinder für eure herrschende Welt erziehen und anpassen. Eure Indigos zeigen euch mit ihrer Unbeugsamkeit, dass dies ein Ende haben muss! Es ist unwürdig, Menschen den Bedingungen anpassen zu wollen. Erschafft euch die Bedingungen, die euer Mensch-Sein und eure Göttlichkeit würdigen!

Danke, liebe Sirianer. Jetzt ist mir schon Einiges klarer geworden. Immer wieder verwandeln mich eure Worte innerlich ganz sanft. In mir öffnet sich etwas. Mein Bewusstsein dehnt sich aus.

Dann sind wir ja mitten im Thema …

So ist es. Hier sind weitere Fragen aus dem Publikum. Können wir unser Gespräch fortsetzen?

Aber gern!

Welche Funktion hat die Schlange bei euch?

Wir verstehen die Frage nicht ganz. Die Schlange hat keine besondere Funktion. Auf unserem Heimatplaneten gibt es keine Schlangen …

Spielt die Kobra eine besondere Rolle?

Nicht für uns.

Warum hat sich die Gattung Schlange im höheren Plan als Symbol des Bösen zur Verfügung gestellt?

Hat sie das?

Na ja – so wird es zumindest berichtet …

Die Schlangengattung existiert aus sich heraus. Sie lebt jenseits der Dualität. Wenn sie für euch ein Symbol darstellt, habt ihr das in euren Köpfen erschaffen.

Gibt es einen eigenen Schlangenplaneten?

Davon ist uns nichts bekannt. Schlangen sind Lebendfresser. Sie existieren nur in einer Umgebung der unterschiedlichen Arten.

Hat die Kundalini – nicht nur als Symbol, sondern tatsächlich – etwas mit der Schlangenkraft gemeinsam?

Nicht, dass wir wüssten. Die Symbolgebung entstand durch euch, liebe Geschwister. Kundalini ist ein Begriff aus sehr alter Zeit. Damals war es den meisten von euch vertraut, das Energiefeld der Menschen zu beobachten. Ihr konntet die auf- und absteigenden Spiralen der sich manifestierenden, göttlichen Energie erkennen. Um diese Erlebnisse zu beschreiben und zu überliefern, wähltet ihr das Bild aus der Natur, das ihnen am nächsten kam: der Tanz einer aufsteigenden Schlange.

Während einer Meditation haben wir einen schönen großen Löwen in eurer Mitte gesehen. »Besucht« ihr euch gegenseitig oder lebt ihr mit Wesen in Tiergestalten auf eurem Planeten?

Zum Siriussystem gehören mehrere Sterne (Sonnen) und Planeten. Sie alle bestehen aus stofflich manifestierten Gottheiten der höheren Dimensionen. Das heißt, dass ihre Lichtdurchlässigkeit größer ist als die eures Planeten augenblicklich. Auch alle Lebewesen dieser Region befinden sich im multidimensionalen Zustand der höheren Dimensionen. Die geringe stoffliche Dichtestufe dieser Dimensionen erlaubt es den Lebewesen, als Gestaltwandler zu existieren.

Dies ist für euch momentan vielleicht noch schwer vorstellbar. Augenblicklich wählt ihr in Übereinstimmung mit eurem göttlichen Selbst eure Form vor der Inkarnation. Ihr manifestiert euch und kommt mit einem fertigen Menschenkörper zur Erde, der ein Leben lang halten soll. Diese Situation wird sich auch für euch in den nächsten Jahrhunderten ändern. Ihr werdet in der Lage sein, eure körperliche Gesundheit zu jedem Zeitpunkt selbst zu erschaffen. Ihr werdet lernen, eure Energieströme genauso zu leiten, wie ihr es haben wollt. Als Folge davon bestimmt ihr, wie, wo, mit wem und wie lange ihr leben wollt.

Ihr werdet auch frei wählen können, in welcher Gestalt ihr erscheinen möchtet. Eure einmal getroffene Entscheidung könnt ihr jederzeit verändern! Ähnlich, wie ihr eure Gestalt jetzt während eurer Karnevalsfeste verwandelt, könnt ihr es dann in der tatsächlichen Wirklichkeit eurer Existenz tun. Üblicherweise wählen sich alle Wesenheiten die körperliche Form, in der sie ihre Aufgaben und Ziele am Besten verwirklichen können. Aber auch die persönliche Vorliebe und Freude kann über die Wahl einer Form bestimmen. Die menschliche oder menschenähnliche Gestalt bietet große Vorteile, die ihr bald genauer kennenlernen werdet. Auch die Gestalt einer großen Katze besitzt jedoch ihre Reize.

Manifestierte Schöpfung besteht aus Form gewordener Energie! Jede Körperform lässt euch euer Sein auf sehr spezielle Weise erleben. Diese Gesetze könnt ihr auch in eurer gegenwärtigen Situation gut beobachten. Das Leben in einem Kinderkörper fühlt sich anders an als dasjenige im Körper eines Erwachsenen. Das Leben in einem Frauenkörper erschafft andere Gefühle und Zustände als das in einem Männerkörper. Auch eure jeweilige Erfahrungswelt ist unterschiedlich, in Abhängigkeit von eurer körperlichen Gestalt. Welche Erfahrungen wählt ihr für eine gegebene Lebenszeit? Eure körperliche Form folgt dieser Entscheidung. Ihr wählt die Form, mit der ihr diese Erfahrungen am Besten machen könnt.

Eure Frage können wir so beantworten: In den Lebensräumen unserer Heimat bestehen viele, für euch ungewöhnliche Freiheitsgrade. Wir wählen unsere Gestalt und verändern sie bei Bedarf auch wieder. Wir wählen unseren Heimatplaneten und wechseln ihn bei Bedarf. So wählen manche von uns die Gestalt eines Löwen. Andere erschaffen sich einen menschenähnlichen Körper. Wieder andere reisen als farbige, bewegte Energiewolken durch die Welt. Wenn wir anderen Wesenheiten der höheren Dimensionen begegnen möchten, genügt der mentale, telepathische Impuls einer Einladung. Wir müssen nicht reisen, um einander zu besuchen. Wir sind daran gewöhnt, über die Form gewordene Gestalt unseres Seins jederzeit neu zu bestimmen.

Verkörpert ihr euch manchmal auch als Tiere auf der Erde, um uns hier zu helfen?

Diese Möglichkeit besteht grundsätzlich. Sie wird aber praktisch nie gewählt. Ihr kennt unsere Aufgaben und Ziele. Ihr wisst, dass wir euch in eurem Wachstum und während eurer Transformation unterstützen möchten. Hierfür brauchen wir keine bestimmte Gestalt. Am einfachsten und wirkungsvollsten arbeiten wir, wenn wir eine energetische Resonanz mit euren Zellen aufbauen. Wir stimulieren eure Körperzellen, damit sie sich den erweiterten Lichtfrequenzen der höheren Dimensionen öffnen können. Wir versetzen eure kristallinen

Informationsspeicher in Schwingung. Ihr selbst besitzt alles, was ihr braucht. Wir helfen euch dabei, die Türen zu euren eigenen Schatzkammern zu öffnen.

In welchem Austausch steht ihr mit Aldebaran?

Die Lebensräume in der Region von Aldebaran werden von liebevollen Wesenheiten bewohnt, die eurer alten Kultur der Hüter geistig nahe stehen. Im Laufe der Jahrtausende sind wir von Sirius wiederholt gemeinsame Bündnisse mit ihnen eingegangen. Ihr würdet vielleicht sagen, dass wir eine ähnliche, pädagogisch ausgerichtete Vorliebe teilen. Gerne unterstützen wir die jüngeren Geschwister im Universum bei ihrer Transformation in höhere Dimensionen. Diese Transformation findet überwiegend im erweiterten Bewusstsein statt. Um euch zu transformieren, müsst ihr euer Bewusstsein erweitern. Dabei helfen wir euch. Euer erweitertes Bewusstsein erlaubt es euch dann, neue Lebensräume und Energiefelder für euch zu entdecken.

Wenn wir euch mit dem dritten Auge betrachten, zeigt ihr euch immer wieder in unterschiedlicher Gestalt. Seht ihr tatsächlich so verschieden aus, oder entsteht dieser Eindruck durch unsere persönliche Wahrnehmung?

Unsere Antwort heißt zweimal ja. Tatsächlich nehmen wir als Gestaltwandler immer wieder neue Formen an, die ihr mit eurem dritten Auge erkennt. Gleichzeitig bestimmt auch eure individuelle Wahrnehmung darüber, was ihr seht. Lasst uns ein Beispiel betrachten. Ein Teil unserer Gruppenseele möchte jemandem von euch begegnen. Dieser Teil wählt die Form eines großen Löwen. Der Mensch hat aber eine spezielle Angst vor Raubkatzen. In seiner Wahrnehmung filtert er die Gestalt des Löwen und »erkennt« nur die liebevolle Lichtwolke, aus der unser sirianischer Seelenteil besteht.

Begegnet ihr uns auch als walk-ins?

Das kommt vor, wird aber nur in Ausnahmefällen so gewählt. Meistens besteht unsere Begegnung aus einer Art energetischer Vereinigung. Wir verbinden uns (nach eurem Einverständnis!) mit den Teilen in euch, die unserer Energiestufe entsprechen. Dafür benötigen wir keinen Körper. Ohne eine körperliche Gestalt besitzen wir auch wesentlich mehr Freiheiten. Wir lieben die Freiheit sehr. Nur ungern setzen wir uns den Fesseln eurer Dreidimensionalität aus.

Manchmal kommt es vor, dass jemand von euch einen verbindlichen, sichtbaren Gefährten an seiner Seite brauchen kann. Dies sind Bündnisse zu beiderseitigem Nutzen, die auf dem Hintergrund energetischer Resonanz stattfinden. In so einem Fall kommen wir vielleicht für eine längere Zeit und in »irdischer Form« zu euch. Wenn wir einen Menschenkörper brauchen, erschaffen wir ihn uns, oder wir nutzen einen, der gerade frei wurde.

In welcher Form pflegt ihr Kontakt zu euren Mitschwestern und -brüdern, die sich ihrer Herkunft noch nicht wieder bewusst sind? Sucht ihr eine gezielte Begegnung auf der Erde, oder besucht ihr sie nachts während ihres Schlafes?

Alle diese Möglichkeiten existieren und werden von uns genutzt. Da wir aus den höheren Dimensionen zu euch kommen, können wir euch auch direkt in den Energiefeldern eures Höheren Selbst begegnen. Ihr erlebt dann die Früchte unseres Austauschs als kreative Funken, die scheinbar überraschend in euch auftauchen. Eure plötzlichen Inspirationen entstehen häufig als Folge einer euch unbewussten Begegnung mit »Außerirdischen«.

Gibt es viele verkörperte Sirianer unter uns, die ihr Wissen noch nicht wieder zu sich genommen haben? Wie würden wir sie erkennen?

Es gibt etwa achttausend ehemalige Sirianer in körperlicher Gestalt auf eurer Erde. Sie alle sind sich darüber bewusst, aus weit entfernten Regionen des Universums zu stammen. Als Kinder betrachten sie oft sehnsuchtsvoll den Sternenhimmel. Immer fühlen sie sich wie Fremde, die nicht wirklich auf diesen Planeten gehören. Viele ehemalige Bewohner anderer Sternenregionen erleben ihr Hier Sein ähnlich. Diese inkarnierten Seelen nehmen ihren Platz hier sehr bewusst ein. Die meisten von ihnen arbeiten hingebungsvoll im Dienst der göttlichen Quelle.

Außerdem gibt es noch etwa drei Millionen Individuen aus unserer Heimatregion, die immer wieder auf diese Erde zurückkehren. Sie haben sich in diesen Planeten verliebt und dienen ihm kontinuierlich. Viele von ihnen haben schon vor unendlich langen Zeiten versprochen, hier zu sein, bis die Transformation in die göttlichen Gefilde der höheren Dimensionen eines Tages gelungen sein wird.

Es gehört zu den bisherigen und derzeitigen Bedingungen eures Erdenlebens, dass ihr euer Wissen nur teilweise bei euch tragen könnt. Euer altes Wissen wurde in den kristallinen Strukturen eures biologischen Erbes gespeichert. Die hohe energetische Dichte eures Planeten gestattete euch bisher nicht, die wirklich feinstofflichen, rasch vibrierenden Informationsmuster in eurem Bewusstsein zu halten. Euer göttlicher Kern lebte scheinbar getrennt von euch, und dennoch in euch.

Diese Situation betrifft euch alle; egal, aus welcher Heimatregion ihr euch hier eingefunden habt. Es gibt nur sehr wenige Ausnahmen von dieser Regel. Zu ihnen gehören die wirklich erleuchteten Meister eurer Erdenkultur. Sie konnten ihr Energiefeld durch ihre persönliche Arbeit so transformieren, dass es die höchsten göttlichen Vibrationen trägt und weitergibt. Ihr erkennt sie an den Qualitäten der allumfassenden Liebe und Weisheit, die sie verströmen.

Eure hier unter euch inkarnierten sirianischen Brüder und Schwestern zeichnen sich durch dieselben meisterlichen Qualitäten aus. Da sie augenblicklich noch die hohe Dichte der Dualität in sich tragen, erscheinen sie euch manchmal vielleicht widersprüchlich in ihrem Verhalten. Ihr könnt sie dabei beobachten, wie sie ihrer eigenen Ethik zuwiderhandeln. Ihr erkennt ihr Menschsein und bemerkt ihre Begrenztheit; eine unvermeidliche Folge eurer dreidimensionalen Enge.

Am Besten erkennt ihr die Geschwister der Siriusregion an ihrer Werthaltung. Ganz egal, wie sehr sie sich vielleicht in ihrer menschlichen Rolle verstrickt haben mögen; ihre Werte sind die der allumfassenden Liebe, des Friedens, der Ausgewogenheit. Sie anerkennen die göttliche Quelle in allen Erscheinungen dieser Welt. Sie schützen und fördern das Leben. Dies sind ihre Prioritäten. Daran erkennt ihr sie.

Liebe Sirianer, wir hoffen, dass wir euch hier bald offiziell als Außerirdische begrüßen dürfen. Werdet ihr uns in einer festen, körperlichen Gestalt begegnen, oder befinden wir selbst uns bis dahin in einer feinstofflichen Hülle? Werden wir uns in einer gemeinsamen Dimension treffen?

Unsere körperlichen Begegnungen werden in den höheren Dimensionen stattfinden. Das setzt voraus, dass ihr eure Transformation abgeschlossen habt. Einzelne Begegnungen finden je nach Bedarf schon jetzt statt. Dabei bemerken die betreffenden Erdenmenschen häufig nicht, mit wem sie es zu tun haben. Unsere Begegnungen mit Politikern oder Wissenschaftlern werden beispielsweise manchmal so gestaltet.

Diese Fragen werden euch unwichtiger erscheinen, wenn ihr eure Transformation durchlaufen habt. Augenblicklich könnt ihr euch das Leben in den höheren Dimensionen noch nicht wirklich vorstellen. Euer Körper spielt eine große Rolle für euch. Teilweise erlebt ihr euch als von ihm abhängig; auch wenn die Verhältnisse in Wirklichkeit umgekehrt sind. Tatsächlich ist euer Körper vollständig abhängig von eurem geistigen Potenzial. Er lebt ausschließlich durch euren Geist!

In den höheren Dimensionen werdet ihr euch als reines Bewusstsein erfahren. Den Körper wählt ihr euch entsprechend euren Vorhaben. So wie ihr ein bestimmtes Kleidungsstück für einen bestimmten Anlass aussucht, bedient ihr euch des Körpers. Unsere Begegnungen werden eine bunte Vielfalt an Möglichkeiten aufweisen. Vielleicht zeigen wir uns anfangs in der euch vertrauten körperlichen Menschengestalt. Dies könnte eure Vorbehalte und Sorgen gegenüber »Außerirdischen« lindern. Vielleicht habt ihr zu diesem Zeitpunkt aber auch bereits wirklich alle Muster der alten, dualistischen Energie transformiert. Dann wird unser Treffen wie ein Tanz der Energiefelder sein, den alle Beteiligten gleichermaßen genießen.

Psychologische oder systemische Arbeit erzeugt bei den Teilnehmern zuerst Bewusstwerdungsprozesse. Wie, wo und durch wen können die feinstofflichen Heilungsprozesse dann tatsächlich erfolgen?

Eine hübsche, amüsante Frage. Bitte erinnert euch an unsere »Standardaussage«: Alles ist Eins, Hier, Jetzt! Auf deine Frage bezogen bedeutet das, dass die Heilung bereits in euch wohnt, seit Anbeginn aller Zeiten. Ihr seid es, die sich dieser Wirklichkeit über lange Zeiträume verschlossen hatten. Ihr seid es, die sich ihr im passenden Augenblick wieder öffnen! Ganz richtig hast du bemerkt, dass alle Heilungsprozesse in der Bewusstwerdung beginnen. Im Grunde ist damit bereits alles Notwendige (die Not wendende!) geschehen. Du öffnest dich deiner Heilung, die bereits in dir auf deine Erkenntnis wartet! Jede Heilung geschieht ausschließlich durch dich selbst! Alle äußeren Maßnahmen, Therapien und Hilfestellungen können diesen Prozess lediglich in Bewegung bringen. Wenn du selbst ihn aus irgendwelchen Gründen wieder in den Stillstand überführst, bleibt alles beim Alten.

Heilung bedeutet in ihrem tiefsten Kern immer Veränderung. Würdet ihr euch dem Leben in seiner pausenlosen Bewegung und Veränderung konsequent hingeben, wäre jede Krankheit aufgelöst. Teil eures »Experimentes Dualität« ist allerdings, dass ihr Stagnation und Trennung erschafft. Ihr unterbrecht den natürlichen Fluss des Lebens und mischt euch mit Impulsen eures persönlichen Ichs darin ein. Ihr denkt, den Fluss »regulieren« zu können. Manchmal unterliegt ihr sogar der Illusion, das tun zu müssen! Ihr baut Stauwerke und Umleitungen. Ganz so, wie ihr es außen in eurer wundervollen Natur unternehmt.

Und was geschieht? Bitte beobachtet genau, liebe Geschwister. Betrachtet die Ergebnisse aus euren Wasserregulierungen der letzten Jahrzehnte. Riesige Überschwemmungen verwüsten euren Lebensraum. Dürre und Trockenheit entstehen in den übrigen Regionen. Ihr habt den natürlichen Fluss des Lebens unterbrochen. Das ist das Ergebnis eurer Bemühungen. Ebenso unterbrecht ihr den natürlichen Fluss göttlicher Energien in euch. Stagnation entsteht und erschafft Krankheit. Eure alten Ärzte wussten das. Sie boten euch Maßnahmen an, um eure natürliche Lebendigkeit wieder zu stimulieren. Körperliche Bewegung, Wasseranwendungen, neue Impulse.

Eine gute psychologische Arbeit tut genau dies. Hier werdet ihr aufgerüttelt, bewegt, manchmal irritiert oder provoziert. Eure vertraute, erstarrte Schein-Ordnung gerät aus den Fugen. Alles Gewohnte löst sich in euch auf. Überraschungen wecken euren Geist. Indem ihr dies alles in euer Bewusstsein aufnehmt, erschafft ihr dem natürlichen Fluss eurer göttlichen Energien neue Räume. Ihr dehnt euer Bewusstsein aus – das Göttliche kann sich darin bewegen und euch auf heilsame Weise neu erfüllen. Hier findet die Heilung statt, nach der ihr euch sehnt!

Nun wisst ihr, wie, wo und durch wen euer Heilungsprozess erfolgt. Wie? Durch euch! Wo? In euch! Durch wen? Durch die in euch lebende, göttliche Schöpfungs-Bewegung!

Heilungen finden übrigens immer in allen Seins-Ebenen gleichzeitig statt. Grundsätzlich müsstet ihr nicht abwarten, bis ihr den »feinstofflichen Heilungsprozess« genießen könnt. Erinnert euch an das Christuswort »Steh auf, nimm dein Bett und geh!«. Jesus Christus hatte den Lahmen mit Hilfe der Göttlichkeit in ihm geheilt. Der Glaube des Kranken (seine Bewusstwerdung über die ihm innewohnende göttliche Wahrheit) half ihm dabei. Im selben Augenblick zeigten sich die Auswirkungen dieser Erneuerung auch schon in der Materie.

Warum dauert es dann oft so lange, bis ihr die ersehnten Früchte eures Heilungsprozesses genießen dürft? Warum könnt ihr manchmal nicht einfach nur »aufstehen und gehen«? Ihr kennt die Antwort, liebe Geschwister. Jede Verzögerung eurer vollkommenen Heilung entsteht durch Blockierungen (Staustufen!) der göttlichen Energie, die ihr selbst in euch erschafft. Ihr lebt mit dem Glaubenssatz, dass Heilung Zeit brauche. Wie könnte euch die Wirklichkeit etwas anderes spiegeln, wenn ihr davon überzeugt seid? Ihr lebt in der Überzeugung, dass eine völlige Erneuerung eures Lebens Gewalt und Leid mit sich bringen würde. Wie sollte es anders sein, wenn ihr selbst es in euren Gedanken so erschafft?

Wirkliche Heilung erschafft euch vollständig neu. Euer gesamtes Leben wird von Grund auf erneuert. Wirkliche Heilung erschafft Raum für die Bewegungsfreude des Göttlichen. Überlasst euch diesem Prozess vertrauensvoll, und entdeckt die Wunder eurer wahren Natur! Erkennt euer ICH BIN!

Bringt die kinesiologische Arbeit Heilung in die Ursprungssituation der Konfliktentstehung, oder löst sie (nur) die damit zusammenhängenden, begrenzenden Verbindungen und Muster, und hilft somit dem Menschen, besser zurechtzukommen?

Alles ist Eins im selben Augenblick! Wenn die blockierenden Muster gelöst wurden, geht ein Aufatmen durch Raum und Zeit. Staustufen werden abgebaut. Echte Heilung geschieht immer auch »rückwärts« durch die Zeit. Euer Lebensbuch wird neu geschrieben, wenn ihr die Staustufen eures göttlichen Flusses erlöst. Wirkliche Heilung löst die Blockierungen in allen Ebenen eures Seins. Sogar in eurer Erbsubstanz findet eine Neuordnung statt. Diese Tatsache entdecken eure Wissenschaftler in dieser Zeit erstmals. Viele von ihnen sind völlig verwirrt, weil ihre Untersuchungsergebnisse ihrem ursprünglichen Weltbild widersprechen.

Die Weltkriege, heißt es, boten die Chance, Karma in großem Stil aufzulösen. Die Kriegsgeneration hat jedoch auch sicherlich Karma neu erschaffen. Diese Menschen nehmen viel Unerlöstes mit in ihren Tod. Warum haben sich kurz vor der Beendigung des Experiments »Erde« diese Seelen das zusätzliche Auflasten von neuen Verstrickungen überhaupt noch aufgeladen? Welchen Zweck könnte das haben?

Liebe Geschwister, bitte gestattet uns, diese Gedanken mit euch in kleinen Portionen durchzugehen. Die Weltkriege boten die Chance, Karma aufzulösen? Wer behauptet das? Karma muss niemals durch neue Gewalt aufgelöst werden.

Vielleicht sollten wir zunächst den Begriff »Karma« betrachten. Ursprünglich beschrieb er nur Eines: das Gesetz von Ursache und Wirkung im Universum. Jede Wirkung entstammt einer Ursache. Jede Ursache erschafft eine Wirkung. Aktion und Re-Aktion wechseln einander ab.

Dies gilt allerdings nur für die entäußerte Welt der materiellen Schöpfung. Das Göttliche Selbst ruht in sich. Es existiert jenseits von Ursache und Wirkung. Auch ihr kennt diesen Zustand der »Ursachenlosigkeit«. Ruht vollständig in der Kraft eures Herzens, und lebt in innigster Gemeinschaft mit dem Göttlichen in euch. So erlöst ihr die Bewegungsmuster von Ursache und Wirkung.

In den letzten Jahrtausenden habt ihr den Begriff des Karmas erweitert. Eure monotheistischen Religionen (dazu gehören das Christentum, das Judentum und der Islam) betonen das Schuldprinzip. Schon bald vermischtet ihr die Betrachtung von Schuld oder Unschuld mit moralischen Bewertungen. Wer sich schuldig gemacht hat, gilt als »gefallen« vor Gottes Antlitz. Ihr empfindet euch als unwert, wenn ihr Schuld auf euch geladen habt.

Ursprünglich hatte das Konzept von Karma nichts mit Schuld zu tun. Es bewertete auch nicht. Es unterteilte nicht in gut und böse, schuldig oder unschuldig. Es beschrieb einfach nur ein kosmisches, beobachtbares Gesetz. Die göttliche Quelle lebt in vollständiger Einheit mit Allem was ist. Wie sollte sie manche Anteile ihrer materiellen Spiegelung mehr lieben als andere? Wie sollte sie rächen, rechten oder verurteilen? Dies alles sind ausschließlich menschliche Impulse, ihr Lieben. Sie entstammen eurem dualistischen Weltbild.

Ihr kennt die glücklichen Momente des inneren Friedens, in denen Rachegefühle und moralische Werturteile in euch zum Schweigen kommen. Dies ist das selige Schweigen der in euch wohnenden Göttlichkeit! Dies ist euer natürlicher Zustand, euer ICH BIN!

Was geschieht in eurem Denken, wenn ihr den Begriff des Karmas wieder von den Irrtümern eurer dualistischen Zeit befreit? Was geschieht, wenn ihr in euch das moralische Bewertungsschema von Schuld und Unschuld erlöst? Richtig! Ein Aufatmen durchzieht euer Leben. Ent-Spannung wird möglich. Frieden wird möglich; in euch selbst und zwischen euch.

In genau diesem Zustand bringt ihr euer Karma in die Auflösung. Im Frieden des Herzens findet das Gesetz von Ursache und Wirkung seine Ruhe. Euer Herzensfrieden verbindet sich mit dem tiefen Frieden der Göttlichkeit. Nun kann das Leben – die schöpferische Kraft in euch – ins Fließen bringen, was erstarrt war. Erkennt ihr den Unterschied zu den Wechselbewegungen von Aktion und Re-Aktion, liebe Geschwister? Erkennt ihr den ruhigen Frieden der Einheit?

Noch nie waren Kriege notwendig, um die Not eurer dualistischen Verstrickungen zu wenden. Du vermutest ganz richtig, liebe Schwester: Indem ihr Leid erschafft, entsteht auch neues Karma. Jede eurer Handlungen erzeugt Karma (erschafft Wirkungen). Wenn ihr Leid austeilt, werdet ihr Leid erfahren. Ihr setzt eine Ursache in die Welt, die Wirkungen erzeugt.

Dies alles hat nichts mit eurer Wertigkeit zu tun. Göttlich wertvoll seid ihr in jedem Augenblick. Nichts kann die euch innewohnende Natur zerstören. Zerstörung geschieht in eurem äußeren Leben. Bringt Innen und Außen zusammen, liebe Geschwister. Erlaubt eurer Göttlichkeit, auch in euer äußeres, alltägliches Leben hineinzuwachsen. Erschafft die Qualitäten des Göttlichen in jedem Aspekt eures Seins. Und erschafft euch so eure glückliche, erfüllende Welt.

Betrachtet für einen Moment die erschreckenden, gewaltsamen Auseinandersetzungen, die jetzt gerade auf eurem Planeten stattfinden. Erkennt, dass die gewaltsame Tat neue Gewalt erschafft. Nichts anderes kann geschehen, solange ihr euch in der dreidimensionalen Welt eures augenblicklichen Seins befindet. Noch nie konnte ein Herrscher Kriege anzetteln, um den Frieden zu bringen. Schon immer entsprang diese Behauptung dem Irrtum (oder der bewussten Irreführung!) der Dualität.

Ihr habt euch dazu entschieden, euren Frieden zu erschaffen und die heiligen Qualitäten eures natürlichen Seins in die Welt zu bringen. Dies ist der Hintergrund eurer Transformation. Dies war der Impuls, der euer neues »Projekt Synthese« vor nun gerade zwanzig Jahren in Bewegung brachte. Immer wieder versichern wir euch, dass unzählige Scharen der göttlichen Helfer euch bei diesem Prozess zur Seite stehen. Immer wieder laden wir euch dazu ein, die wundervollen Geschenke dieser Zeit zu euch zu nehmen.

Ihr möchtet euer Karma erlösen? Dann bittet darum! Nichts anderes gibt es zu tun! Verbindet euch mit den göttlichen Qualitäten in euch, und überlasst euch der Großzügigkeit und Güte des Lebens. Beendet die leidvollen Seiten des Gesetzes um Ursache und Wirkung. Erschafft – wenn ihr es so sehen möchtet – ein neues Karma: das Karma der immerwährenden Glückseligkeit, die in euch und zwischen euch hin und her fließt.

Haben wirklich alle Menschen der älteren Generation die gleichen Chancen, sich jetzt noch von ihren dicken Panzern zu befreien? Wir Jüngeren sind doch bereits in eine andere Zeit der Öffnung hineingeboren und haben möglicherweise eine andere Bereitschaft mitgebracht, an uns zu arbeiten.

Jeder Mensch besitzt genau die Chancen, die er in Übereinstimmung mit seiner weisen, göttlichen Seele wählt. Darüber hinaus besitzt ihr alle die Chance, in jedem Augenblick neu zu wählen. Ist das nicht eine gute Nachricht? Vielleicht gefallen euch die Konsequenzen aus dieser Botschaft nicht immer. Öfter schon haben wir darüber gesprochen, dass ihr es schwierig findet, in diesem Sinne ganz für euer Leben verantwortlich zu sein.

Hier ist euer Heilmittel für dieses Unbehagen: Erkennt eure wahre, göttliche Natur! Nehmt den gesamten Reichtum eures Erbes in Anspruch. Lasst die kleine Flamme eures Lebens zu einem großen Feuer der göttlichen Leidenschaft werden. Erkennt und lebt euer ICH BIN!

Euer göttliches ICH BIN bietet euch Hilfe und Rat in jedem Augenblick. Du besitzt ein hohes Lebensalter und möchtest deine dicken Panzer jetzt sofort auflösen? Was hindert dich? Hier sind unsere Empfehlungen:

- Erkenne die Helfer um dich herum, und verbünde dich mit ihnen.

- Erlöse deine Angst vor neuen, lebendigen Impulsen in deinem Leben.

- Erlöse die Irrtümer des Hochmutes, die dich bisher daran hinderten, deine scheinbaren Schwächen einzugestehen.

- Nimm von dir alle Verkleidungen und Masken, die du dir im Laufe deines Lebens übergezogen hast. Sei ehrlich mit dir und anderen.

- Bitte deine göttliche Quelle um Mut. Nutze diesen Mut für neue Schritte.

- Löse dich von allen gesellschaftlichen Konventionen und dem, was »man tut«. Folge konsequent dem Ruf des Lebens in dir.

- Hör damit auf, dich zu beurteilen oder gar zu verurteilen. Welcher Irrtum verleitet dich zu dieser Härte? In dir wohnt die bedingungslose Liebe des Göttlichen. Lass dich von ihr geleiten!

Zu allen Zeiten gab es Jüngere und Ältere unter euch, die bereit waren zu Aufbruch und Wachstum. Sie erkannten den Ruf ihrer göttlichen Seele und wagten es, ihm zu folgen. Diese Qualität hat nichts mit eurem Lebensalter zu tun. Sie entsteht durch eure Bereitschaft, euch dem Leben ganz zu schenken.

In den letzten Jahrzehnten haben sich auf eurer Erde immer mehr Menschen mit dieser Bereitschaft inkarniert. Deshalb sind die Zeiten überhaupt erst »offener« geworden. Das ist euer Werk und euer Verdienst, ihr Lieben! Es erscheint euch nur so, dass die Jüngeren leichter »an sich arbeiten« könnten. In Wirklichkeit steht diese Möglichkeit euch allen zu jedem Zeitpunkt offen. Ihr allein entscheidet darüber, ob ihr sie nutzt.

Was geschieht mit den unerlösten Lebensthemen der Verstorbenen, wenn es in der neuen Energie kein Karma mehr gibt?

Ihr Lieben, wir sind gerade ausgiebig auf den Begriff des Karmas eingegangen. Die neue Energie eurer neuen Zeit hat ein extrem hohes Bewegungs- und Vibrationsniveau. Dadurch stöbert sie alle erstarrten Strukturen in euch und um euch herum auf. Wie ein Wirbelwind fährt sie durch die unerlösten Energiefelder eures Lebens und eures Kollektivs.

Was ist die Folge dieser heftigen Wirbelstürme? Frischer Raum (frische Luft) entsteht. Die Fragmente eurer erstarrten Strukturen liegen aufgebrochen herum. Ihr erhaltet die Gelegenheit, Neues daraus zu formen. Die magnetischen Verbindungen zwischen Ursache und Wirkung eures Handelns sind aufgelöst. Alle Karten können neu gemischt werden. Euer Spiel beginnt mit neuen Chancen für jede und jeden von euch.

Die magnetischen Anziehungskräfte zwischen Ursache und Wirkung lösen sich in der neuen Energie auf. Gleichzeitig werdet ihr mit euren Gedankenimpulsen sofort erschaffen, was eurer Absicht entspricht. Einige Male haben wir schon eure Fragen zum Manifestieren in der neuen Energie beantwortet. Dabei sagten wir euch, dass die Zeit zwischen Gedanken und Wirklichkeit zusammenschrumpfen wird. Als Folge davon erkennt ihr die Ergebnisse eures Handelns sofort. Man könnte auch sagen, dass ihr sofort erntet, was ihr sät. Diese Beschreibung entspricht in etwa eurem einstigen Begriff von Karma.

Eure Situation wird sich aber auch sehr grundsätzlich von der der früheren Zeiten unterscheiden. Dieser Unterschied liegt in euch, liebe Geschwister! Während eures Transformationsprozesses lasst ihr die Irrtümer der Dualität hinter euch. Ihr erkennt die Einheit in allen Schöpfungsaspekten. Euer Weg wird euch friedfertig und liebevoll machen. Aggressionen, Widerstände, Rachegelüste, Gewaltimpulse entstammen einem scheinbar isolierten, in sich zerrissenen Bewusstsein. In eurem erweiterten Bewusstsein der höheren Dimensionen lösen sich diese Impulse auf.

So werdet ihr in den höheren Dimensionen eures neuen Seins kein Karma im eigentlichen Sinne mehr erschaffen. In Weisheit und Liebe werdet ihr das Leben schützen und fördern. Verletzende oder gewaltsame Impulse gehören sozusagen nicht mehr zu eurem Repertoire. Ihr werdet auch keine speziellen Regeln einhalten müssen, um eure gemeinsame, beglückend friedliche Welt miteinander zu erschaffen. Ohne Androhung von Strafe werden die göttlichen Liebesqualitäten ganz von selbst aus euch heraus strömen. Dann verliert auch der Begriff des Karmas seine Bedeutung. In diesem Sinne wird es »kein Karma mehr geben«.

Ihr fragt, was mit den unerlösten Themen der Verstorbenen sein wird? Unsere Antwort ist Folgende: Der Wirbelwind der neuen Energie zieht durch alle Reiche der Schöpfung. Diesseits und jenseits des Schleiers lösen sich die behindernden Muster auf. Es geht sogar noch weiter: Diesseits und Jenseits werden in eurem Bewusstsein zu einem Reich verschmelzen. Eure Verstorbenen werdet ihr wahrnehmen als Teil eures vergrößerten, einheitlichen Seelenkörpers. Ihre und eure Muster werden sich in Bewegung versetzen. Klärung und Reinigung wird Alles erlösen was ist.

Muss jeder einzelne hier lebende Mensch seine Projekte selbst auflösen, oder gibt es irgendwann eine kollektive Erlösung für die kollektive Menschenseele, die jedem Einzelnen mit seinem Einverständnis zugute kommt?

Eine interessante Frage, die man aus unterschiedlichen Betrachtungsebenen heraus beantworten kann. Die kollektive Erlösung, von der du sprichst, brachte euch der Christus mit dem Meister Jesus vor etwa 2000 Jahren. Das meinen eure Kirchenvertreter, wenn sie sagen, dass Jesus Christus zur Erlösung eurer Sünden auf die Erde kam.

Wie aber kann eine solche Erlösung aussehen? Wieder haben wir es mit den Wirkungen göttlicher Energie zu tun, liebe Geschwister. Wie unterscheiden sich die göttlichen Energiemuster der Quelle selbst von denen eines Menschen? Die Antwort auf diese Frage ist einfach. Die Göttlichkeit ist reine, »leere« Energie. Ihr kennt den Begriff der geistigen Leere aus den philosophischen Traditionen eurer östlichen Kulturen.

Ihr Menschen besteht im Unterschied dazu aus einem Gefäß voller unterschiedlichster Energiemuster. Manche dieser Muster sind so liebevoll wie die Quelle selbst. Andere haben blockierenden, zerstörerischen Charakter. Ihr versammelt in euch die gesamte Vielfalt der Möglichkeiten. Je mehr ihr euren »Geist leer macht«, umso ähnlicher werdet ihr der göttlichen Quelle selbst.

Der Christus sandte euch durch den Meister Jesus so reine, rasch vibrierende Liebesenergien, dass eure gesamte Welt wie in einem Lichtrausch gebadet wurde. Die Wirkungen dieses Geschenkes ähnelten denen der neuen Energie eurer jetzigen Zeit. Die überkommenen, erstarrten Strukturen wurden aufgewirbelt. Alte Muster konnten sich lösen und transformieren. In diesem Sinne wurdet ihr »von euren Sünden erlöst«.

Auch zurzeit findet wieder eine Art kollektiver Erlösung statt. Bitte versteht Er-Lösung hierbei ganz wörtlich. Etwas wird aufgelöst! Die von euch erschaffene und herbeigerufene neue Energie erlöst die erstarrten Strukturen und hilft euch so in einen neuen Weg hinein. Nun möchtet ihr wissen, wie sich diese Prozesse auf den Einzelnen und die Gemeinschaft auswirken? Das geschieht in einer Art Feedback-Schleife, die sich wie die liegende Acht (euer Zeichen für Unendlichkeit!) selbst speist. Ihr könnt es euch etwa so vorstellen:

Ein Einzelner von euch arbeitet an seiner Transformation und erlöst seine Wunden. Die Erlösungsenergie fließt in euer menschliches Kollektiv. Mit ihren erlösten, raschen Bewegungsmustern versetzt sie das gesamte Kollektiv in eine leicht erhobene Schwingung. Dadurch können andere Menschen schneller in ihren eigenen Erlösungsprozess eintreten. Viele Menschen erschaffen viel Erlösungsenergie. Diese fließt wiederum in den kollektiven Energieraum. Von hier aus kommt sie dem zuerst beschriebenen Individuum zugute. Dieser Einzelne tut nun einen weiteren, größeren Entwicklungsschritt. Und die Fortsetzung findet statt … unendlich …

Tatsächlich arbeitet ihr als kollektive Seelengruppe. Bitte erinnert euch daran, dass die Trennung in einzelne Individuen nur aus dem eingeschränkten Blickwinkel eurer dreidimensionalen Welt gilt. Vielleicht mögt ihr euch einen Moment lang diese riesige Gruppenseele vorstellen? Wie eine große Energiewolke bewegt sie sich in dem ihr eigenen Rhythmus. Immer wieder tritt ein kleiner Ausläufer aus ihr heraus, der wie ein Finger in die umgebenden Räume hineinreicht. Dieser Ausläufer steht in Verbindung mit dem Ganzen. Gleichzeitig erkundet er seine persönliche Umgebung. Das seid ihr, ihr Lieben!

Manche Indigos haben nur noch einen geringen Ballast in ihrem Emotionalkörper mitgebracht. Sind sie in ihrer Seelenentwicklung schon so weit fortgeschritten, dass sie nicht mehr Gepäck besitzen? Oder sind ihre unerlösten Muster »auf Eis« (im Kollektiv?) abgelegt, damit sie ihren Aufträgen für die jetzige Zeit besser nachkommen können?

Als Antwort auf eine vorhergehende Frage erzählten wir euch von der eigentlichen Herkunft der Indigos. Diese Wesen stammen aus einer zentralen Region eures Universums. Dort existieren extrem hohe, kurzwellige Strahlungsmuster. »Dickes Gepäck« würde sich in dieser Region nicht einen Augenblick lang halten können. Es wäre buchstäblich zerstreut in alle Winkel.

Eure Indigos haben nicht denselben Entwicklungsweg durchlaufen, den ihr Menschen wählt. Sie mussten sich nicht erst besonders entwickeln, um mit weniger Gepäck leben zu können. Die meisten von ihnen sind niemals so tief in die Verstrickungen der Materie eingetaucht, wie ihr es tatet. Deshalb haben sie häufig auch große Schwierigkeiten, wirklich irdisch angepasst zu leben.

Die Wesenheiten des Indigo-Kollektivs wählen ihre Aufgaben seit Urzeiten in unterschiedlichsten Regionen des Universums. Als Spezialisten finden sie sich meist dort ein, wo Dimensionswechsel bevorstehen. Sie helfen dabei, interdimensionale Tore und Korridore zu erbauen. Sie sorgen dafür, dass die »Türen nicht knirschen«. Diese Arbeit lieben sie. Dafür sind sie jetzt hier.

Es heißt, dass manche Seelen den Planeten jetzt verlassen, um später mit leichterem Gepäck als Indigo- oder Kristallkinder wiederzukommen. Ich dachte, dass Verstrickungen und Karma immer an die eigene Seele gebunden seien. Wo bleibt denn das zurückgelassene Gepäck der Indigos?

Da können wir uns nur noch einmal wiederholen. Indigos sind energetisch anders ausgerüstet als die Menschen des »klassischen« Erdenweges. Wenn Indigos hier inkarnieren, kommen sie meistens nur mit »kleinem Gepäck« an. Sie besitzen gar nicht mehr davon. In den letzten Jahrzehnten haben einige von ihnen irdisches Gepäck irdischer Menschen übernommen, um es mit ihrer rasch vibrierenden Energie rasch auflösen zu können. So ein Prozess ist nur möglich, wenn die daran beteiligten Seelen auf eine zutiefst liebevolle Art miteinander in Verbindung stehen.

Du beschreibst einen umgekehrten Weg. Ein »beladener« Mensch der üblichen Erdenentwicklung gibt sein Gepäck vorzeitig ab, indem er »eine Runde Jenseits« einlegt? Dies ist möglich, wenn er in der Zeit hinter dem Schleier (zwischen seinen Inkarnationen) günstige Bedingungen für die Auflösung seiner Gepäckstücke entdeckt. Allerdings hätte er sich dann um mehr als nur um seine Gepäckstücke zu kümmern. Bitte bedenkt: Nur durch eine ehrliche Erweiterung eures Bewusstseins könnt ihr euer Gepäck verkleinern.

Der Moment der Erkenntnis und Ausdehnung kann euch plötzlich geschenkt werden. Dies geschieht, wenn in vorausgegangenen Zeiten die notwendige Vorarbeit geleistet wurde. In einem Augenblick fühlt ihr euch dann erleuchtet. Manche Menschen finden es in dieser Zeit einfach zu mühsam, den gesamten Transformationsprozess zu durchlaufen. Sie hoffen auf leichtere Erlösung in einem leichteren (rascher vibrierenden), jenseitigen Klima. Manchmal geht diese Rechnung auf. Manchmal finden diese Menschen sich aber mit derselben Ausrüstung in ihrer nächsten Inkarnation wieder hier bei euch ein.

Als Indigos kommen sie normalerweise nicht hierher zurück. Das könnte eigentlich nur passieren, wenn sie vorher schon Indigos waren. Es gibt zwar die Möglichkeit, vom Weg des klassischen Erdenmenschen ins Kollektiv der Indigos zu wechseln. Auch der umgekehrte Weg ist denkbar. In der Praxis finden diese Wechsel aber nur sehr selten statt.

Welche Funktionen und Aufgaben haben die »alten« Lichtarbeiter, wenn sich die neue Generation mit ihren teilweise sehr viel weiter entwickelten Fähigkeiten und Wahrnehmungen in unserer Gesellschaft etabliert?

Danke für deine Frage, liebe Schwester! Danke für dein Bemühen, die Visionen zu ergründen. Ihr alle werdet eure Wahrnehmung in Übereinstimmung mit der neuen Energie jetzt bald rasch anpassen. Eure junge Generation wird nicht besser oder begabter sein als ihr Älteren. Ihr alle – Jüngere und Ältere – werdet aufhören in solchen Bewertungskategorien zu denken!

Gemeinsam werdet ihr dem Leben schenken, was ihr beitragen könnt. Jedes Familienmitglied wird seine Qualitäten dem Ganzen hinzufügen. In gegenseitiger Achtung und Anerkennung werdet ihr euch an eurem Werk erfreuen.

Es heißt, in unserer menschlichen DNA sei das gesamte göttliche Potenzial enthalten. Wie unterscheiden wir uns damit von den unzähligen anderen Wesenheiten im Universum? Haben die verschiedenen Wesen auch verschiedene Ausstattungen? Sind sie nicht alle Teil derselben göttlichen Quelle?

So ist es. Alle Wesen sind Teil derselben, einen, göttlichen Quelle. Dennoch besitzen sie verschiedene Ausstattungen. Ihre jeweilige Ausrüstung eröffnet den unterschiedlichen Wesenheiten verschiedene Räume der Möglichkeit. Vielleicht mögt ihr es euch ähnlich vorstellen wie die unterschiedlichen Ausstattungen eurer Mitgeschöpfe? Ein Vogel kann fliegen. Dafür besitzt er die notwendige Ausrüstung. Ein Fisch besitzt andere Möglichkeiten. Ihr, liebe Geschwister, besitzt die Möglichkeit, alles zu erschaffen, was ihr euch wünscht!

Wenn in unserer menschlichen DNA alle göttlichen Informationen gespeichert sind, könnten wir uns dann theoretisch jede in der Schöpfung existierende Verkörperung wählen?

Nicht nur theoretisch. Das könnt ihr tatsächlich auch praktisch tun! Erinnert ihr euch an den Ausspruch des großen Weisen Gautama Buddha? »Ich war Vogel, ich war Fisch, ich war Staub, ich war Insekt …«

Viele von uns tragen das Gefühl einer heimatlichen Verbundenheit zum Sirius in sich. Ich würde gerne die Phänomene der Gleichzeitigkeit besser verstehen. Leben wir an verschiedenen Orten gleichzeitig? Sind wir teilweise auf dem Sirius und teilweise hier auf der Erde?

Wer fragt dies?

Möchtet ihr schon wieder so ein Spielchen anzetteln, wie bei unserem Gespräch über die Stimme des Herzens?

Nein, dies ist kein Spiel. Wir meinen unsere Frage sehr ernst. Wer spricht? Wer fragt? Wenn du aus der Ebene deines aktuellen, persönlichen Selbst sprichst, haben wir folgende Antwort für dich: Außer in deinen Träumen, Meditationen und Visionen kannst du bisher noch nicht an mehreren Orten gleichzeitig anwesend sein. Deine körperliche Ausrüstung lässt das nicht zu.

Sprichst du dagegen aus der Ebene deiner großen, göttlichen Seele, heißt unsere Antwort selbstverständlich ja. Deine multidimensionale Seele befindet sich mit ihren verschiedenen Anteilen gleichzeitig an verschiedenen Orten. Sie nimmt dort auch verschiedene Aufgaben wahr.

Wo ist dann unser Hauptseelenanteil?

Diese Gewichtung existiert nicht aus multidimensionaler Sicht.

Folgen wir nicht gewissen Prioritäten? Ich dachte, wenn ich die Inkarnation auf der Erde gewählt habe, wäre es auch meine Hauptaufgabe, hier zu sein. Haben andere Teile meines Selbst ihre Hauptaufgabe, woanders zu sein?

So ist es. Deine große, göttliche Gesamtseele wählt die unterschiedlichen Spielplätze für ihr Team. Alle diese Plätze – alle dort bearbeiteten Aufgaben – sind gleichermaßen wichtig und gut.

Wir nehmen hier auf der Erde viel Arbeit auf uns, um mit allen unseren Seelenanteilen in Kontakt zu kommen und uns mit ihnen wiederzuvereinigen. Könnt ihr uns diesen Prozess näher erklären? Bedeutet das beispielsweise, dass ein Seelenteil in einer anderen Dimension sehr wohl weiß, dass ich hier bin, ich aber gleichzeitig nichts von diesen anderen Anteilen weiß?

Ja, das bedeutet es.

Wie kann ich unsere früheren Inkarnationen verstehen? Sind es weitere Seelenanteile von uns oder noch nicht geweckte Erinnerungen?

Eine pfiffige Frage! Die Antwort lautet zweimal ja. In deinen früheren Inkarnationen warst du mit einem anderen Teil deiner großen Seele anwesend. Du erinnerst dich noch nicht vollständig an dein gesamtes Potenzial. Deshalb könnte man auch sagen, dass es sich bei diesen Seelenanteilen um »noch nicht geweckte Erinnerungen« handelt.

Was bedeutet Seelenfamilie?

Eine Seelenfamilie ist so etwas wie eine riesige Energiewolke. Sie existiert als großes Energiepotenzial. Wir benutzen den Ausdruck Familie, weil ihr euch darunter eine ganz bestimmte Art der Gemeinschaft vorstellen könnt. Diese Gemeinschaft besitzt besondere Eigenschaften. Ihre Mitglieder sind sich auf einer tiefen Ebene ähnlich und nah verbunden. Auch wenn ihr es nicht immer so erlebt: Diese Verbundenheit entsteht durch den göttlichen Klebstoff der Liebe. Innerlich kann man seine Familie niemals verlassen. Man bleibt immer ein Teil von ihr.

Wenn wir traumatische Erfahrungen durchleben, spalten wir Teile unserer Seele innerlich von uns ab. Dadurch entsteht ein Freiraum in unserer Aura, den andere Wesenheiten besetzen können. Woher kommen diese?

Von überall her. Diese Wesenheiten suchen immer Eines: Sie kommen, um Licht zu tanken. Manchmal möchten sie auch Macht und Einfluss über euch gewinnen. Aber ihr Motiv ist dasselbe. Sie wünschen sich Licht.

In welcher Region halten sich unsere eigenen Seelenfragmente auf, die wir von uns abgespalten hatten? Schamanische Heiler berichten oft, dass sie sie aus weit entfernten Räumen des Universums zurückholen. Werden sie dort von Engeln betreut? Oder betreut sie unser Höheres Selbst?

Weit oder nah – das sind Begriffe und Vorstellungen eurer dreidimensionalen Welt. Im Quantenraum der Schöpfung sind die Abstände zwischen den Erscheinungen immer gleich groß. Man könnte auch mit Recht behaupten, dass gar keine Abstände existieren. Alles ist Eins. Jedes Teil erreicht jedes andere Teil, ohne eine Distanz überwinden zu müssen. Diese Zusammenhänge sind für euch sehr schwer vorstellbar. Euer Gehirn ist in den Bedingungen der Dreidimensionalität trainiert und weigert sich, andere Konzepte zur Kenntnis zu nehmen.

Tatsache ist, dass abgespaltene Selenteile mit dem Ort ihrer göttlichen Herkunft unverbunden existieren. Und wie kann das möglich sein? Dieser Eindruck entsteht in eurem Bewusstsein. In Wahrheit befinden sich alle zu euch gehörenden Teile irgendwo in eurer Nähe. Selbst wenn sie am anderen Ende des Universums wären, wären sie doch in eurer Nähe. Sie befinden sich in der Region eures Energiefeldes. Aber sie fühlen bzw. erleben sich unverbunden, wenn sie nicht im Scheinwerferlicht eures Bewusstseins ruhen.

Ihr kennt diese Situation aus manchen Augenblicken eures menschlichen Miteinanders. Hast du schon einmal einen Moment erlebt, in dem du sehr dicht neben jemandem saßest und dennoch das Gefühl hattest, euch würden Welten trennen? Dies ist die Illusion der Trennung, die sich im Bewusstsein entfaltet. Trennung lebt ausschließlich in eurem Bewusstsein. Nur hier könnt ihr sie auch wieder überwinden bzw. auflösen.

Wenn ein Schamane euch eure Seelenteile zurückholt, bindet er sie in euer Bewusstseinsfeld ein. Euer Bewusstsein besitzt zu jedem Zeitpunkt eine ganz bestimmte Frequenz und ein ganz bestimmtes energetisches Muster. Diese Frequenz kann sich in Abhängigkeit von eurem Entwicklungsstand verändern. Aber sie bleibt immer spezifisch und persönlich. Der Schamane fügt den verlorenen Seelenteil in dieses Muster ein. Er gleicht die Frequenzen aneinander an. Er stimmt die Saiten eures Instrumentes auf eine harmonische Tonfrequenz. In der Folge davon nehmt ihr euren einst verlorenen Seelenteil wieder bewusst wahr. Sofort fühlt er sich nicht mehr verloren. Sofort ist er angebunden an die göttliche Quelle seiner ursprünglichen Natur.

Und wer behütet nun eure verlorenen Seelenteile? Wer behütet alles von euch, in jedem Augenblick? Eure göttliche Seele ruht in der Energie und im Bewusstsein der Quelle. Ebenso ruht ihr in eurer göttlichen Seele. Erkennt ihr die Kaskade der Verbundenheit? In jedem Augenblick ist vollständig für euch gesorgt. Auch wenn sich eure Seelenteile »verloren« fühlen, sind sie es nicht wirklich. In Wahrheit ist Alles Eins in jedem Augenblick! Erweitert euer bewusstes Sein in diese Vollkommenheit hinein, und ihr erkennt das ganze Wunder eurer Existenz!

Können sich unsere verlorenen Seelenteile auch im Energiesystem eines anderen Menschen festsetzen?

Wenn die Energie- und Frequenzmuster ähnlich sind, ist dies möglich. Menschen von ähnlichem Energiemuster sind jedoch fast immer Angehörige einer Seelenfamilie oder Gruppenseele. So sind eure verlorenen Seelenteile gut untergebracht; selbst wenn sie sich bei jemand anderem einnisten.

Wie können Besetzungen oder Fremdenergien im Höheren Selbst entstehen?

Ebenso wie auf der Ebene der Persönlichkeit. Was ihr als Höheres Selbst bezeichnet, besteht aus den rascher vibrierenden Anteilen eures Seins. Wir haben es hier nicht mit zwei voneinander getrennten, unterschiedlichen Körpern zu tun. In Wirklichkeit besteht ihr aus unterschiedlich dichten Energiewolken, die ineinander verwoben sind. Wenn sich also Fremdenergien in eurem Höheren Selbst einnisten, habt ihr in den höher vibrierenden Anteilen eures Seins einen Freiraum erschaffen, den sie nutzen.

In welche Regionen werden dämonische Energien während einer Heilungssitzung mit den Engeln geführt? Dürfen sie selbst bei diesem Prozess auch in ihre Heilung gehen?

Liebe Geschwister, Dämonen, Verwünschungen, schwarzmagische Angriffe, böse Wesenheiten – dies alles sind Begriffe für Energieformen mit geringer Lichtanbindung. Man könnte auch ganz neutral von rascher und weniger rasch beweglichen Energiepotenzialen sprechen. Weniger Vibration und Beweglichkeit – weniger Licht. Lichtquanten sind extrem beweglich. Je mehr Lichtquanten sich in einem Feld befinden, umso rascher vibriert dieses.

Lichtquanten tragen Informationen. Lichtquanten spiegeln die Essenz der göttlichen Quelle. Sie entsprechen einer frühen Stufe der entäußerten Manifestation. Viele verdichtete Lichtquantengruppen erschaffen ein helles Energiefeld. Wenige Lichtquanten erschaffen den Eindruck der Dunkelheit. Dunkle Wesen besitzen wenige Lichtquanten.

Weil die Lichtquanten der Quelle selbst so nahe sind, transportieren sie auch die wundervolle Liebesenergie des Göttlichen. Deshalb wünschen sich alle Wesen im Universum möglichst viele Lichtquanten. Auch Dämonen wünschen sich das Liebeslicht der Quelle. Manche von ihnen wünschen es sich sogar viel sehnlicher, als ihr es euch jemals vorstellen könnt.

Jeder kluge Heiler oder Schamane wird die Dämonen und dunklen Kräfte deshalb mit allem versorgen, was sie brauchen. Jede Energieform verdient Anerkennung und Liebe. Mögen uns auch manchmal ihre Taten nicht gefallen – sie alle sind Teil der Göttlichkeit! Ein Schamane verbindet die dämonische Struktur mit der göttlichen Quelle selbst. Diejenigen unter euch, die die feinstofflichen Energiefelder sehen können, wissen, was dann geschieht. Die dämonische Struktur löst sich im reinen Licht der Liebe auf. Man könnte auch sagen, sie wird im Licht der Liebe erlöst.

Die Antwort auf deine anteilnehmende Frage lautet also ja. Die Dämonen gehen während einer richtig geführten Heilungssitzung in ihre eigene Heilung. Heilung geschieht gleichzeitig auf sehr vielen Ebenen. Echte Heiler leisten einen wirklich großen Dienst!

Liebe Sirianer, ihr lehrt uns, unseren Fokus auf Leichtigkeit, Freude usw. auszurichten. Besteht dann nicht manchmal die Gefahr, dass wir unsere Schattenseiten verdrängen?

Was ihr mit eurer bewussten Aufmerksamkeit füttert, bekommt Kraft. Schenkt den Aspekten eures Lebens Aufmerksamkeit, die ihr stärken möchtet. Wenn ihr dabei wirklich etwas verdrängt, würdet ihr das an euren inneren Dissonanzen erkennen. Beobachtet euch sanft, und seid ehrlich mit euch selbst. Entspricht dein Glücksgefühl dem freien Fluss der göttlichen Liebe? Oder fühlst du dich in deinem Innersten zerrissen und widersprüchlich? Wenn du dir nicht sicher bist, welche unerkannten Seiten in dir noch auf Heilung warten, kannst du dir von einem erfahrenen Heiler helfen lassen.

Habt ihr so etwas wie einen Tagesablauf?

Nein. Wir leben aus dem bewussten Augenblick heraus und folgen den Impulsen unserer innersten Weisheit.

Womit beschäftigt ihr euch hauptsächlich?

Mit unserem Sein!

Was sind eure großen Lebenslernziele?

Wir leben ohne Ziele. Wir leben.

Folgt auch ihr dem Weg zurück zur Quelle? Sucht ihr euch Verkörperungen in einer höheren Dimension, wenn ihr eure Lernschritte getan habt?

Wenn man in der Dreidimensionalität lebt, könnte man das so sagen. Da wir aber in den höheren Dimensionen existieren, machen diese Vorstellungen für uns wenig Sinn. Wir streben zum Beispiel keine Verkörperung an. Stattdessen arbeiten wir daran, unser Energiefeld zu erweitern. Wir streben danach, möglichst viele Frequenzbänder der höheren Dimensionen in uns halten zu können. Mit euren Worten könnte man sagen, wir wünschen uns, eine möglichst bunte, rasch bewegliche Wolke zu sein. Wir möchten das Spektrum unserer Farb- und Bewegungsmuster erweitern.

Wir wissen auch nicht, wie lange wir uns mit unseren aktuellen Beschäftigungen aufhalten möchten. Wir denken nicht in Zeitlinien. Unser Bewusstsein ruht im Augenblick. Ganz sicher nähern wir uns der göttlichen Quelle an. Wie, wann, in welchem Rhythmus, auf welchen Wegen – das alles überlassen wir hingebungsvoll der Weisheit unserer göttlichen Seele. Ihr würdet vielleicht sagen, dass wir uns treiben lassen. Aus unserer Sicht lassen wir uns geleiten.

Wenn wir uns als Menschheit in der fünften Dimension eingerichtet haben werden, unterscheiden wir uns dann von anderen Wesenheiten der fünften Dimension? Und wenn ja, wie?

Ihr behaltet immer die euch typische, besondere Signatur. Immer werdet ihr die Kinder Gottes sein. Immer werdet ihr den gesamten Reichtum der Quelle besitzen. Nicht alle Wesenheiten besitzen dieses Privileg. Dennoch sind sie alle gleichermaßen geliebt.

Vielleicht mögt ihr euch folgendes Bild vorstellen: Im göttlichen Orchester der Schöpfung existieren unendlich viele verschiedene Instrumente, sprich Wesenheiten. Jeder Schöpfungsaspekt, jede Wesenheit, jedes Instrument, fügt dem göttlichen Konzert eine ganz bestimmte Klangqualität hinzu. Jede Wesenheit, jedes Instrument, besitzt eine unterschiedliche Bandbreite an Tonfrequenzen.

Manch ein Instrument begnügt sich damit, einen einzigen Ton beizutragen. Andere möchten größere Klangräume bewohnen. Ihr, liebe Geschwister, bewohnt die Klangräume aller Möglichkeiten. Euer Instrument ist dafür ausgerüstet, jeden beliebigen

Ton zu erschaffen. Dies gilt an allen Orten und zu jeder Zeit. Auch in der fünften Dimension wird man euch so erkennen.

Dimensionen unterscheiden sich voneinander durch ihre unterschiedliche Energiedichte. Außerdem unterscheiden sie sich in dem Maß an Beweglichkeit und den Freiräumen, die sie ihren Bewohnern bieten. Das könnt ihr euch so vorstellen:

- Die erste Dimension entspricht dem Punkt. Hier gibt es weder Raum noch Bewegung. Hier findet sich die nicht entfaltete Konzentration des Seins.

- Die zweite Dimension entspricht einer Linie. Entlang dieser Linie kann schon ein wenig Bewegung stattfinden.

- Die dritte Dimension eröffnet Räume. Jetzt gibt es Oben und Unten, Vorn und Hinten, Hier und Dort. Die Freiheitsgrade wachsen. Mehr Bewegung wird möglich.

- Die vierte Dimension fügt den Räumen die Zeit hinzu. Nun gibt es auch die Qualitäten des Einst und Jetzt. Weitere Reisemöglichkeiten entstehen. Bewegungen durch die Raum-Zeit können geschehen.

- In der fünften Dimension sind Raum und Zeit aufgelöst. Die Energie, die vorher in Raum und Zeit begrenzt wurde, kann nun strömen und sich entfalten, wo immer sie möchte. Verdichtete Formen lösen sich auf. Bewegung wird in einem viel umfassenderen Sinne möglich. Die gesamte Energie bewegt sich.

Während ihr euch verändert und transformiert, erlernt ihr die notwendigen Fähigkeiten, um euch in den erweiterten Bewusstseinsfeldern (Dimensionen) zu bewegen. Die Dimensionen bieten sich euch in ihren unterschiedlichen Möglichkeiten als Entdeckungsfelder an. Mit eurer Transformation erwerbt ihr die Eintrittskarte zu neuen Bereichen. Wie wir schon sagten, behaltet ihr selbst dabei eure persönliche Signatur. Man erkennt euch als die, die ihr seid. Egal, wo ihr euch befindet.

Besteht die Menschheitsseele nur aus den Seelen, die sich auf unserem Planeten inkarniert haben und inkarnieren? Wenn ich mich nach meinem Tod in anderen Universen aufhalten würde, bin ich dann immer noch ein Teil der großen Menschenseele?

Du bist, die du bist! Immer – unter allen Bedingungen – bist und bleibst du ein Teil der großen Menschenseele. Dies ist deine Natur. Du hast sie gewählt und bist mit ihr aufs Innigste einig. Übrigens: Du musst nicht erst den irdischen Tod durchlaufen, um andere Universen zu besuchen. Wenn du das möchtest, kannst du es in Übereinstimmung mit deiner göttlichen Seele sofort tun. Ein paar kleine Fähigkeiten müsstest du dazu vielleicht entwickeln. Prinzipiell stehen euch aber alle Welten zu jedem Zeitpunkt offen.

In vielen Büchern findet man Folgendes: Wir Menschen müssen uns auf dem Weg zurück zur Quelle mit unserem Seelendual vereinigen. Was passiert, wenn ein Seelenteil nicht zurück ins Licht will? Bleibt dieser Teil dann auf der Strecke?

Eine amüsante Vorstellung. Zugegeben, ihr findet sie vielleicht nicht sehr lustig. Wir schmunzeln, weil ihr da einen Gedanken konstruiert, der in dieser Form nicht zur Wirklichkeit werden kann. Also erlaubt uns, die Geschichte mit euch aus einem anderen Blickwinkel zu betrachten.

Wenn ihr euren Weg zurück ins Licht antretet, begebt ihr euch auf den Weg der Synthese. Ihr erschafft eure ursprüngliche Einheit neu. Ihr entdeckt die Einheit in der Vielfalt eures Seins.

Ihr erkennt die unendlich vielen Seelenteile, die zu euch gehören. Ihr versammelt euch mit ihnen und entwickelt euren Weg gemeinsam.

Eure verschiedenen Seelenteile benötigen unterschiedliche Zeitrahmen, um sich in die gemeinsame Einheit hineinzutransformieren. Aber ihr alle seid von derselben Art. Ihr alle besitzt eine selbe Signatur. Im Grunde genommen seid ihr Eins! Wie könnte ein Teil sich auf Dauer vom Ganzen abspalten und sich den Zielen des Ganzen verweigern?

Abspaltung existiert nur im Bewusstsein der Trennung. Erweitert euer Bewusstsein, nehmt alle eure Anteile darin wahr und ihr habt euch in die Einigkeit hineintransformiert.

Was bedeutet eigentlich »Quelle«? Ist die Quelle immer im Zustand des Einsseins? Ist das unabhängig von der Dimension? Sind wir automatisch jenseits der Dualität, wenn wir mit der Quelle in Kontakt stehen?

Mit »Quelle« bezeichnen wir den Ursprung aller Schöpfung. Ihr könnt auch von Gott oder der Göttin sprechen. Für uns besteht die Quelle aus ungeformter, reiner Liebesenergie. Diese Energie ist enorm hoch und intensiv. Euer Vorstellungsvermögen reicht nicht einmal ansatzweise, um davon einen Begriff zu bekommen. Auch wir haben nur eine leise Ahnung von diesem Potenzial.

Die reine, noch ungeformte Quellenenergie äußert sich in der Schöpfung. Die erste Stufe ihrer Äußerung ist das Licht. Deshalb setzt ihr in eurer Vorstellung oft Gott und Licht miteinander gleich. Erinnert euch an die Worte eurer Bibel: »Und Gott sprach, es werde Licht«. Gott – die reine Energie der Quelle – erschafft eine Klangwelle (spricht) und zeigt sich absichtsvoll als Licht.

Weitere Stufen der göttlichen Ent-Äußerung entstehen, indem sich das Licht verdichtet. So spiegelt sich die Schöpferkraft in der Form. So entsteht Materie. Alles was ist besteht aus dieser sichtbar gewordenen Quellenenergie. Deshalb ist alles Eins! Nichts gibt es außerhalb der reinen Göttlichkeit.

Innerhalb dieser reinen Göttlichkeit fächert sich die materielle Schöpfung nun in ihre unzähligen verschiedenen Aspekte auf. Hier trennt sie sich auch in die widersprüchlichen, polaren Hälften der Dualität. Dies alles geschieht im einen Bewusstsein der Schöpferkraft. Wenn ihr euch also als Teil der Dualität erlebt, befindet ihr euch gerade in dem aufgefächerten Abschnitt der Schöpfung. Im selben Augenblick könnt ihr euer Bewusstsein in die Einheit hineinentfalten. Dann befindet ihr euch jenseits (nicht außerhalb!) der Dualität.

Und nun zu deinen Fragen. Ihr steht immer und überall mit der Quelle in Verbindung. Diese Verbindung entspricht eurem Sein! Ohne Verbindung zur Quelle wäret ihr nicht! Die Quelle ist immer im Zustand der Einheit. Genau genommen lebt sie ohne diese Begrifflichkeit. Der Begriff der Einheit erhält erst Sinn, wenn ihm eine Vielfalt (oder auch Dualität) gegenübergestellt wird. Die Quelle ist. Sie umfasst Alles was existiert. Dies ist selbstverständlich unabhängig von den verschiedenen Dimensionen, die sich ja nur durch unterschiedliche Dichtegrade und Ordnungsmuster voneinander abheben. Die verschiedenen Dimensionen existieren innerhalb der Quelle.

Und wie könnt ihr nun den Zusammenhang zwischen Quelle und Dualität verstehen? Die Quelle ist Eins. Dualität entsteht durch die Auffächerung der Quellenenergie in ihrer materiellen Spiegelung. Ihr seid Eins. Nur, wenn ihr in eurem Bewusstsein widersprüchliche, voneinander getrennte Räume erschafft, lebt ihr in der Dualität. Dies ist ausschließlich eine Frage des Bewusstseins, liebe Geschwister! Ihr selbst bleibt dabei immer ein Teil der göttlichen Einheit. Ihr könnt also durchaus mit der Quelle in Kontakt sein (wir wiederholen uns: das seid ihr immer!) und mit eurem Bewusstsein gleichzeitig dualistische Zustände durchleben.

Erscheinen euch diese Zusammenhänge verwirrend? Dann befragt euer Herz, liebe Geschwister. Euer Herz weiß in jedem Augenblick, wovon wir hier sprechen. Es kennt alle diese Zusammenhänge. Und es empfindet einfach. Euer Herz ist der Raum göttlicher Einfachheit und Leichtigkeit. Hier kommen alle Fragen zur Ruhe. Macht es euch einfach, und folgt dem Weg des Herzens!

Ihr lebt in der Einheit. Kennt auch ihr das Sehnen nach weiteren, höheren Dimensionen? Liegt auch vor euch noch ein weiterer Weg zurück zur Quelle?

Wir leben im Zustand der Einheit. Damit ist alles Sehnen in uns erlöst. Nichts gibt es mehr, wohin wir unbedingt kommen möchten.

Sehnsucht entspringt der Erinnerung daran, dass viel mehr zu dir gehört, als du in diesem Moment gerade wahrnehmen kannst. Sehnsucht ist der Wunsch, wieder im Bewusst-Sein (im bewussten Sein!) des Ganzen leben zu dürfen. Sowie du diesen Zustand erreicht hast, lösen sich alle Wünsche und Sehnsüchte in dir auf. Von da an überlässt du dich dem Augenblick.

Tief in dir weißt du, dass du noch viele Entdeckungen und Veränderungen durchleben wirst. Voller Freude und Abenteuerlust gibst du dich den Wegen deiner Seele hin. Du weißt auch, dass auf diesen Wegen noch sehr viele Erweiterungen und Erfüllungen auf dich warten. Aber du sehnst dich nicht danach. Du lebst im Augenblick und erfreust dich an deinem Sein. Diesen Zustand nennt ihr Meisterschaft.

Was bedeutet es, sich in der Meditation mit der eigenen Quelle zu verbinden? Ist das die eigene Quelle als Teilbereich der Göttlichkeit?

Die Quelle ist Eins. Ihre Eigenschaften sind ungetrennt (noch nicht aufgefächert). Wenn du dich in deiner Meditation mit der Quelle verbindest, erhöhst du deine Frequenz so lange, bis du mit der rasch vibrierenden Energie der Göttlichkeit verschmelzen kannst. Du stimmst dein Instrument auf ihre hohen Tonfrequenzen ein.

Die göttliche Energie kommt dir dabei auf deinem Weg entgegen. Sie senkt ihre Frequenz so lange herab, bis sie dich auf deiner eigenen Tonhöhe umarmen kann. Kann ein Cello einen hohen Ton erklingen lassen, der gleichzeitig auf einer Bratsche zu den tiefsten gehört? Können diese beiden Instrumente denselben Ton erzeugen? Können sie im Ein-Klang sein?

Dies ist die Vereinigung deiner Seele mit dem göttlichen Schöpfungspotenzial. Dies geschieht während der Meditation oder dem Gebet. Auch in den Zeiten der tiefen, hingebungsvollen Konzentration erreichst du diese innige Umarmung mit der Quelle. Dabei ist es ganz unerheblich, was du gerade tust. Auf deine Haltung kommt es an! In den buddhistischen Klöstern erfahrt ihr, dass jede alltägliche Tätigkeit zur Erleuchtung führen kann. Und was ist Erleuchtung? Das große göttliche »Es werde Licht« in euch!

Liebe Sirianer, von Herzen danken wir euch für dieses Geschenk eurer Weisheit. Gerne möchten wir gleich weiter gehen.

Nur zu!

Hier sind zwei Fragen einer Freundin von uns. Zunächst möchte sie gerne wissen, welches die Funktionen der Himmelskörper Sirius A, B, C und D für unsere Erde haben.

Interessant. Eure Freundin ist uns eine nahe Schwester. Auch ihr Mann gehört zu unseren Geschwistern. Und hier ist unsere Antwort: Es gibt mehr als diese vier Himmelskörper in unserer Region. Manche unserer Gestirne besitzen zusätzlich Planeten. Die vier genannten Gestirne bewegen sich in einer fein ausgewogenen Harmonie. Ihre Umlaufbahnen erscheinen aus eurer Sicht wenig symmetrisch. Die gegenseitigen Anziehungskräfte dieser Gottheiten (das sind sie!) entfalten einen taumelnden Tanz, den sie miteinander ausführen.

Sirius A ist unser großer Hauptstern. Es ist derjenige, den auch ihr von der Erde aus mit bloßen Augen sehen könnt. *Sirius* A wirkt wie eine Brennlinse für euch und euren Planeten. Er sammelt und bündelt kosmische Strahlungsimpulse. Diese kommen aus verschiedenen, unendlich weit entfernten Regionen zu euch. *Sirius* A hat darüber hinaus eine Art Filterfunktion. Er absorbiert die interdimensionalen Strahlungsmuster, die zur Weiterleitung auf eure Erde vorgesehen sind. Außerdem bereitet er sie so auf, dass sie in Resonanz mit euch treten können. Ohne diese Arbeit würden die meisten von ihnen an eurem Planeten abprallen.

Sirius B ist die Heimatregion vieler Helfer, die euch auf eurem Weg in einer Art pädagogischer Mission begleiten. Das Gestirn *Sirius B* bildet eine Zwischenstation für die kosmischen Strahlen, die Sirius A an euch weiterleiten möchte. Ihr könnt euch diese Station ähnlich wie ein Postbüro vorstellen. Hier kommen viele »Botschaften« für euch an. *Sirius B* versammelt alle für euch vorgesehenen Strahlungsmuster von Sirius A bei sich. Zusätzlich fängt sie (diese Gottheit trägt weibliche Qualitäten) aber auch Strahlungen aus anderen Sternenregionen für euch auf. Hier wird eure Post eingeliefert, sortiert und für den passenden Moment der Auslieferung vorbereitet. Die Auslieferung erfolgt nach rhythmischen Ordnungsgesetzen. Auf *Sirius B* befinden sich die Spezialisten, die genau beobachten und wissen, wann ihr was benötigt.

Sirius C trägt eine Art Empfangsstation für euch. Sie ist dafür ausgerüstet, eure Entwicklungsmuster zu registrieren. Sie beobachtet und protokolliert genau, welche Schritte ihr tut, welche Absicht ihr bei euch nährt, wohin euch eure Sehnsucht treibt. Mit ihren gesammelten Informationen bedient sie die übrigen Siriusgestirne, damit diese ihre Arbeit leisten können. Außerdem leitet sie Informationen über euch an andere Stationen des Universums weiter, damit auch diese sich an dem Hilfebündnis für euch beteiligen können. *Sirius* C spielt eine bedeutsame Rolle bei der Balancierung des taumelnden, siriaischen Göttertanzes.

Sirius D? Wir sind überrascht, dass du von seiner Existenz Kenntnis hast! *Sirius D* ist so etwas wie ein Speicher für Erbinformationsmuster. Diese Gottheit besitzt die notwendigen Muster, um Leben zu erschaffen und zu modifizieren. Ihre Aufgabe ist die einer Vorratskammer. Hier wird seit undenklichen Zeiten gesammelt und aufgehoben, was zur biologischen Erschaffung neuer Welten notwendig ist. Von hier aus startet manch eine Mission in neue Lebensräume des Universums. Von hier aus wurden auch die frühen Reisen zu eurem Planeten unternommen, die in Afrika noch heute dokumentiert sind.

Wir haben davon gehört, dass die Siriusregion der Platz des Schöpfers für unser Universum sei. Könnt ihr uns dazu etwas sagen? Stimmt es, dass eure Region eigentlich »Siris« heißt?

Was wir euch soeben über *Sirius D* erzählten, könnte zu der Aussage geführt haben, dass hier euer Schöpfer wohnt. Tatsächlich finden sich in unserer Region sowohl stoffliche als auch energetische Baubestandteile zur Erschaffung des Universums. Die stofflichen Teile bestehen aus biologisch aktivem Erbmaterial. Die energetischen Schöpfungspotenziale existieren in Form von beweglichen Lichtquantenmustern. Unsere Gruppenseele behütet dieses Material sorgfältig. Bei bestimmten Anlässen wird es zur Erschaffung neuer Welten frei gegeben. Diese Freigabe unterliegt immer einem Einverständnis der höchsten göttlichen Quelle und den Heiligen Wesenheiten ihres engsten Kreises.

Die göttliche Schöpferquelle unseres (und eures) Universums wohnt nicht in der Siriusregion. Ihr könntet natürlich mit Recht sagen, dass sie überall (und damit auch hier bei uns) lebt. Das ist in der Tat so. Die Schöpfungsquelle lebt und webt in Allem was ist! Darüber hinaus besitzt sie eine Art Heimat im engeren Sinne. Diese Heimat liegt im Zentrum unseres Universums. Hier existiert die Quelle in der Qualität ihrer höchsten Reinheit. Hier ist sie »das stille ICH BIN« allen Seins. Dies ist ihr »Ort der unaussprechlichen Geheimnisse«.

Wir nennen diese Qualität unaussprechlich, weil sie aus reinem Sein besteht. Alle Worte haben verengende, begrenzende Eigenschaften. Indem ihr ein Wort benennt, entzieht sich euch die Wirklichkeit, die in den Dingen wohnt (wirkt!). Die göttliche Wahrheit ist unaussprechlich, weil sie größer ist als alle Worte!

So ist auch eure Frage nach dem Namen unserer Sternenheimat schon zum Teil beantwortet. Ihr nennt unsere Sternenregion Sirius. Auch Siris ist ein stimmiger Name. Unsere Welt besteht aus Vibration. Diese kann in Klängen beschrieben werden. Sprache entsteht aus der Übersetzung dieser Klänge. Das helle i erfasst eine wesentliche Schwingung unserer Region. Das zischende ssss fügt eine weitere Qualität hinzu.

Sirius oder Siris, Isis und Osiris – dies alles sind lautliche Zusammenfassungen unserer spezifischen Energiequalität.

Vielen Dank, ihr lieben Geschwister! Immer wieder bin ich überrascht, wenn sich mit euren Worten ganze Filmreihen von Bildern in mir entfalten. Gerade eben konnte ich eure Sternenregion sehen und fühlen. Ich konnte auch die Prozesse der Schöpfung über unendlich lange Zeiträume erkennen. Faszinierend ...

Wundervoll, wie offen du bist. Genauso sollte sich jede Kommunikation entfalten. Auch wenn ihr euch untereinander verständigt, solltet ihr die gesamte »Klangbreite« der gesprochenen Worte genießen können. Im Laufe der Jahrtausende habt ihr euch in eurer Kommunikation immer einseitiger auf den Bereich der Worte konzentriert. Worte bilden aber nur einen winzig kleinen Ausschnitt aus eurem Informationsfluss. Worte reduzieren jede Information auf ein Minimum. Öffnet euch mit allen Sinnen und jeder einzelnen Körperzelle eurem Gegenüber, und ihr werdet die gesamte Fülle der ausgetauschten Botschaften wieder wahrnehmen können.

Danke, ihr Lieben. Jetzt geht's weiter mit unseren Fragen. Seid ihr bereit?

Immer! Im Augenblick sein heißt, auf entspannte Art jederzeit bereit zu sein.

Viele von uns haben sich innerlich sehr verschlossen, ohne es wirklich zu merken.

Stimmt! Gut, dass du diesen Punkt ansprichst. Eure Verhaltensmuster entstammen uralten Verletzungsmomenten, an die ihr euch in der Regel nicht einmal mehr erinnert. Bereits als winzig kleine Babies bemerkt ihr sehr bewusst, wie eingeengt ihr in eurer körperlichen Hülle leben müsst. Viele von euch weinen verzweifelt und finden ihre Entscheidung zur Inkarnation plötzlich gar nicht mehr gemütlich.

Aber weiß die Seele denn nicht schon vor ihrer Inkarnation, was sie erwartet?

Grundsätzlich stimmt das. Dennoch kann sie sich die Qualität des inkarnierten Seins nicht wirklich ausmalen. Stellt euch vor, in welchem Zustand ihr vor eurer Inkarnation existiert. Ihr lebt in vollkommener Verbundenheit mit Allem was ist. Ihr besitzt die Leichtigkeit und Freiheit einer Energiewolke. Mit dem Impuls eurer Absicht erreicht ihr, was auch immer ihr möchtet. Nun liegt ihr als Baby in eurem Wagen. Es dauert Monate, bis ihr einigermaßen koordiniert nach einem Gegenstand greifen könnt. Bestimmt habt ihr schon einmal beobachtet, wie glücklich ein kleines Kind ist, wenn es diese ersten Schritte seiner körperlichen Meisterschaft erlernt hat.

Eure kindliche Abhängigkeit ist vollkommen. Größte Demut ist von euch gefordert. Nichts könnt ihr ohne Hilfe tun. Ihr würdet verhungern, verdursten und in den eigenen Ausscheidungen sterben, wenn niemand für euch da wäre. Dieses tiefe Gefühl der Abhängigkeit bedeutet einen Schock für die meisten frisch inkarnierten Seelen. Auch wenn ihr es schon viele tausend Male erfahren habt – aus dem Bewusstsein hinter dem Schleier könnt ihr euch die Realität dieser Situation nicht mehr wirklich vorstellen. So erscheint ihr in der körperlichen Form auf eurem Planeten, neugierig und fröhlich im Bewusstsein eurer tatsächlichen Freiheit, um danach die Enttäuschungen der dreidimensionalen Enge zu erfahren.

Was ihr da sagt rührt mich sehr. Wir sollten noch soviel liebevoller und achtsamer mit unseren Kleinen umgehen ...

Das stimmt. Und bitte wendet diesen Impuls auch in eure eigene Richtung. In euch allen lebt die Erinnerung an die Momente aus Frustration, Schreck und Verzweiflung, die ihr in euren frühen Lebensjahren hier erfahren habt.

Wenn ich an die vielen Kinder auf diesem Planeten denke, die nicht ausreichend versorgt sind, fühle ich mich ganz zerrissen.

Die katastrophale Versorgungslage vieler Kinder (und auch vieler Erwachsener!) auf eurer Erde ist der deutliche Ausdruck eurer dualistischen Trennung. Erschafft den Zustand der Synthese in eurem Bewusstsein. Als Folge davon werdet ihr selbstverständlich die notwendigen Strukturen entwickeln, um euer Leben in Fülle und Geborgenheit zu genießen. Wenn du dich zerrissen fühlst, spiegelst du das Muster der Dualität.

Wahrscheinlich erinnerst du dich auch an die Erfahrungen deiner eigenen Kindheit. Außerdem bist du im Kontakt mit den unzähligen Frustrationen, Enttäuschungen und Verletzungen eures gesamten menschlichen Kollektivs in allen Zeit-Räumen. An diesem Punkt kann sich lösen, was du in dir verschlossen hattest. Indem du deine eigenen Wunden erlöst, fließt die befreiende Energie aus diesem Prozess auch in euer kollektives Energiefeld zurück.

Während du dich der Erlösung deiner eigenen Wunden widmest, bitten wir dich, auch an eure grundsätzliche Verbundenheit untereinander zu denken. Vielleicht erinnerst du dich an unsere Gespräche zum Thema Opfer und Täter? Im Kontakt mit deinen Wunden könntest du dich selbst in einem Irrtum verstricken. Dieser Irrtum lautet: »Jemand hat mir etwas angetan«. Natürlich könnt ihr die Dinge aus der Begrenztheit eures dreidimensionalen Lebens so sehen. Wenn ihr allerdings in diesem Denkmuster verharrt, kapselt ihr euch in einem selbst erschaffenen Käfig ein.

Erkennt eure gemeinsame Einheit, liebe Geschwister! Erkennt euer gemeinsames Werk! Fast alle Menschen haben auf ihrem Weg bereits selbst die Rolle des Opfers und des Täters eingenommen. Ihr alle kennt dieses Leben aus jedem Blickwinkel. Ihr lebtet als Kinder, als Eltern, als Verletzte und Verletzer, als Vernachlässigte und Vernachlässiger. Urteilt und richtet nicht. Weder über euch selbst, noch über eure Geschwister. Übt euch in der Anteilnahme eures Herzens. Und dann erkennt euer wirkliches Sein! Erkennt euer ICH BIN! In dieser Erkenntnis sind alle Wunden geheilt und alle Frustrationen beendet.

Das fühlt sich wirklich tröstlich an ...

Trost ist ein heilsames Elixier. Auch Güte und Nachsicht wirken wie Balsam auf euren Wunden. Achtet darauf, euch nicht zu verhärten. Bringt eure alten Verhärtungen in den Fluss des Lebens, liebe Geschwister. Tröstet und liebt euch selbst und untereinander.

Liebe Sirianer, ich habe noch mal eine Frage in eigener Sache. Ich weiß nicht genau, wie ich euch das deutlich machen kann.

Vielleicht magst du einfach beschreiben, was du wahrnimmst?

Gerne. Wenn ich mit euch spreche, stelle ich entweder selbst eine Frage, oder ich übermittle euch die Fragen eines anderen Menschen. Dann lausche ich auf eure Antwort und bringe sie in meinen Worten heraus. Man könnte denken, dass dieser Teil immer ähnlich wäre. Ich habe aber festgestellt, dass ich mich dabei sehr unterschiedlich fühle. Offenbar verändert jeder Mensch mit seiner Frage mein Gefühl, während ihr antwortet. Versteht ihr, was ich sagen will?

Vermutlich. Und deine Beobachtung ist richtig. Wir stehen mit euch allen in Kontakt. Man könnte auch sagen, wir befinden uns in engem energetischem Austausch mit eurem gesamten Kollektiv, mit eurer großen Gruppenseele. Wenn wir eure Fragen beantworten, richten wir unsere Aufmerksamkeit auf die Fragerin oder den Frager. Wir eröffnen einen Kanal, der die Energien zu diesem speziellen Menschen fließen lässt. Dieser Kanal enthält auch die persönlichen Energiequalitäten des Fragenden. Alle diese Frequenzen fließen durch dich. So fühlst du dich unterschiedlich in Wechselwirkung mit dem Fragenden.

Ich staune, wie komplex eure Arbeit ist.

Unsere gemeinsame Arbeit! Auch du bringst sehr komplexe Voraussetzungen mit, um diesen Dienst leisten zu können.

Danke. Wie steht's denn dann aber mit den Lesern? Oder mit den Zuhörern unserer öffentlichen Channelings? Bekommen die auch das gesamte Frequenzspektrum des Fragenden mit? Wäre das nicht indiskret? Und was ist mit den Energiequalitäten der Zuhörer und Leser? Sind die in euren Channelings mit eingebaut? Funktioniert dieser Prozess in beide Richtungen?

Liebste Schwester, immer wieder erfreust und amüsierst du uns, wenn du uns mit den zergliedernden Gewohnheiten deines Verstandes konfrontierst. Für uns ist es sehr fremd und unvorstellbar, so zu denken. In unserer Wahrnehmung sind wir uns permanent über die Einheit allen Seins bewusst. Magst du jetzt mit uns zusammen dieses vereinte Bild betrachten?

Gern.

Dann beginne bitte damit, dir dein eigenes Energiefeld mit seinen persönlichen Qualitäten vorzustellen.

Ok...

Nun erweitere dies Bild auf die Fragenden, die dir begegnen, und nimm auch ihr Energiefeld hinzu.

Ja ...

Jetzt erweitere dieses Energiefeld, und nimm auch alle Leserinnen und Leser, alle Zuhörerinnen und Zuhörer mit ihren persönlichen Energiequalitäten hinzu.

Hab ich ...

Und nun dehne dein Bewusstsein in das Feld eurer gesamten Menschheit aus. Berücksichtige dabei alle, die zu euch gehören – die Inkarnierten wie die Nicht-Inkarnierten.

Ganz schön riesig ... fühlt sich gut an, in so einem Clan dabei zu sein ...

Stimmt. Genieße dieses Gefühl. Gönne es dir ruhig öfter! Ihr alle solltet das tun. Es hat etwas sehr Stärkendes, sich so geborgen zu wissen. Nun stell dir vor, dass ein riesiger Energiekanal zwischen eurem und unserem Kollektiv existiert. Ähnlich wie ein großer Schornstein, der zwei Wolken miteinander verbindet. Dieser große Kanal wurde vor unendlich langen Zeiträumen (aus eurer Sicht!) erschaffen. Seit Urzeiten stehen wir Sirianer mit euch Erdenmenschen darüber im Austausch und in der Verbindung.

Dieser Schornstein besitzt verschiedene Röhren. Wie ein Tunnelsystem gibt es hier Wege für den unterschiedlichsten Bedarf. Einen Highway für die ganz Schnellen, einen Fahrradweg, einen Fußweg, einen Spezialweg für diejenigen, die zeitweilig getragen werden ... Alle Röhren sind mit einer Fülle von Annehmlichkeiten ausgestattet. Düfte, Farben, Klänge, Ruheinseln – alles, was ihr euch für eine wundervolle Reise erträumt.

Um uns eine Frage zu stellen, wählt ihr den Kanal, der euren persönlichen Bedürfnissen und eurem eigenen Energiemuster am meisten entspricht. Wir kommunizieren mit euch über diesen Kanal.

Und was ist dann mit mir? Heißt das, dass ich in allen Kanälen zu Hause sein muss?

Grundsätzlich ja. Du bist es auch. Wir arbeiten aber parallel in einer Art »Allkanal«. Dieser enthält die wichtigsten Frequenzen für euch alle. Hier können sich Leser und Zuhörer einklinken. Der Allkanal steht wiederum in Verbindung mit den persönlichen Kanälen. So geschieht es, dass deine Zuhörer und Leser in den Channelings plötzlich etwas entdecken, was sie sehr persönlich betrifft. Jemand anderes bemerkt diesen Moment vermutlich gar nicht. Dafür ist er von einem weiteren Aspekt der Gespräche persönlich berührt.

Resonanz verbirgt sich in dem Geheimnis von Begegnung, liebe Geschwister! Begegnung findet statt, wenn zwei ähnliche Klangmuster aufeinandertreffen und sich wechselweise in Schwingung versetzen. So gerät euer persönliches Klangmuster in Resonanz mit unseren Botschaften. Dieses Geschehen trägt in sich eine höchst bewundernswürdige, kosmische Ordnung. Es stellt auch die »Diskretion« sicher, die ihr euch wünscht. Ein Datenaustausch kann nur dort stattfinden, wo tatsächlich persönliche Ähnlichkeiten existieren.

Bitte erinnert euch daran, dass wir diese Beschreibung jetzt zu eurem besseren Verständnis in einzelne »Häppchen« zergliedert haben. Im multidimensional vernetzen Universum existiert die gesamte Schöpfung wie eine Art riesige Energiewolke. In dieser Wolke befinden sich unterschiedliche Frequenzbereiche. Tatsächlich ist Alles mit Allem auf das Innigste verbunden. Tatsächlich gilt die Aussage: Alles ist Eins, Hier, Jetzt!

Na schön. Manchmal habe ich bei euren differenzierten Beschreibungen ein Gefühl, als würde mein Verstand einen Salto machen. Ich fühle die Wahrheit eurer Botschaft deutlich, und weiß »irgendwo«, was ihr meint. Aber dieses tiefere, komplexere Gefühl könnte ich nie in Worte fassen.

Das ist wahrscheinlich auch gar nicht möglich. Bitte denke daran, wie sehr eure Worte die Wirklichkeit reduzieren. Nimm ein Beispiel. Denke an das Wort »Liebe«. Jeder Mensch hat ein sehr vielschichtiges Gefühl zu diesem Wort. Ein wahrer Reichtum an Eindrücken bewegt sich in eurem Bewusstsein, wenn ihr an Liebe denkt. Das Wort dagegen ist eine kleine, kurze Klangfrequenz. Niemals kann sie ausdrücken, was alles ihr unter der Liebe versteht.

Stimmt. Im Schweigen liegt oft wesentlich mehr Fülle als in einem Gespräch.

Wenn du dich öffnest und sensibel wahrnimmst (das Wahre nimmst!) …

Ich habe aber trotzdem wieder ein paar Worte für euch. Eine Frage, die viele von uns sehr beschäftigt. Warum sterben die Bienenvölker an verschiedenen Orten des Planeten in so großer Zahl? Was ist hier los? Warum geschieht es an manchen Orten häufiger als an anderen? Was können wir tun, um den Bienen zu helfen?

Augenblicklich helfen die Bienen euch, liebe Geschwister! Ihr seid noch so unendlich wenig bewusst über die tieferen Zusammenhänge des Lebens. Welche Gedanken macht ihr euch beispielsweise über die komplizierten Hintergründe eurer Ernährung? Was wisst ihr über die unendlich komplexen Zusammenhänge, die eure Nahrungskette aufbauen? Nichts wisst ihr! Fast nichts. Eure Kinder wissen teilweise nicht einmal mehr, woher die Milch kommt. »Aus den Flaschen im Supermarkt«, lautet ihre Antwort auf diese Frage.

Einige Lebensformen verlassen den Planeten jetzt vollständig oder teilweise, um euch wachzurütteln. Bienen haben eine riesige Bedeutung bei der Nahrungserschaffung. Stellt euch nur einmal einen Moment lang vor, dass es keine Befruchtung im Pflanzenreich mehr gäbe. Die Pflanzen würden verkümmern. Die meisten Tiergattungen wären ohne Nahrung. Sie selbst würden den entwickelten Fleischfressern fehlen. Und was würdet ihr dann essen?

Auch euer Planet würde sich dramatisch verändern. Bald schon würden ihm die absterbenden Pflanzen nicht mehr zur Regeneration seines Bodens dienen. Wind und Wetter könnten seine Formationen ungebremst zerstören. Wo würdet ihr euren Schutz finden in dieser Welt? Diese wenigen Gedanken bilden nur einen sehr kleinen Ausschnitt des komplexen Themas. Die meisten von euch sind daran gewöhnt, hier auf dieser Erde ihr Auskommen zu finden. Nur wenige denken darüber nach, was alles geschehen muss, damit dies möglich ist.

Es gibt auch einige wissenschaftliche Erklärungen für das Sterben der Bienenvölker. Manche von euch wissen um das komplexe Sozialleben dieser kostbaren Wesen. Ihre Botschafter unternehmen weite Flüge, um die passenden Nahrungsfelder zu entdecken. Dann kommen sie zurück und erklären ihren Familienmitgliedern den Weg dorthin. Sie führen komplizierte Tänze auf und vermitteln so ihre Botschaft. Ihre Wege entdecken die Bienen mit Hilfe eines winzigen Kompasses. In ihrem Nervensystem sorgen magnetische Partikelchen für die Orientierung im Raum.

Und nun stellt euch vor, was passiert, wenn Tausende von Funkwellen und elektromagnetischen Linien die Erde überziehen. Die winzigen Kompassorgane der Bienen geraten aus dem Takt. Orientierungslosigkeit breitet sich aus. Sie finden ihren Weg nicht mehr. Ihre Kommunikation ist unterbrochen. Weil sie in einer Art von kollektivem Bewusstsein leben, reicht ein bestimmtes Maß an Irritation, um das gesamte Volk in den Kollaps zu bringen. Das Massensterben der Bienen ist die Konsequenz eurer unbedachten Handlungen.

Wie könnt ihr ihnen helfen? Sorgt für euren Lebensraum, liebe Geschwister! Nehmt die komplexen Zusammenhänge der Schöpfung ernst, auch wenn ihr sie noch nicht einmal ansatzweise kennt. Geht niemals automatisch davon aus, dass eure Taten keine Konsequenzen hätten, nur weil ihr diese gerade nicht sehen könnt! Geht davon aus, dass jede eurer Taten Konsequenzen hat. Übt euch in Behutsamkeit, solange ihr die Zusammenhänge und die Konsequenzen eures Handelns noch nicht erkennt.

Ihr sprecht ungewöhnlich ernst, liebe Sirianer?

Was wir euch sagen, ist ungewöhnlich ernst! Ihr habt keine Zeit mehr, euch darüber zu täuschen!

Und was, wenn die Mehrheit von uns es doch tut?

Diese Frage gehört zu den typischen Energiekillern. Indem ihr rein intellektuell hinterfragt, was sein würde wenn, verstreicht genau die Zeit, die ihr jetzt so dringend nutzen solltet. Indem ihr euch selbst mit ängstlichen Phantasien schwächt, verschwendet ihr die Kraft, die euch bei der Erschaffung eurer neuen Welt hilft. Denkt nicht mehr darüber nach, wie es wäre, wenn … Handelt!

Danke, liebe Geschwister. Das war deutlich. Etwas Anderes: Gerade bekam ich die Nachricht einer Freundin, die einige Aus-

züge aus unseren ersten Gesprächen gelesen hat. Sie erzählt mir, dass sie viel Freude beim Lesen hatte. Aber sie fühlt sich auch sehr zwiespältig, weil sie euren Aussagen nicht glaubt.

Wir haben euch mehrfach darum gebeten, keine unserer Aussagen zu glauben. Was wir euch mitteilen, ist weder eine neue Religion, noch ein Zukunftsversprechen. Wir berichten euch von dem energetischen Potenzial der Möglichkeiten, das ihr selbst für euch jenseits von Raum und Zeit (im Quantenraum!) erschaffen habt. Dieses Potenzial erwartet euch wie ein gut gefülltes Bankkonto. Was ihr daraus macht, liegt allein bei euch. Unsere Botschaften können euch dabei helfen, die Dinge eures Lebens vielschichtiger und zusammenhängender zu sehen, als ihr es bisher tatet. Mit einem erweiterten Horizont könnt ihr euer vorbereitetes Bankkonto auf die für euch klügste Weise nutzen.

Beobachtet eure Wirklichkeit, und erkennt so den Wahrheitsgehalt unserer Durchsagen! Glaubt nichts. Erprobt alles. Nutzt unsere Hinweise – wenn ihr mögt – als Gelegenheit, um euch eine wundervolle, friedliche, neue Welt zu erschaffen.

Danke, liebe Sirianer. Das klingt sehr plausibel, und ich werde es weitergeben. Vor einiger Zeit sprachen wir miteinander über die monotheistischen Religionen. Wir sprachen auch über den Irrtum der Trennung, der durch sie in der Menschheit entstand. Warum musste die Menschheit eigentlich diese harten, dualistischen Illusionen durchleben? Warum haben wir die Erkenntnis unseres Eins-Seins mit der Quelle nicht einfach weitergepflegt? In den früheren Kulturen hatte sie ja durchaus schon einmal existiert ...

Eine interessante Frage. Warum fällt man überhaupt aus der Einheit? Warum erkennt man sich als etwas Eigenes? Warum erlebt das Baby mit den Schmerzen der Trotzphase, dass es ein eigenes, von der Mutter getrenntes Wesen ist? Wozu dient euch der Prozess der Individualisierung? Was glaubst du?

Ich bin geneigt, den Standardspruch unserer Jugendlichen zu bringen: Keine Ahnung!

Vielleicht magst du dich an den Titel dieses dritten Bandes unserer Gespräche erinnern? Erkenne dein ICH BIN! Um dir genauer zu antworten, möchten wir an unsere früheren Gespräche anknüpfen. In deiner Frage steckt nämlich ein größeres Geheimnis. Warum entäußert sich die reine, göttliche Liebeskraft in die bunte Vielfalt ihrer Erscheinungen? Warum verbleibt sie nicht einfach in der friedlichen Einheit, die sie ist?

Unmöglich ist es, die Bewegungen der Göttlichkeit mit Worten zu erklären. Dennoch können wir euch beschreiben, was ihr alle wisst. Das Leben entfaltet sich als Wechselspiel zwischen der unaussprechlichen, nicht in Worte zu fassenden, göttlichen Energie, die sich in ihrer manifestierten Schöpfung spiegelt. So erkennt sich die Quelle in ihrer Welt.

Und was soll das? Warum muss sie sich erst erkennen? Kennt sie sich nicht längst?

Die Antwort auf deine Frage liegt im bewussten Sein. Während sich die göttliche Quelle in den Bewegungsmustern ihrer Schöpfung spiegelt, dehnt sie sich aus. Das bewusste Sein entfaltet Raum um Raum der neuen Möglichkeiten. Das Universum expandiert. Eure innere Erkenntnis expandiert. Zyklus um Zyklus schreitet das Leben voran.

In diesem Wechselspiel geschieht Einheit in der Vielfalt. Einheit ist – Vielfalt entwickelt sich daraus – Vielfalt findet zurück zur Einheit – Einheit ist. Dies ist der Zyklus des Lebendigen. Ihr selbst durchlauft ihn zahlreiche Male während eures Erdenlebens. Eure Inkarnationen werden möglich, weil ihr das Bewusstsein für eure Einheit verlasst und in die Vielfalt eintaucht. Während eures Abschiedes von dieser Erde kehrt ihr zurück in das Bewusstsein der Einheit.

Betrachtet die großen Zyklen des Lebens, liebe Geschwister, und ihr werdet diese Bewegungsmuster darin wiedererkennen. Kulturen durchlaufen den Prozess der Entfaltung in die Vielfalt und kehren zu einem einheitlichen Muster zurück. Religionen übermitteln den Gedanken des einen Göttlichen, und zerfallen in die unterschiedlichsten Sekten, die die vielfältigen Aspekte der einen Lehre repräsentieren. Wirtschaftsbosse kaufen zahlreiche Firmen auf, zentralisieren sie und geben sie danach wieder in unterschiedliche Hände weiter.

Jahrtausende lang habt ihr als Menschheit die Aspekte des vielfältigen, scheinbar getrennten Daseins erprobt. Nun erinnert ihr euch an eure eine, ungetrennte Herkunft. Augenblicklich sehnt ihr euch noch nach dem Frieden des Eins-Seins. Wenn ihr ihn eines Tages erreicht habt, wird die Zeit kommen, in der ihr die Sehnsucht nach Aufbruch und Vielfalt in euch erkennt. Dann beginnt eine neue Runde des ewigen, lebendigen Spieles. Kein Ende gibt es in diesem Tanz. Stagnation wäre das Ende des Lebens.

Dann haben wir durch die monotheistischen Religionen also unser ICH BIN kennengelernt?

Richtig. Diese Religionen erlauben es euch, einen Prozess der Individualisierung zu entwickeln. Der eine Gott wird zur Metapher für den einen Menschen. Gottvater als Schöpfer seiner Kinder.

Und was bedeuten dann die Religionen anderer Kulturen, in denen viele unterschiedliche Götter angebetet werden?

Ein ganzer »Himmel voll Götter« spiegelt euch die Eigenheiten eures menschlichen Zusammenlebens. In ihren zahlreichen Aspekten erkennt ihr eure innere Vielfalt. Erinnert euch zum Beispiel an die Gottheiten der antiken griechischen Kultur. Sie tragen sehr menschliche Züge. Ihre Verstrickungen, Gelüste und Taten ähneln denen der Menschen.

Soll dann Religion so etwas sein wie die Chance, uns mit uns selbst auseinanderzusetzen?

Was denkst du?

Na ja, ein Aspekt des Geschehens ist das offensichtlich. Es geschieht einfach.

Genau. Manche Dinge geschehen einfach. Sie brauchen weder Plan noch Zweck. Sie sind ein Teil des Seins.

Hier ist noch eine Frage zum Thema Glauben und Religion. Gibt es eigentlich einen Sinn für die Unterdrückung menschlicher Bedürfnisse? Macht Askese Sinn?

Für den Asketen vielleicht …

Ich meine das etwas grundsätzlicher.

Also gut. Askese entstammt dem Irrtum der Trennung. Körper, Seele und Geist bilden eine Einheit. Ursprünglich wollten die Menschen ihren noch wenig entwickelten Geist durch Askese und strengen Verzicht trainieren und vervollkommnen. Der Verzicht auf sinnliche Genüsse sollte den »reinen Geist« erfahrbar machen.

Tatsächlich geschehen aber meist ganz andere Dinge, wenn man diesen Weg wählt. Unterdrückt einen Teil von euch, und er wird sich als Folge davon heftiger zu Wort melden als zuvor. Die asketischen Mönche und Nonnen kamen oft gar nicht mehr dazu, ihren »reinen Geist« kennenzulernen. Täglich lagen sie im Kampf mit sich selbst. Große Anteile ihrer Kraft flossen in die Mauern, die sie in ihrem Inneren gegen ihre natürlichen Triebe aufgebaut hatten.

Jetzt ist das Zeitalter der Synthese angebrochen. Zunehmend erkennt ihr die Einheit eures Seins. Sehr langsam beginnt ihr auch damit, eure Gefühle und euren Körper als gleichberechtigte Spiegel eurer geistigen Existenz zu verstehen. Ihr erkennt die Botschaft des »Geists im Fleisch«. Ihr versteht, dass die Manifestation der göttlichen Liebe hier durch euch in eurem Körper stattfindet. Und ihr beginnt zu ahnen, dass die Liebe und Fürsorge, die ihr eurem Körper schenkt, eine Form des Gottesdienstes sein kann. Die manifestierte Göttlichkeit eurer Körper atmet auf und dankt euch, ihr Lieben!

Gebt ihr uns damit eine Einladung, gut mit uns umzugehen?

Wundervoll, wenn ihr es so verstehen möchtet!

Ich bin auch davon überzeugt, dass diese Welt freundlich wird, wenn wir eine liebevolle Haltung uns selbst gegenüber einnehmen. Manche Menschen fühlen sich allerdings nicht berechtigt dazu, es sich gut gehen zu lassen, wenn noch so viele andere auf diesem Planeten leiden ...

Mit-Leiden bedeutet Energieverschwendung. Wem helft ihr, wenn ihr mit leidet? Ihr helft niemandem und beraubt euch selbst gleichzeitig um eure kostbare, eigene Kraft.

Die christliche Tradition hat uns allerdings zu Mitleid und Anteilnahme angeleitet. War das denn ein Irrtum?

Jede Epoche hat ihre Bedeutung und ihren Sinn für euer Wachstum. Während ihr euch im Mit-Leid übtet, konntet ihr die Schmerzen des anderen in eurem eigenen Körper oder in eurer eigenen Seele fühlen. So lerntet ihr, Anteil zu nehmen, und eure Illusion der Trennung zu überwinden. Ihr wurdet aufmerksam für euren Nächsten. Ihr erhieltet die Gelegenheit dazu, Egoismus zu überwinden und gemeinschaftliches Handeln einzuüben. Dies alles schenkte euch einen Schritt zur Erkenntnis der Einheit, die ihr miteinander teilt.

Im Zeitalter der Synthese werdet ihr alle im Bewusstsein eurer gemeinsamen Quelle leben. Ihr werdet euch als diejenigen erkennen, die ihr seid: göttliche Kinder in Übung. Ihr werdet euch selbst gegenüber Wertschätzung entwickeln. Dadurch werdet ihr Verantwortung für euch übernehmen. In gegenseitiger Anteilnahme und Unterstützung werdet ihr gut für euch sorgen. Jedes Mit-Leid hat dann seine Funktion verloren. Ihr werdet das Leiden aus eurem Leben verabschieden und den Raum einnehmen, der euch gebührt.

Schöne Aussichten ...

Das stimmt. Auch wir freuen uns sehr über diese Entwicklung. Ihr seid jetzt gerade dabei, eine neue, kollektive Matrix eures menschlichen Bewusstseins zu erschaffen. Leid, Armut, Abhängigkeit, Manipulation, Unterdrückung, und Schmerz werden in eurem Denken und Fühlen keinen Raum mehr finden. Euer Baustoff für die neue Bewusstseinsmatrix besteht aus der intelligenten, neuen Energie, die jetzt täglich vermehrt zu euch fließt. Eure neue Matrix wird in den nächsten Jahren soviel Kraft gewinnen, dass die bisherige Matrix still verdorrt. Kein Kampf ist dazu nötig. Ganz von selbst wird sich euer neues Bewusstsein durchsetzen.

Kriegstreiber und Gewaltprediger werden euch in eurer Entfaltung nicht mehr stören können. Wesen mit einer so polaren Natur können auf eurem Planeten schon bald nicht mehr inkarnieren. Eure neue Bewusstseinsmatrix wird energetisch nur noch diejenigen einladen und anziehen, die in sich dieselben Strukturen mitbringen. Das wird wahrhaftig ein paradiesischer Zustand für euch sein!

Apropos Kriegstreiber – mögt ihr uns etwas zu den weltweit tätigen Geheimdiensten sagen? Die meisten Nationen besitzen bereits mehrere davon. Mir erscheint das oft wie reine Energieverschwendung. Was soll das alles?

Ihr könnt die Aktivitäten der Geheimdienste als Energieverschwendung bezeichnen, wenn ihr dem Leben Vorrang gebt. Ob etwas als verschwendet gelten kann, hängt vom Betrachtungswinkel ab. Eure Politiker – und auch zahlreiche Angehörige der Bevölkerung – halten die Geheimdienste für unverzichtbare Schutzeinrichtungen. Ihnen käme nicht in den Sinn, von Verschwendung zu sprechen.

Wer dem Leben Vorrang gibt, erkennt die Irrtümer, die im Wesen der Geheimdienste liegen. Diese sind:

- Der Irrtum des Getrennt Seins
- Der Irrtum des Gefährdet Seins
- Der Irrtum, irgendetwas »aus der Welt schaffen« zu können.

Alle diese Irrtümer entspringen einer Unkenntnis des wirklichen Lebens. Ihr werdet euch bei diesem Stichwort an viele Momente unserer gemeinsamen Gespräche erinnern. Und wir laden euch ein, das größere Bild jetzt einmal mehr mit uns zu betrachten.

Wenn ihr mögt, begebt euch jetzt in das Bewusstsein der unauflöslichen Verbundenheit mit Allem was ist. Wie könntet ihr dann Geheimnisse voreinander bewahren? Ihr könntet es nicht, und ihr müsstet es auch nicht. Welcher Sinn würde darin liegen, einem Teil von euch die Dinge vorzuenthalten, die dem Ganzen dienen? Auch der Irrtum des Gefährdet Seins ist aufgelöst, wenn ihr euch an die innige Verbundenheit untereinander erinnert. Wenn ihr alle diese Wahrheit erkannt haben werdet, wird niemand von euch mehr die Hand gegen seine Nachbarin oder seinen Nachbarn erheben. Eure Geheimdienste sind dann ohne Aufgabe und ohne Sinn.

Danke, ihr Lieben. Hier ist eine Frage, die ich selbst nicht ganz verstehe: Kann man Photonen-Schallwandler zur Heilung einsetzen?

Interessant. Diese Frage schließt an euer atlantisches Wissen an. Damals besaßet ihr Instrumente, die auf diese Weise arbeiteten. Jetzt erinnern sich manche Forscher wieder an ihre einstigen Kenntnisse. Neue Produkte kommen auf den Markt. Einiges davon wird euch in den nächsten Jahren sehr gute Dienste leisten.

Der Photonen-Schallwandler arbeitet direkt auf der Ebene eurer energetischen Muster. Hier kann tatsächlich Heilung stattfinden. Dieser Zugang gewährleistet auch, dass die Heilung körperlich, seelisch und mental gleichzeitig entsteht. Eure Photonenmuster ordnen sich neu und richten sich dabei nach der lebendigen Urmatrix aus. Lernt die neuen Geräte kennen, und überprüft ihren Nutzen aus der Weisheit eures Herzens.

Hier fragt ein Freund von uns: Gibt es den Aufstieg wirklich?

Das ist tatsächlich eine Frage der Betrachtungsebene. Ihr kennt unseren Lieblingssatz: Alles ist Eins, Hier, Jetzt. Damit erübrigen sich Aufstiegswege, denn wohin sollte man wohl steigen, wenn Alles Eins ist?

Aus Sicht eurer dreidimensionalen Welt macht der Begriff Aufstieg aber durchaus Sinn. Hier kann man die Frage nach dem »wohin« auch beantworten. In den räumlichen und zeitlichen Bedingungen eurer bisherigen Welt steigt ihr von den eher langsamen Bewegungsmustern eurer derzeitigen Energie zu den rasch vibrierenden Energieformen der feinstofflichen Dimensionen auf.

Diese Art von Aufstieg findet augenblicklich wirklich statt, ihr Lieben! Ihr entfaltet euch in die rascher vibrierenden Energieräume des Universums hinein. Man könnte diesen Prozess auch als Ausdehnung bezeichnen. Und noch einmal wiederholen wir, dass dies alles ausschließlich in eurem Bewusstsein geschieht. Dort erkundet ihr die bisher von euch noch nicht entdeckten Räume, die schon immer zu euch gehörten.

Da dieser Prozess gleichzeitig in der gesamten Menschheit geschieht, werdet ihr in Korrespondenz mit eurem Planeten jetzt wirklich gemeinsam neue Dimensionen entdecken. Was bedeutet es, in einer neuen Dimension zu leben? Jede Dimension besitzt besondere Eigenschaften. Wenn ihr von der ersten Dimension aus gesehen vorangeht, kommt mit jeder weiteren Dimension eine zusätzliche Qualität in euer Leben. Eure Beweglichkeit wächst. Euer Gestaltungsrahmen dehnt sich aus.

Eins: der Punkt. *Zwei*: die Linie. *Drei*: der Raum. *Vier*: die Zeit. Mit jeder neuen Qualität erweitert sich auch euer Lebens-Spielraum. So erweitert ihr euch! So erweitert sich die Schöpfung. Nun dehnt ihr euch und euer Bewusstsein in die fünfte Dimension hinein. Raum und Zeit lösen sich auf. Eure Beweglichkeit wird Grenzen-los. Im Moment eurer Absicht bewegt ihr euch an den Ort eurer Wahl. Dieser neue Schritt kommt wahrhaftig einem Aufstieg gleich.

Jetzt wird sich euer Leben grundsätzlich und für immer verändern. Riesige, für euch noch unvorstellbare Möglichkeiten warten auf euch. Wundervolle, neue Chancen werdet ihr entdecken. Euer neuer Zustand wird so neu und großartig sein, dass ihr ihn als »Meisterschaft« bezeichnet.

Klingt gut!

Wird sich auch so anfühlen!

Liebe Sirianer, immer wieder sagt ihr uns, dass wir unsere Gedanken sorgsam beobachten sollen, weil sie Form annehmen. Dies geschieht nach euren Aussagen auch mit unseren unbewussten Impulsen und Mustern. Können wir diesen Prozess denn auch rückgängig machen oder löschen? Was ist zum Beispiel, wenn wir unbewusst etwas in die Welt gesetzt haben, was wir nicht in der Materie wiederfinden möchten? Was wird aus den zerstörerischen Gedanken, die wir in den Zeiten unserer Unwissenheit freigesetzt haben? Wirken sie bis in alle Zeiten, oder können wir sie auch wieder unwirksam machen?

Alles geschieht nach eurem Willen, liebe Geschwister! Euer Wille – eure bewusste Absicht – besitzt eine riesige Kraft im Universum. Diese Kraft kennt ihr noch nicht einmal ansatzweise. In den nächsten Jahrhunderten werdet ihr wieder lernen, sie bewusst und zum Wohle allen Lebens zu nutzen. Mit ihrer Hilfe könnt ihr auch eure einstigen Gedanken-Schöpfungen wieder unwirksam machen. Da ihr zurzeit noch wenig geübt seid in der Konzentration und bewussten Ausrichtung eures Willens, geben wir euch hier einige praktische Hinweise für diesen Prozess.

- Ruft den silbernen Strahl der Gnade herbei, und bittet um Auflösung aller lebensstörenden Muster, dir ihr wissentlich oder unbewusst in die Welt entlassen habt.

- Bittet eure Seelenfamilie und eure Engel darum, euch auf eure destruktiven Muster aufmerksam zu machen und sie der Erlösung zu übergeben.

- Bittet die göttliche Quelle darum, alle eure Schöpfungen im Licht der Gnade zu transformieren.

- Sendet den Impuls aus, dass eure destruktiven Gedanken und Impulse in ein Universum der Transformation verschoben werden mögen.

- Bittet eure göttliche Führung regelmäßig darum, euch in der Weisheit des Friedens zu schulen. Bittet darum, aus den Gedankenmustern der Dualität aussteigen zu können. Bittet um den liebevollen Zustand des Nicht-Urteilens. Somit verhindert ihr weitere lebensstörende Gedankenmuster in euch. So entwickelt ihr euch in eurem Bewusstsein in die höheren Dimensionen hinein.

Während ihr euch selbst erkennt, wird euch bewusst werden, wie große eure Macht tatsächlich ist. Macht beinhaltet immer die verschiedenen Möglichkeiten des Seins. Ihr wählt aus dieser Fülle der Möglichkeiten. Nutzt ihr eure Macht, um euch selbst und anderen Kummer zu bereiten? Oder nutzt ihr eure Macht, um euch hier das Paradies zu erschaffen, nach dem ihr alle euch schon so lange sehnt?

Keine Frage! Wenn es auch nur die geringste Chance der Verwirklichung gibt, entscheide ich mich für unser Paradies. Wir setzen alles ein, um einen Beitrag zu dieser Entwicklung zu leisten.

Eure Chance ist viel mehr als gering – eure Chance ist so groß wie seit vierhundertfünfzigtausend Jahren nicht mehr! Euer Potenzial ist riesig! Nutzt es jetzt, und verändert eure Welt für immer!

Liebe Sirianer, immer wieder sprecht ihr riesige, für uns unvorstellbar große Zeiträume an. Könnt ihr diese Zeiten und alles Leben in ihnen wirklich überblicken? Könnt ihr uns zum Beispiel etwas über die unterschiedlichen Kulturen erzählen? Haben die Menschen und Wesenheiten aus Lemurien, Atlantis, Ägypten, den Plejaden, der Siriusregion etwas gemeinsam mit der heutigen Menschheit? Gibt es Zusammenhänge zwischen den Zeiten und Kulturen?

Deine Frage überrascht uns. Wie steht's mit unserem Lieblingssatz? Bestimmt erinnerst du dich?

Na ja, klar. Den kenne ich inzwischen schon auswendig. Alles ist Eins, Hier, Jetzt. *Aber wieso kann es dann Baudenkmäler geben, die einige tausend Jahre alt sind? Wir haben doch definitiv unendliche Zeiten durchlebt?*

Im Bewusstsein der dritten Dimension stimmt das. Nun bitten wir dich wieder einmal darum, dein Bewusstsein auszudehnen. Stell dir vor, dass alle diese Kulturen in einem riesigen Raum leben. Was siehst du nun?

Lustig. Das sieht aus wie in einem multikulturellen Kindergarten. Alle spielen aufregende Spiele. Manche spielen nur in ihrer Gruppe, andere laufen zwischen den Gruppen hin und her und machen überall mit.

Gut beobachtet. So verhalten sich auch die Kulturen eurer bzw. unserer unendlich langen Zeiträume. Manche haben über einige Jahrtausende etwas Spezielles entwickelt und abgeschlossen für sich gelebt. Die lemurische Tradition bildete so eine Kultur. Andere liebten es schon immer zu reisen und an verschiedenen Orten mitzumischen. Die Wesenheiten der Plejaden oder auch wir vom Sirius gehören dazu.

Und was hat es dann mit der Reinkarnation auf sich? Lebt eine einzelne Seele über die Jahrtausende in verschiedenen Kulturen?

Gibt es denn eine einzelne Seele?

Ach, das ist wahrscheinlich wieder eine Frage des Blickwinkels?

Nicht unbedingt. Grundsätzlich sind sämtliche Anteile der Schöpfung so eng miteinander verbunden, dass ihr alle schon immer überall wart. Deshalb kommen euch die alten Kulturen manchmal auch so vertraut vor. Gelegentlich fühlt ihr euch im Gedanken an bestimmte alte Zeiten sogar wohler als in eurer Jetzt-Zeit.

Dann erscheinen uns die Kulturen also nur unterschiedlich?

In gewisser Weise ja. Alle Erscheinungen der Schöpfung sind Spiel-Arten des einen Seins.

Warum ist unsere neue Energie dann so besonders? Welche Lernziele gibt sie uns auf?

Alle Erscheinungen der Schöpfung sind Spiel-Arten des einen Seins. Manche Spielarten treten selten ins große Feld des bewussten Seins. Andere erscheinen öfter darin. Immer wieder erschafft die unendliche, göttliche Kreativität auch eine neue Spiel-Art. Manche könnt ihr nur sehr selten erfahren. Eure neue Energie gehört zu den extrem seltenen Spielarten. Sie ist ein kostbares, sehr seltenes Geschenk. Und hier sind die Lernschritte, die ihr mit ihrer Hilfe tun könnt:

- Ihr erkennt euch in eurer tiefsten Wirklichkeit. Ihr erkennt euer ICH BIN. Ihr werdet kosmopolitisch erwachsen.

- Als Folge hieraus erlöst ihr eure Opferrollen. Ihr erkennt die Einheit von Opfer und Täter und übernehmt Verantwortung auf allen Ebenen eures Seins.

- Ihr beendet euren Hang zur Energieverschwendung. Ihr löst euch von euren Erwartungshaltungen an andere und beendet eure Klagen über das eigene Schicksal.

- Ihr beendet Missbrauch und Verschwendung und lernt den klugen Umgang mit den euch zur Verfügung stehenden Ressourcen.

- Ihr akzeptiert nur noch eine überzeugende, von innen kommende Autorität. Autoritäres, unterdrückendes Verhalten findet keinen Platz mehr unter euch.

Bald schon werdet ihr eure telepathische Vernetzung immer bewusster erkennen und nutzen. Als Folge davon könnt ihr eure Gedanken und Handlungsimpulse nicht mehr voreinander verstecken. Die Wahrheit eures Seins kommt ans Licht, liebe Geschwister! Bitte stellt euch einen Moment lang vor, was sich alles dadurch verändern wird.

- Ihr fühlt euch gestärkt und selbstbewusst, weil ihr eure wahren Kräfte und Möglichkeiten erkennt.

- Ihr achtet euch untereinander, weil ihr auch eure Geschwister in ihrer inneren Wirklichkeit erkennt.

- In eurer neuen, wachsenden Bewusstheit entdeckt ihr jeden Manipulationsversuch sofort. Niemand kann euch mehr unterdrücken.

- Konkurrenz und Übervorteilung haben ein Ende. Ihr erkennt die Pläne und Absichten eurer Menschengeschwister. Niemand hat einen Vorteil davon, Geheimnisse bei sich zu behüten.

- Ihr überwindet euren Irrtum der Trennung. Kummer, Einsamkeit und Verzweiflung sind beendet. Ihr genießt es, euch geborgen und geschützt zu wissen.

- Krieg und Gewalttaten ergeben keinen Sinn mehr und verschwinden von selbst aus eurem Leben. Niemand kann mehr unbeobachtet einen Angriff planen. Diese Situation erschafft ein neues Gleichgewicht unter euch.

- Durch eure telepathische Vernetzung nehmt ihr auf neue Weise Anteil am Schicksal eurer Menschengeschwister. Es wird euer freiwilliges, selbstverständliches Anliegen sein, Leid, Hunger und Ungerechtigkeit auf eurem Planeten zu beenden.

Dieses sind die Voraussetzungen für euer lebendiges Paradies. Was vielen von euch heute noch als Utopie erscheint, wird durch eure wachsende telepathische Verbindung nun bald Wirklichkeit sein. Die meisten Veränderungen werden sogar sehr sanft und »wie von selbst« geschehen. So wie eine Raupe ihre haarige Hülle abwirft, um sich als Schmetterling in die Lüfte zu erheben, werdet ihr eure Verpuppung beenden. Dieser Prozess hat bereits begonnen. Nichts gibt es, was ihn noch aufhalten könnte!

Das klingt sehr ermutigend. Danke!

Seid mutig und voller Zuversicht, liebe Geschwister. In dieser Haltung beschleunigt ihr die ersehnten Veränderungen in eurem Leben.

Hier ist eine weitere Frage. Können wir jemals frei werden von Schuld, Sünde und Einengungen? Erschaffen wir nicht in jedem Augenblick unseres Seins neue Schuld?

Unsere Antwort auf die vorhergehende Frage hilft euch auch beim Verständnis dieses Themas. Erkennt, wer ihr wirklich seid! Erkennt eure tatsächliche Natur. Erkennt die riesigen Möglichkeiten, die in euch auf Entdeckung warten. Was ihr Sünde nennt, entspringt dem Irrtum und der Illusion eurer dreidimensionalen Verstrickung. Indem ihr eure wahre Natur erkennt, werdet ihr frei sein und dem Leben auf angemessene Weise dienen. Erkennt euer ICH BIN.

Hat es eigentlich einen besonderen Grund, dass ihr diesen Satz so oft wiederholt?

Aber sicher! Der Klang des ICH BIN ruft eure gesamten Erinnerungsmuster in die Aufmerksamkeit. Jede einzelne eurer Zellen kennt euer ICH BIN. Innerlich wisst ihr ganz genau, wer ihr seid. Jede eurer Zellen erfährt diesen Klang wie einen Weckruf. Im Moment eurer Erkenntnis dehnt ihr euer Bewusstsein aus. Dann findet die gesamte Schöpfung – eure tiefste, innerste Wahrheit – darin Platz. Dies ist der Schalter, mit dem ihr Licht in euer Sein bringt. Dieser Schalter bewegt den Prozess eurer Transformation.

Ihr werdet den Wert des Lebens auf neue Weise zu schätzen lernen, liebe Geschwister. Leben bedeutet Erschaffen. Das Lebendige erschafft die erfahrbare Schöpfung. Anschließend erfreut es sich an seinen Erfahrungen. Genießt die Früchte eures Erschaffens wie der Bauer, der seine Ernte genießt. Gebt dem Leben die Ehre, und erfreut euch an euren lebendigen Möglichkeiten!

In euch liegt große Macht. Erkennt eure Macht, und lebt mächtig zum Wohle des Ganzen. Überwindet die Illusion der Ohn-Macht. Beendet die Gewohnheit von Macht-Mißbrauch. Noch immer lebt ihr in einem kollektiven Feld der Angst vor Macht. Dieses sehr dichte, Leid tragende Feld entstand in den Zeiten eurer früheren Kulturen. Im Irrtum der Dualität setztet ihr Macht gegen Macht. Die daraus entstandenen Schrecken lassen euch noch heute zögern, eure wahre Macht zu erkennen und zu nutzen.

Nie wieder wird eure Macht zur großen Zerstörung führen. Die Bewusstseinserweiterung, die ihr jetzt durchlebt, lässt euch die Einheit allen Seins erkennen. In dieser Haltung nehmt eure Macht bewusst zu euch, und erschafft damit euer neues Leben.

Wird ge-Macht!

Ah, dir gefallen die Sprachspiele?

Schon immer!

Wie schön! Wenn ihr euren Spieltrieb pflegt, seid ihr in engstem Kontakt mit dem schöpferischen Geist der Quelle selbst. Spielt, ihr Lieben! Holt euch euren Anteil an der Kindheit zurück. Lebt – soweit möglich – wie die Kinder. Spielerisches Sein im Augenblick ist ein wertvolles Kraftfutter für die Entfaltung eures Glücks!

Eine inspirierende Einladung! Hier haben wir eine weitere Frage. Was leistet eigentlich unsere Merkaba? Wozu dient dieses Gefährt?

Eure Merkaba hat eine Reihe von Funktionen:

- Ihre spezielle, geometrische Form schirmt die Schwerkraft eures Planeten ab. Deshalb fühlt ihr euch bei den Übungen manchmal ein wenig schwindelig. Ihr erfahrt ähnliche Momente wie eure Astronauten im Weltraum.

- In einem Feld von geringerer Schwerkraft könnt ihr euer Bewusstsein erweitern. Schwerkraft und Bewusstsein bilden so etwas wie zwei unterschiedliche Richtungen einer Kraft.

- Eure Kommunikation mit dem Hyperraum wird erleichtert. Dieser Begriff ist für euch augenblicklich noch sehr schwer verständlich. Bisher habt ihr euer Gehirn nur darauf trainiert, in dreidimensionalen Mustern zu arbeiten. Der Hyperraum befindet sich aber in der Ebene multidimensionaler Verknüpfungen. Bald werdet ihr diese Zusammenhänge und ihre Konsequenzen genauer kennenlernen.

Das klingt ja spannend. Könnt ihr uns noch etwas über unsere »Reisemöglichkeiten« mit diesem Fahrzeug erzählen?

Gerne. Allerdings besitzt ihr mit eurer Merkaba noch wesentlich mehr Möglichkeiten, als ihr bisher verstehen könnt. Euer Lichtfahrzeug ist ein multidimensionales Tool. Interdimensionale Reisegelegenheiten sind seine Spezialität. Bisher kennt ihr ausschließlich Reisen in den Achsen von Raum und Zeit. Ihr begebt euch von A nach B. Dabei verstreicht eine gewisse Zeit.

Wie wäre es, wenn ihr in der Zeit reisen könntet, ohne den Raum zu verlassen? Wie wäre es, am selben Ort in eine andere Zeit zu gelangen? Eure Science-Fiction-Filme berichten euch von dieser Möglichkeit. Sie ist durchaus realistisch. Und wie immer finden die Dinge in eurem Bewusstsein statt. Mit eurem Lichtfahrzeug könnt ihr auch den Ort wechseln, ohne dass dabei Zeit verstreicht. Im Moment einer Absicht befindet ihr euch, wo immer ihr möchtet. Außerdem besitzt ihr die Möglichkeit, gleichzeitig an verschiedenen Orten zu verweilen.

Und was ist dann mit unserem Körper? Unterscheiden sich die Merkaba-Reisen überhaupt von einer Meditations-Reise?

Solange ihr körperlich noch in den Grenzen der Dreidimensionalität lebt, ruht euer Körper, während ihr euer Bewusstsein in anderen Zeit-Räumen ausdehnt. Nach eurer Transformation in die höheren Dimensionen werdet ihr mit eurem Körper reisen. Euer Körper wird in der Lage sein, sich sehr flexibel anzupassen. So könnt ihr die unterschiedlichsten Welten des Universums auch in eurer stofflichen Erscheinungsform bereisen.

Während eurer nächtlichen Träume besitzt ihr bereits ganz andere Freiheiten als während eures alltäglichen Lebens. Im Schlaf kennt ihr den Zustand außerhalb der Dreidimensionalität. Im Traum könnt ihr Ort oder Zeit blitzschnell wechseln. Ihr könnt auch euren Körper verändern. Ihr könnt fliegen, unter Wasser schwimmen, riesige Sprünge vollziehen. Ihr bewegt euch außerhalb der Schwerkraft, ohne euch darüber zu wundern. Euer Körper macht alle eure Bewegungen mit. Manchmal fühlt ihr sogar Freude und Lust dabei. Oder die Angst überfällt euch. Auf jeden Fall befindet ihr euch in vollem Bewusstsein jenseits von Raum und Zeit.

Wie kann das geschehen? Welche Macht überwindet die Gesetze von Raum und Zeit in euch? Ihr selbst seid es, liebe Geschwister! Während eurer Traumzeit befindet sich euer denkender Verstand »auf Urlaub«. Dadurch erlebt ihr die Grenzen von Raum und Zeit vorübergehend nicht in eurem Bewusstsein. So genießt ihr neue Frei-Räume. Die Freiräume der höheren Dimensionen! Wenn ihr mögt, betrachtet eure nächtlichen Träume wie eine Art Vorgeschmack auf kommende Zeiten. Ähnlich frei und glücklich werdet ihr leben – in Abhängigkeit von eurem bewussten Sein!

Und was ist mit den Albträumen? Ich habe keine Lust, alle meine Träume in Zukunft als tatsächliche Wirklichkeit zu erfahren ...

Mit der Erinnerung an eure Träume haben wir euch ein ungefähres Bild gegeben für das, was kommen wird. Wir gaben euch einen Vergleich. Und jeder Vergleich kann die Wirklichkeit nur eingeschränkt vermitteln. Eure tatsächliche Entwicklung wird jenseits der dreidimensionalen Welt bunter, vielschichtiger und wundervoller sein, als ihr es euch augenblicklich noch vorstellen könnt. Unter anderem werdet ihr freier sein als bisher – ähnlich frei wie in euren Träumen.

Das ist vielleicht ein gutes Stichwort. Woher kommen die Träume eigentlich? Reisen wir während unserer Schlafenszeit tatsächlich in anderen Welten herum? Und warum ist das manchmal angenehm und in anderen Nächten ein Horror? Was ist mit den hellsichtigen Träumen, in denen man von tatsächlichen Ereignissen erfährt?

Viele spannende Fragen. Und hier sind unsere Antworten. Während eurer nächtlichen Träume schickt ihr euren Verstand »auf Urlaub« – das sagten wir euch bereits. So erfährt euer Gehirn eine erweiterte Wahrnehmung. Die Gesetze von Raum und Zeit, die planetare Schwerkraft – diese und viele andere Einschränkungen erscheinen aufgelöst. Auf wunderbare Weise sind eure Sinne dennoch aktiv. Ihr erlebt Gerüche, Geräusche, Körperempfindungen. Auch eure körperlichen Funktionen sind aktiv. Ihr schüttet beispielsweise Hormone aus. Euer Herzschlag verändert sich. Ihr erlebt Schweißausbrüche.

Was kann eure Sinne und Körperzellen so stimulieren, dass sie genauso reagieren wie auf tatsächlich durchlebte Ereignisse? Eure Wissenschaftler würden vielleicht behaupten, dass diese Phänomene durch gespeicherte Erinnerungen in eurem Nervensystem entstehen. Aber was gibt dem Nervensystem den Impuls, ein eingespeichertes Muster frei zu setzen? Was motiviert eure Nervenzellen dazu, ganze Traumwelten zu erfinden, in denen ihr selbst eine Rolle spielt?

Die Antwort liegt in den multidimensionalen Räumen, mit denen ihr in Verbindung steht. Jede eurer Körperzellen besitzt einen Schlüssel zu den Türen dieser Welten. Diese Schlüssel liegen in der multidimensionalen Struktur eurer DNA verborgen, liebe Geschwister. Über eure DNA seid ihr an unvorstellbar viele Welten »angedockt«. Jede dieser Wirklichkeiten zeichnet sich durch eigene, energetische Frequenzmuster aus. Jede besitzt eine typische »Klangfärbung« mit vielen spezifischen Qualitäten. Die einzelnen Welten überschneiden und vermischen sich miteinander. Ihre energetischen Muster fließen ineinander über.

Solange euer Verstand sich nicht beurteilend in eure Wahrnehmung einmischt, bereitet es euch keinerlei Probleme, anders strukturierte Realitäten zur Kenntnis zu nehmen. In eurem Bewusstsein bewohnt ihr sie sogar. Dabei fühlt ihr euch großartig (zugegeben: solange ihr gerade eine angenehme Situation durchlebt ...). Jedes Meditationstraining leitet euch darin an, euren Verstand zurückzustellen und das Urteilen zu beenden. Bei guter Übung erreicht ihr in der Meditation ähnliche Zustände wie im Traum. Ihr durchwandert die energetischen Welten des Astralraumes. Ihr besucht die kollektiven Gedankenspeicher. Ihr durchdringt vielleicht die Dichtestufen der Gedanken und Gefühle und erfahrt die lichtvolle Leichtigkeit eurer göttlichen Seele.

Interessant. Das alles kann ich mir schon einigermaßen vorstellen. Aber wohin sind wir gereist, wenn wir ein kommendes Ereignis im Traum erleben? Befinden wir uns dann in der Zukunft?

Jenseits der dritten Dimension gibt es keine Unterteilung in Vergangenheit, Gegenwart und Zukunft. Hier existieren ausschließlich energetische Potenziale im Quantenraum der Jetzt-Zeit. In einem hellsichtigen Traum besucht ihr eines dieser Potenziale.

Wenn ich das richtig verstehe, gibt es in dem Moment keine Gewissheit darüber, ob dieses Potenzial jemals Wirklichkeit werden wird? Dann wäre es ja gar kein hellsichtiger Traum?

Stimmt. In Wirklichkeit definiert ihr hinterher, dass es sich um einen hellsichtigen Traum gehandelt haben muss. Erst wenn das Ereignis tatsächlich eingetreten ist, macht diese Bezeichnung Sinn.

Könnte man dann schreckliche Ereignisse verhindern, wenn man vorher im Traum von ihnen erfahren hat?

Prinzipiell ist das möglich. Bitte bedenkt aber, dass an der Realisation der meisten Ereignisse viele Menschen beteiligt sind. Vielleicht lohnt es sich auch, wenn ihr euch noch einmal den stufenweisen Ablauf von Manifestation ins Gedächtnis ruft:

- Zuerst ist da ein Gedanke. Vielleicht denken ihn sogar mehrere (viele) Menschen gleichzeitig. Viele Gedanken einer ähnlichen Qualität steigern sich gegenseitig in ihrer Kraft.

- Dieser Gedanke wird ins Universum gesandt und lädt sich dort mit magnetischer Schöpfungsenergie auf. Zu dieser Zeit ist er bereits in einem weniger dichten »Raum der Möglichkeiten« erfahrbar, beispielsweise in euren Träumen.

Seine Energie verändert auch die Muster eurer kollektiven Matrix, wie eure Wissenschaftler zeigen konnten. Manchmal gebt ihr ihm dadurch unbewusst noch mehr Kraft.

- Wenn der Gedanke genügend Schöpfungsenergie an sich gebunden hat, verdichtet er sich und erscheint im Raum der Wirklichkeit. Nun erfahrt ihr seine Realisation.

Ihr könntet also »rechtzeitig« in den weniger dichten Raum der Möglichkeiten eintauchen und das bevorstehende Ereignis dort auflösen. Manche Schamanen arbeiten so.

Dieser Schritt beinhaltet allerdings verschiedene Aspekte. Einen Gedanken, den du allein erschaffen hattest, kannst du auch selbst auflösen. Was aber geschieht mit den Gedanken, an deren Kreation noch andere Menschen beteiligt sind? Dürftest du dich über ihren freien Willen hinwegsetzen und in ihre Manifestationskette eingreifen? Die Antwort heißt natürlich nein. Der freie Wille des Menschen besitzt absolute Priorität und genießt immer Respekt. Außerdem kannst du ja gar nicht wissen, ob irgendein Mensch eben gerade durch die Manifestation seines problematischen Gedankens die wichtigste Erfahrung seines Lebens macht.

Für dich gibt es also nur eine Möglichkeit. Löse deinen eigenen Energieanteil an diesem Thema auf. Anschließend kannst du die göttliche Quelle um einen Gnadenstrahl bitten. Wenn es die Gesamtsituation gestattet, wird das Energiefeld dadurch vollständig bereinigt. So hilft zum Beispiel auch die Kraft der Gebete, die ihr an die Adresse der göttlichen Schöpferquelle richtet. Impulse, Gedanken und Wünsche, die über diese Station laufen, erfahren automatisch eine Filterung und Reinigung. In der Weisheit des Göttlichen werden der freie Wille des Menschen und seine notwendigen Entwicklungschancen berücksichtigt.

Danke für diese Ausführungen, liebe Sirianer. Wenn ich euch richtig verstehe, könnten wir viele destruktive und leidvolle Erfahrungen vermeiden, wenn wir unsere unbewussten Gedankenimpulse rechtzeitig im »Raum der Möglichkeiten« wieder auflösen würden. Warum machen wir nicht einfach täglich eine Meditation mit diesem Inhalt?

Das ist eine sehr gute Idee.

Und warum erleben wir manchmal glückselige Träume und zu anderen Zeiten richtigen Traumhorror?

Ja – warum durchwandert ihr immer noch die Welten der Dualität? Eure Wissenschaftler erklären die Träume mit der Notwendigkeit psychologischer Arbeit. Dieser Gedanke ist grundsätzlich richtig. Aber man könnte weiterfragen: Warum erschafft ihr in eurer Psyche überhaupt helle und dunkle Welten? Warum entscheidet ihr euch nicht bereits in euren Gefühlen und Gedanken für den Frieden, der eurer ursprünglichen Natur entspricht? Warum?

Die Antwort liegt in eurem Jahrtausende alten »Experiment Dualität«. Ihr wolltet euch von der Einheit der göttlichen Quelle und der euch selbst innewohnenden Natur entfernen, um die Besonderheiten der Trennung zu erfahren. Mit eurem Wollen erschafft ihr eure Erlebniswelt. So entstand ein riesiges, weit reichendes Experiment, das augenblicklich gerade sein Ende findet. Denn jetzt, liebe Geschwister, habt ihr neu gewählt.

Liebe Sirianer, hier ist noch eine recht technische Frage. Supraleiter sind definitionsgemäß Leiter, die den elektrischen Strom ohne Widerstand durchlassen. Dies gelingt normalerweise nur bei extremen Minustemperaturen. Auch unsere DNA scheint ein Supraleiter zu sein. Wieso kann sie diese Eigenschaft bei der menschlichen Körpertemperatur überhaupt besitzen?

Eine wirklich pfiffige Frage. Wenn eure Wissenschaftler die darin verborgenen Geheimnisse vollständig entschlüsselt haben werden, beginnt für euch alle eine neue Ära des Seins. Da diese neue Zeit jetzt aus Gründen eurer persönlichen Reife noch nicht zur Verfügung steht, können wir euch fürs Erste nur ein paar kleine Hinweise geben. Alles Übrige werden eure Wissenschaftler entdecken dürfen, wenn ihr genügend Verantwortung entwickelt habt, um gut damit umzugehen.

Der Schlüssel zur Antwort auf diese Frage liegt im Licht. Genauer genommen in den Eigenschaften der Lichtquanten. Im Zusammenhang mit eurer DNA sprecht ihr auch von Biophotonen. Welche Eigenschaften besitzen diese Lichtquanten? Sie bestehen gleichzeitig aus Energie und Materie. Sie besitzen die Eigenschaften von Energie und Materie. Eure DNA bildet eine Komposition aus verdichteten Lichtquanten. Sie ordnen sich nach Mustern der Heiligen Geometrie in jeder eurer Zellen an. Durch ihre spezifische Anordnung dienen sie euch als Antenne und Sender gleichzeitig. Über sie steht ihr in Verbindung mit Allem was ist.

Ein Supraleiter bietet dem elektrischen Strom keinen Widerstand. Woraus besteht ein technischer Supraleiter? Auf jeden Fall wird er aus wesentlich dichterem Material hergestellt als eure DNA. Die Photonen seiner Feinstruktur nehmen wesentlich weniger Raum ein. Sie sind auch nicht nach den Mustern der Heiligen Geometrie angeordnet. Was geschieht, wenn man die Temperatur reduziert? Die Materie-Moleküle verdichten sich; ihre Beweglichkeit ist reduziert. Was geschieht, wenn man die Temperatur erhöht? Die Moleküldichte wird geringer. Die Beweglichkeit steigt.

Genügt euch dieser Hinweis? Vielleicht mögen einige von euch ihre Schlüsse daraus ziehen? Wir wünschen euch viel Spaß bei der Entdeckung eurer wahren Natur. Genießt die Wunder eurer eigenen Schöpfung, ihr Lieben!

Na ja, so recht viel schlauer komme ich mir jetzt nicht vor. Immerhin habe ich ein ungefähres Bild in mir, dass sich langsam zu etwas Grundsätzlichem formt ...

Dies ist der Anfang aller Erkenntnis. Es ist auch der Anfang aller Schöpfung. Wir gratulieren dir zu deinem Samenkorn. Behüte es gut, und es wird wachsen.

Das werde ich tun. Liebe Sirianer, gestern wies mich eine Freundin darauf hin, dass die Tradition des Channelns zurzeit im Kritikfeuer der Öffentlichkeit steht.

Solche Wellen kommen und gehen.

Stimmt. Aber diesmal scheint die Kritik auch besonders in eure Richtung zu zielen. Einige der Vorhersagen früherer Sirius-Channel sind nicht eingetroffen. Nun heißt es von manchen, dass sie mit den dunklen Mächten in Verbindung stünden ...

Möchtest du dazu wirklich eine Frage stellen? Ist das dein Ernst?

Na ja ... viele Menschen beschäftigt dieses Thema ...

Dann laden wir euch jetzt zu einer umfangreichen Erinnerungsreise ein, liebe Geschwister. Bitte bedenkt noch einmal, was wir zum Thema »dunkle Mächte« schon so oft besprochen haben. Die Unterscheidung in hell und dunkel findet ausschließlich in eurem Bewusstsein statt.

Das mag ja sein. Aber gleichzeitig gibt es doch destruktive Kräfte, von denen wir uns lieber distanzieren möchten ...

Je mehr ihr das versucht, umso mehr werdet ihr euch verstricken. Ihr verstrickt euch in den vielen unterschiedlichen Kräftepotenzialen der Schöpfung und damit auch in euch selbst.

Sollen wir denn lieber Freundschaft schließen mit den gewaltsamen, machtvollen Anteilen der Schöpfung?

Das ist eine gute Idee! Auch die von euch so bezeichneten dunklen Seiten der Schöpfung erfüllen eine wichtige Mission. Sie inspirieren das Licht. Auf dem dunklen Hintergrund werden die Formen des Lichtes erst sichtbar!

Und wie überleben wir so ein Bündnis? Wie können wir uns schützen?

Liebste Freundin, aus deinen Worten sprechen die Gedankenmuster der Dualität. Erinnerst du dich noch daran, wo alle Auseinandersetzungen zwischen hell und dunkel tatsächlich stattfinden?

Na vermutlich wieder mal in uns selbst?

Sicher. Wo sonst? Alles Erfahrbare entfaltet sich in den Räumen deines bewussten Seins! Euer goldenes Zeitalter beginnt, wenn ihr Licht und Schatten in einem permanenten Austausch im Gleichgewicht halten könnt. Ihr seid es, die die Waage in Balance halten, ihr Lieben. Diese Aufgabe habt ihr euch erwählt.

Und was mache ich dann, wenn mir ein gewaltsames Wesen direkt gegenübersteht? Löse ich es in meinem Bewusstsein auf?

Auch wenn du das jetzt ironisch meinst – diese Möglichkeit gibt es. Dabei wird das gewaltsame Wesen nicht aufgelöst. So ein Schritt würde ja nur neue Gewalt erschaffen. Stattdessen erlöst die reine Kraft göttlicher Liebe sein Gewaltpotenzial. Ist dir schon einmal ein großer Meister begegnet, in dessen Gegenwart »alle wilden Tiere freundlich wurden“?

Na ja, nicht so direkt. Aber ich durfte einige sehr weise Menschen kennenlernen, in deren Gegenwart ich in mir nur noch reinstes Liebeslicht spüren konnte. Die »wilden« Impulse in mir lösten sich in ihrer Gegenwart auf.

Na, siehst du – vielleicht geht es den »wilden Tieren« in solchen Momenten ähnlich? Das reine Licht der Göttlichkeit überstrahlt alles. Wie könnte ein Schatten der Dunkelheit existieren, wenn das Licht seine volle Kraft entfaltet? Jede Dunkelheit verschwindet sofort in der Begegnung mit dem Licht.

Dann zeigt die Existenz dunkler Kräfte wieder einmal, dass wir noch dunkle Stellen in uns haben?

Wo sonst könnten die dunklen Kräfte sich denn versammeln, wenn nicht an euren eigenen dunklen Stellen?

Was ihr da sagt, macht schon Sinn. Das Ergebnis eurer Überlegungen lässt sich dann wohl wieder in einem altbekannten Satz zusammenfassen: Finde den Weg deiner Erleuchtung. Entdecke und entfalte das göttliche Licht in dir vollständig.

Genau. Erkenne dein ICH BIN.

Aha – deshalb legt ihr also soviel Wert auf diese Selbst-Erkenntnis?

Selbst-Erkenntnis ist der Schlüssel zu eurem Paradies. Und schließlich sehnt ihr euch doch alle nach eurem paradiesischen Leben, oder?

Das stimmt. Nun haben wir uns aber ein ganzes Stück entfernt von unserem Ausgangsthema.

Kann man das? Kann man sich überhaupt von irgendetwas oder irgendwo entfernen?

Ihr sprecht wahrscheinlich wieder mal aus dem Quantenraum, in dem alles am selben Ort und zur selben Zeit geschieht. Dann kann man sich natürlich von nichts entfernen. Man kann auch nichts erreichen ...

Stimmt. Das ist das Muster unseres Seins. Wir wissen natürlich gleichzeitig, dass ihr noch den »Behinderungen« (aus unserer Sicht sind sie das!) der dritten Dimension unterliegt. Wir gestehen, dass wir uns euren Zustand nur theoretisch vorstellen können ...

Könnt ihr nicht, oder wollt ihr nicht?

Genau genommen wollen wir nicht; da stimmen wir dir zu. Wir haben anders gewählt. Und unsere Wahl liegt in Übereinstimmung mit unseren Aufgaben und Anliegen. Bisher hattet ihr andere Aufgaben als wir. Deshalb erschuft ihr euch einen anderen Lebensplan mit anderen Attributen. Ihr könnt euch ausdehnen, um unsere Wirklichkeit zu erfahren. Wir müssten uns einschränken, um in die eure einzutauchen.

Ich möchte noch einmal die Kritikkampagne gegen euch aufgreifen. Warum sind die Vorhersagen früherer Channel nicht eingetreten?

Das hatten wir schon einmal: Sie sind noch nicht eingetreten. Manches – vielleicht nicht alles – davon wird sich so ereignen. Ob es sich ereignet, hängt sehr eng mit euren eigenen Visionen und Glaubensmustern zusammen. Ihr selbst gestaltet die Dinge in eurem Bewusstsein, die schließlich in die Erscheinung treten.

Da kommt mir ein merkwürdiger Gedanke. Welchen Stellenwert hat denn eigentlich ein Channel oder ein hellsichtiger Prophet? Wir übermitteln eine Botschaft. Manchmal enthält diese Botschaft auch Vorraussagen. Die Menschheit erschafft aus diesen Vorraussagen dann etwas Eigenes. Könnte es sein, dass sie nicht eintreffen, weil ein großer Teil der Menschheit sie nicht haben wollte?

Das ist möglich. Alles geschieht in Wechselwirkung mit der Ausrichtung eures Bewusstseins.

Kann es auch sein, dass eine Schreckensnachricht nur deshalb eintrifft, weil die meisten Menschen daran glauben und sich davor fürchten?

Natürlich gibt es das. Angst wirkt wie ein sehr starker Magnet, der die Schöpfungskräfte des Universums an sich zieht.

Und was ist mit unseren unbewussten Impulsen?

Auch sie haben die Kraft, Form anzunehmen. Allerdings wirken sie weniger spezifisch und zielgerichtet.

Wenn das so ist, liegt ja eine große Verantwortung auf den medial Begabten ...

Das stimmt. Aber diese Verantwortung ist meist nicht wesentlich größer als die der anderen Menschen. Ihr alle setzt mit euren Gedanken, Wünschen und Handlungen pausenlos Schöpfungsimpulse in die Welt. Da die meisten von euch dies sehr unbewusst tun, durchlebt ihr gewisse Turbulenzen …

Je öffentlicher ein Mensch auftritt, desto mehr Reichweite erhält er. Deshalb tragen Persönlichkeiten der Öffentlichkeit in der Regel mehr Verantwortung als andere. Es lohnt sich sehr, wenn diese Menschen sich ihrer Situation bewusst sind und entsprechend sorgsam damit umgehen. Dies ist auch der Grund dafür, dass alle bedeutsamen Medien ihre persönliche Art von spiritueller Schulung durchlaufen. Die Vorbereitung für diese Arbeit dauert oft viele Leben lang.

Ihr sagt doch aber auch, dass jeder Mensch Channelings geben kann? Was geschieht dann mit denen, die noch nicht oder wenig geschult wurden?

Sie erschaffen einfach andere Konsequenzen als ihre geschulten Geschwister. Ihr alle tragt die Folgen eurer Entscheidung und eures Handelns. Ein ungeschulter Mensch erschafft andere Folgen als ein bewusst geschulter. Bitte versteht, dass hierin keine Wertung oder Beurteilung liegt. Wir sprechen ausschließlich über Tatsachen.

Bringt ein geschultes Medium dann mehr stimmige Botschaften als ein ungeschultes?

Grundsätzlich ist das so. Ein geschultes Medium besitzt die Bewusstheit über die vielen unterschiedlichen Aspekte des Geschehens. Allerdings kann die Schulung vor langer Zeit oder auf für euch unsichtbare Weise erfolgt sein. Manche Menschen »erwachen« scheinbar zu einem bestimmten Moment und sind dann »erleuchtet«. Dies bedeutet, dass sie in irgendeiner anderen, nicht offensichtlichen Weise ihre Schulungen durchlaufen haben.

Woran erkenne ich dann die Glaubwürdigkeit eines Channels?

Das weißt du schon längst ...

In meinem Herzen?

Sicher. Schon sehr oft sprachen wir über die Stimme des Herzens und euer tiefes Gefühl von Wahrhaftigkeit. Hier liegt eure Chance zu erkennen! Dies ist euer »Augenblick der Wahrheit«!

Wenn das so ist, kann ich die Qualität eines Channels ja gar nicht daran erkennen, ob die vorausgesagten Dinge eintreten.

Stimmt. Deshalb hat die zurzeit stattfindende Kritikwelle auch ganz andere Hintergründe. Hierbei geht es keinen Augenblick lang um die Wahrheitsfindung.

Und worum geht es dann stattdessen?

Was glaubst du denn?

Gibt es politische oder gesellschaftliche Hintergründe?

Die gibt es natürlich immer. Auf einer übergeordneten Ebene hat das Geschehen aber vor allem mit eurer schrittweisen Annäherung an die neue Energie zu tun. Seit mehr als zwanzig Jahren seid ihr nun mit diesen hoch frequenten Liebeswellen konfrontiert. Anfangs bestand ein riesiger Unterschied zwischen eurer eigenen Schwingung und der der neuen Energie. Sehr behutsam begannt ihr dann damit, diese wundervollen neuen Frequenzen in euer System einzubauen. Das alles hätte niemals in einem Schritt geschehen können. Eine so große Veränderung hätte euch vollständig überfordert; manche von euch sogar zerstört.

So arbeitet die neue Energie wie das Meer, wenn es auf einen harten Felsen trifft. Es nähert sich an, zieht sich zurück, nähert sich an, umspielt und umspült die festen Strukturen des Steines … löst und erlöst ihn sanft, bis er zu rieselndem Sand geworden ist.

Wenn ihr mögt, beobachtet einmal die Entwicklungen eurer Geschichte unter diesem Blickwinkel. Da gab es Zeiten des Aufbruchs – Ende der sechziger und die gesamten siebziger Jahre zum Beispiel – und Zeiten der erneuten Verhärtung – in den neunziger Jahren etwa. Über viele Jahre hinweg erlebten die medial Begabten unter euch große Nachfrage und rasche Ausbreitung. Dazwischen gab und gibt es immer wieder eine Welle der Stagnation und Hinterfragung. Schließlich sollen die neuen Bewegungsmuster ja euch alle berühren und ergreifen. Schließlich möchtet ihr alle diese so besondere, wundervolle Zeit für eure Entwicklung nutzen.

Ihr alle möchtet Gehör finden. Die vielen Zweifler, Kritiker und Neinsager unter euch und in euch (!) erobern sich ihren Platz im Orchester eurer Gemeinschaft. Indem sie sich Gehör verschaffen, treten sie ins Licht. So erhält das Licht der neuen Energie Gelegenheit, euch alle zu durchströmen. Nur so kann es sich wirklich in allen Ecken und Winkeln eures Lebens ausbreiten.

Es gibt also eine erneute Welle der Kritik gegen die »Esoterik«, weil immer mehr von euch sich dieser Richtung ernsthaft annähern. Alle neu hinzugekommenen Interessenten bringen ihre alten Muster des Zweifels und der Ablehnung nun ins Spiel. Ihr gemeinsames Ziel ist es, sich zu erneuern und zu entfalten. So seid ihr mit scheinbaren Rückschritten konfrontiert. Während ihr wieder und wieder hinterfragt, was euch begegnet, stärkt ihr euer Urteilsvermögen. Ihr übt euch darin, die tieferen Qualitäten eures Seins zu erkennen und zu Rate zu ziehen. Ihr lernt die Konsequenzen eurer Handlungen und Urteile kennen.

Während die neue Energie sich euch annähert und wieder entzieht, erweckt sie die Sehnsucht in euch, immer mehr mit ihr in Kontakt zu sein. Vielleicht mögt ihr einen Moment lang mit uns betrachten, wie es ohne diese kluge Bewegung vonstatten gehen würde? Stellt euch vor, ihr wäret Kraft einer göttlichen Intervention hoch gehoben und in die paradiesischen Bedingungen der höheren Dimensionen gebracht worden. Was wäre geschehen? Selbstverständlich hättet ihr alle eure vertrauten Muster und Gewohnheiten mitgebracht. Ganz ohne zu überlegen hättet ihr weiterhin geurteilt, gestritten und manipuliert. Ganz ohne Selbst-Erkenntnis hättet ihr euer neues Paradies in Kürze in die euch bekannte Welt der Dualität zurückverwandelt.

Genau das soll dieses Mal nicht geschehen, liebe Geschwister. Dies ist eure Chance für eine grundlegend neue Entwicklung. Die schöpferische Quelle beschenkt euch mit unendlicher Güte und großem Reichtum. Durch ihre Wellenbewegungen gibt sie euch die Gelegenheit, euch Schritt für Schritt und durch und durch in neue Ebenen hinein zu entfalten. Alles in euch und um euch herum wird gereinigt. Ein großer, großartiger Frühjahrsputz fegt durch euer Leben und durch eure Welt. Ihr möchtet kritisch verurteilen, was euch gegeben wurde? Vielleicht macht ihr schon morgen eine neue Erfahrung, die euch selbst eines Besseren belehrt! So arbeitet die neue Energie, die ihr herbeigerufen habt, in euch!

Ich kann gut verstehen, was ihr da sagt. Ich hoffe allerdings, dass die neue Energie wieder eine Hinbewegung macht, wenn die Bücher mit euren Gesprächen erscheinen. Es wäre ja wirklich schade, wenn sie einer übergeordneten Kritik zum Opfer fielen ...

Na, was glaubst du wohl, warum sich die Veröffentlichung so lange hingezogen hat? In allen Dingen wohnt eine bewundernswürdige, kosmische Ordnung!

Das ist ja wirklich interessant! Ich war einige Male enttäuscht und frustriert, als der Veröffentlichungszeitpunkt immer wieder verschoben wurde.

Es ist so, wie wir euch schon oft sagten: Das Universum lebt seinen eigenen Rhythmus, der in sich auf wundervolle Weise geordnet ist. Immer, wenn euch etwas zu langsam, zu chaotisch oder falsch erscheint, urteilt ihr aus dem verengten Blickwinkel eurer dreidimensionalen Welt. Übt euch in eurem erweiterten Blickwinkel, liebe Geschwister! Ihr werdet die Weisheit und Ordnung aller Erscheinungen erkennen und euer Leben in größerer Freiheit genießen können!

Stimmt. Ich habe schon sehr viel Energie, Gedanken und Gefühle verschwendet, weil ich zu ungeduldig oder eigensinnig war. Ich werde meine Zuversicht stärken.

Jetzt haben wir noch eine andere Frage. Neulich hörte ich in einem Vortrag über den Meister Saint Germain, dass das Schmelzen der Erdpole notwendig sei. Könnt ihr uns darüber etwas erzählen? Ich fand den Gedanken ehrlich gesagt etwas erschreckend und auch verwirrend …

Unter dem Eis eurer augenblicklichen Erdpole verbergen sich kostbare Geheimnisse, die ihr in den nächsten dreihundert Jahren entdecken werdet. Ein sehr besonderes Land findet sich unter dem Eis. Jungfräulich verborgen und aufgehoben für eine besondere Zeit, die jetzt gerade anbricht. Bald werdet ihr hier auch die Zugänge zu den innerirdischen Höhlen entdecken. Eine besondere Zeit der Überraschungen wartet auf euch.

Die magnetischen Pole eurer Erde verschieben sich bereits seit einigen Jahrzehnten sehr behutsam. Verschiedene Naturereignisse, wie die große Tsunamiwelle in 2004, beschleunigten diesen Prozess. Es wird auch noch einige weitere Umwälzungen geben, die die notwendigen Veränderungen unterstützen. Bitte seid bei dieser Aussicht unbesorgt, liebe Geschwister. Alles wird mit größter Achtsamkeit eingeleitet. Euer Planet arbeitet zu eurem Wohl und Schutz, soweit es ihm möglich ist. Ihr selber könnt diesen Prozess unterstützen, indem ihr euren Lebensraum weise und konsequent behütet.

Was wird denn aus den vielen Konsequenzen, die eine Polschmelze mit sich bringt? Es heißt, dass der Golfstrom abkühlen könnte. Alles Leben entlang seines Verlaufs wäre dann großen Herausforderungen ausgesetzt. Und was wird aus unseren Trinkwasserreserven? Müssen wir dann lernen, Salzwasser in Süßwasser zu verwandeln?

Die Zeit wird kommen, wo ihr diese Technik benötigt. Sie wird euch auch zeitgerecht zur Verfügung gestellt sein. Weltweit werden mehrere Wissenschaftler gleichzeitig daran arbeiten. So könnt ihr Konkurrenz und gegenseitige Übervorteilung vermeiden. Der Bedarf für eine entsprechende Technologie wird aber nicht durch das Schmelzen der Pole entstehen. Ihr werdet sowieso in absehbarer Zeit neue Trinkwasserressourcen erschaffen müssen, um alle auf der Erde entstehenden Bedürfnisse zufriedenzustellen. Bitte bedenkt, dass euer zukünftiges Leben hier von Fülle geprägt sein wird. Eure Grundbedürfnisse werden fraglos gedeckt sein. Und das gilt für jeden einzelnen Menschen, der diesen Planeten bewohnt.

Wir kennen die umfangreichen und unterschiedlichen Spekulationen, die eure Wissenschaftler seit Jahrzehnten über die Entwicklung eures Planeten anstellen. Hierzu sagen wir euch Folgendes: Bisher existiert keine einzige Vorhersage, die der

Komplexität des augenblicklichen Geschehens Rechnung tragen würde. Selbst der differenzierteste Forschungsansatz berücksichtigt nur einen winzigen Ausschnitt der zahlreichen Schöpfungsmuster, die hier wie ein höchst kompliziertes Räderwerk ineinandergreifen.

Bitte lasst euch nicht beunruhigen von diesen ohnehin so reduzierten Gedankengebäuden. Seid voller Zuversicht, und vertraut den Wundern der Schöpfung. Die göttliche Quelle liebt euch! Nie würde sie euch verderben lassen. Selbstverständlich ist es eure Pflicht, die augenblicklichen Missstände auf eurer Erde zu beheben. Natürlich habt ihr noch sehr viel zu verändern und anzupassen, damit euer Lebensraum wirklich gut behütet ist. Eure gesamte Schöpfung verdient eure Liebe und euren Respekt. Wiederum spielt die Bewusstwerdung eines jeden und einer jeden von euch eine unverzichtbare, große Rolle in diesem Geschehen. Das Ergebnis aber wird euch allen Freude bereiten.

Liebe Sirianer, wir wissen ja, dass ihr immer in sehr großen Zeiträumen denkt. Könnt ihr uns sagen, wann dieser Prozess wirklich abgeschlossen wird?

Eurer Erdenrechnung zufolge werden etwa 300 Jahre vergehen, bis ihr überall auf dem Planeten in vollständig neuen, paradiesischen Bedingungen lebt. Innerhalb der nächsten fünfzig Jahre werden sämtliche Weichen für diese Entwicklung gestellt sein. Ihr erfahrt jetzt gerade die Morgenröte eines völlig neuen Erdentages. Und dies wird der erste von vielen wundervollen Festtagen sein.

Bitte bedenkt bei diesen Zeiträumen auch Folgendes: Euer qualitatives Zeitgefühl hat sich in den vergangenen Jahren bereits mehrfach sehr verändert. Oft schon haben wir darüber gesprochen. Dieser Prozess wird weiter fortschreiten. Bald schon werden viele von euch in ihrem multidimensional erweiterten Bewusstsein leben. Ihr werdet den Augenblick genießen und euch in einem sehr grundsätzlichen Sinne »Zeit-los« fühlen.

Euer tägliches Leben wird dadurch vollständig verändert sein. Voller Hingabe werdet ihr euch euren Aufgaben widmen. Voller Lebensfreude werdet ihr euer Dasein genießen. Zukünftige Entwicklungen werden euch nur wenig beschäftigen. Eure Zukunft entfaltet sich dann sehr natürlich aus sich heraus, während ihr selbst in der Gegenwart ruht. So wird es euch nicht sonderlich interessieren, wann der Prozess der Transformation letztendlich seine Erfüllung findet. Ihr werdet ihn ganz einfach erleben!

Das klingt gut und irgendwie auch sehr stimmig. Mir persönlich hat es noch nie gefallen, auf irgendwelche Ereignisse zu warten. Auf dem Wege von der Vision zur Wirklichkeit bin ich zwar manchmal sehr ungeduldig. Aber am Besten fühle ich mich, wenn ich das Hier und Jetzt ganz auskoste. Vielleicht mögt ihr uns jetzt noch einmal zusammenfassen, was wir im Moment am meisten beachten sollten?

Ihr wünscht euch eine »Tugendliste« auf dem Weg zu eurer Transformation? Hier ist sie:

- Entdeckt die Fülle eurer Potenziale und lernt, sie zu nutzen! Ihr alle ähnelt einem Computer, der mit wundervoller, reichhaltiger Software ausgestattet wurde. Nur ein oder zwei Programme davon nutzt ihr zurzeit wirklich. Nehmt euren Reichtum in Anspruch, liebe Geschwister!

- Erinnert euch so oft wie möglich daran, dass eure aktuelle Wahrnehmung euch immer nur einen winzig kleinen Ausschnitt der komplexen Lebenszusammenhänge bietet. Zieht keine voreiligen Schlüsse aus euren Beobachtungen!

- Öffnet den engen Speicher eures Denkens! Haltet jeden Augenblick Alles (!) für möglich. Dass ihr etwas noch nicht gesehen habt, bedeutet nicht, dass es nicht existieren würde!

- Löst euch von eingefahrenen, erstarrten Gewohnheitsmustern. Eure Grundüberzeugungen bilden die Summe aller eurer Erfahrungen. Diese bilden aber nur einen winzigen Ausschnitt von Allem was ist!

- Erkennt die Gifte, die euch daran hindern, eure eigene Frequenz zu leben. Verabschiedet euch von unpassender Nahrung, vergifteter Luft, Elektrosmog und weiteren Störquellen. Erkennt die störenden Überlagerungen eurer persönlichen Melodie.

- Pflegt, ehrt und befragt die Stimme eures Herzens in allen Dingen! Eure größte Weisheit wohnt hier – mitten in euch!

- Übt euch darin, die Schwingungen der Liebe zu genießen und auszuströmen. Löst euch von euren Angstmustern und erschafft stattdessen ein Feld der Liebe, dass ihr mit allen teilen könnt, die sich dies wünschen.

Vielen Dank, liebe Sirianer! Habt ihr auch noch ein paar Hinweise, wie wir das häufig zitierte ICH BIN erkennen können? Wie erreichen wir ein sinnvolles Maß an Selbsterkenntnis?

Schau in dein Leben, und entdecke die für dich typische Melodie darin. Jede und jeder von euch hat eine sehr eigene Signatur. Jeder von euch erklingt auf ganz persönliche Weise. Welche Überschrift würdest du deinem Leben geben, wenn es eine Filmgeschichte wäre?

Welche Menschen begegnen dir? Welches ist ihr Lebensthema? Welches Lebensthema wiederholt sich in den Reihen deiner Freundinnen und Freunde? Welche Melodie prägt deinen Partner bzw. deine Partnerin? Ihr Lebensthema ist dem deinen ähnlich! Sie kommen in dein Leben – du lädst sie in dein Leben ein –, weil ihr etwas Ähnliches entdecken möchtet.

Hinter allen persönlichen Lebensthemen erklingt die immer gleiche Melodie der Schöpfung. In ihr erfüllt ihr alle euren besonderen Teil. Hieran habt ihr alle euren An-Teil. Hier ruht euer unverkleidetes ICH BIN.

Löst euch von den Lebensmodellen, die andere euch geben wollten. Überprüft und erkennt die Rollen, die euch seit eurer Kindheit nahe gelegt oder gezeigt wurden. Was sagten deine Eltern über dich? Welchen Beruf, welchen Lebensplan, welche Identität wollten sie in dir verwirklicht sehen? Passen diese Ideen zur Weisheit deines Herzens? Konnten deine Eltern (Lehrer, Geschwister, Verwandte, Freunde, Ehepartner ...) wirklich sehen, wer du bist? Oder wollten sie in dir ihre eigenen unerfüllten Träume Wirklichkeit werden lassen? Befragt euer Herz, und erkundet seine Weisheit in der Stille, liebe Geschwister!

Welche bisher noch unerfüllten Träume schlummern in dir? Welche Lebensziele gabst du auf, um anderen Plänen gerecht zu werden? Bitte erforsche die Sehnsucht deines Herzens. Wirklich wichtige Träume solltest du ins Leben bringen. Wo das nicht möglich erscheint, kannst du vielleicht einen kleinen Teil davon verwirklichen. Sei mutig, und setze alles ein. Es geht um dich. Um dein ICH BIN! Eure eigenen Muster erschaffen und in die lebendige Form bringen, anstatt überkommene Muster zu wiederholen – dies heißt eure Göttlichkeit zu entfalten!

Bekennt euch zu eurem Wissen – zu eurer wahren Größe – und erlöst die Angst, die in diesem Thema schlummert. Viele großartige Lichtarbeiter haben eine zu geringe Meinung von sich. Die Inquisition und viele andere unterdrückerische Machthaber ließen euch glauben, dass ihr schlecht (nicht richtig, böse, teuflisch ...) wäret. Irgendwann habt ihr dann die äußeren Behauptungen über euch nach innen genommen. Nun tut ihr euch selbst an, was euch einmal angetan wurde.

Mit diesem Schritt spaltet ihr eure persönliche Wahrnehmung von eurem Höheren Selbst ab. Diese unnatürliche Trennung darf nun ein Ende haben. Jetzt hat das Zeitalter der Synthese begonnen. Ihr dürft (und solltet!) zusammenfügen, was zusammengehört. Nehmt euer ganzes Sein in Anspruch! Erkennt – anerkennt – eure Großartigkeit. Denkt, fühlt und handelt aus der Vereinigung eures persönlichen mit eurem Höheren Selbst. Handelt aus der Fülle eures ICH BIN!

Viele von euch durchleben jetzt den Prozess ihrer vierten Einweihung. Während der ersten Einweihung entwickelt ihr Kontrolle über euren irdischen Körper. Ihr lernt, ihn zu lieben, zu behüten und auf angemessene Art zu steuern. Mit der zweiten Einweihung meistert ihr das Energiefeld eurer Gefühle. Ihr löst eure Verstrickungen und nehmt Abstand von polaren Auseinandersetzungen. In der Zeit eurer dritten Einweihung erschafft ihr diese Balance auch in den Mustern und Gewohnheiten eures Denkens. Ihr nehmt Abstand von Verurteilung und Einseitigkeit.

Eure vierte Einweihung geschieht als ein Prozess großer Reinigung und Auflösung. In einem zutiefst symbolischen Sinne gebt ihr euch dem Leben hin. Ihr akzeptiert die höheren Gesetze des Universums. Ihr lebt in der Haltung des »Dein Wille geschehe!«. Ihr erkennt die unendlich große Liebeskraft der schöpferischen Quelle in euch und seid bereit, ihr zu folgen.

Ganz ohne »Wenn und Aber«! Dies meinen viele spirituelle Schulen mit der »Zerstörung des Ego«, die sie ihren Schülern abverlangen.

In Wirklichkeit kann diese Einweihung aber als ein sehr sanfter Prozess erlebt werden. Nichts müsst ihr zerstören. Zerstörungsimpulse gehören sowieso der Dualität an. Tatsächlich werden die begrenzenden Impulse des Egos einfach uninteressant, wenn die Seligkeit göttlicher Fülle sich in euch entfaltet. Ganz freiwillig und wie von selbst wählt ihr den Weg der größeren Freuden.

Was also könntest du nun der Transformation übergeben? Welche für dich nicht mehr sinnvollen Konzepte möchtest du auflösen? Wie wäre es, wenn du all die Bilder und Visionen erlöst, die andere aus Unwissenheit in dir erschufen? Wie wäre es, wenn du allein aus der Quelle deines Herzens entscheidest, wer du bist und wer du sein willst? Wenn du dir dein Leben in allen seinen Aspekten bewusst neu erschaffst? Dieses sind die Schritte in eure Meisterschaft, liebe Geschwister. Dann lebt ihr wahrhaftig euer ICH BIN.

Eine schöne Vision. Danke! Eure Hinweise lassen sich bestimmt gut in die Tat umsetzen. Über Angst habt ihr schon öfter mit uns gesprochen. Immer wieder betont ihr, wie wichtig es ist, sie aufzulösen. Was macht das Gefühl der Angst so besonders?

Wo Angst lebt, ist die Liebe blockiert. Liebe aber ist die Kraft, die euch ins Leben ruft. Liebe ist die göttliche, magnetische Kraft, die Alles mit Allem verbindet. Sie ermöglicht es euch zu lernen, zu wachsen, euch selbst zu finden. Die Liebe bildet euer Lebenselixier. Und dies gilt sogar in einem sehr naturwissenschaftlichen Sinne. Liebe ist der magnetische Klebstoff, der wirkliche Lebendigkeit möglich macht.

Und nun stellt euch vor, dass diese Lebens-wichtige Essenz blockiert ist. Euer gesamtes Sein wird dadurch behindert. Erlöst eure Angst, damit die Liebe in euch fließen kann, liebe Geschwister! Nehmt jede Mühe auf euch, leistet jede Arbeit, zahlt jeden Preis (materiell wie auch immateriell), um angstfrei zu werden. Erkennt die Geborgenheit, die die gütige Schöpfung euch in jedem Augenblick anbietet.

Löst euch von den manipulativen Versuchen verschiedener Mächte, die euer Herz beunruhigen möchten. Löst euch von allen Angst erschaffenden Kräften in eurem Leben. Schafft der Liebe in euch Raum, und vertraut der göttlichen Natur eures ursprünglichen Seins! Je mehr Liebe ihr verinnerlicht und in eurem Leben verankert, umso mehr lebt und erfahrt ihr euer göttliches ICH BIN.

Vielen Dank, liebe Sternengeschwister! Hier ist eine weitere Frage: Könnt ihr uns etwas zur Bedeutung von Telepathie sagen? Wie war das früher in den alten Kulturen? Welche Bedeutung wird sie für uns in Zukunft haben?

Telepathie ist eine natürliche Verständigungsform. Die meisten Arten und Gattungen unterhalten sich auf diese Weise. Nur einige wenige haben Formen der äußeren, lautlichen Sprache entwickelt. Telepathie entsteht, indem ihr euch gemeinsam im Hyperraum der Kommunikation versammelt. Vielleicht mögt ihr euch darunter so etwas wie eure virtuellen Chatrooms vorstellen? Hyperenergie bewegt sich jenseits der Lichtgeschwindigkeit. Sie ist ein komplexes, multidimensionales Geschehen.

Der Hyperraum der Kommunikation bildet ein spezifisches, interdimensionales Energiefeld. Ihr alle könnt es betreten, wenn ihr möchtet. Ihr alle habt Teil daran. Eure größere Seele ruht ständig im Hyperraum. Wenn euer inkarnierter Teil mit ihr in gutem Austausch steht, gelingt euch die permanente telepathische Wahrnehmung. Um sie zu erlernen, braucht ihr euch nur ausgiebig und kontinuierlich mit eurer innersten Weisheit (eurer vergrößerten Seele) zu verbinden. Über eure bewusste Hinwendung öffnet ihr euch die Türen zum Hyperraum.

In diesem Raum befinden sich alle überhaupt nur denkbaren Informationen. Ihr wisst ja: Informationen versammeln sich auf Lichtquantenmustern. Licht speichert Information. Folglich finden sich im energetischen Hyperraum Unmengen von Lichtmustern, die euren Informationen als Speicher dienen.

Ihr könnt den Hyperraum in zweifacher Hinsicht nutzen. Ihr könnt dort Informationen ablegen (speichern), und ihr könnt Informationen aufrufen (runterladen). Ihr könnt senden und empfangen. Zwei Menschen, die sich in tiefer Liebe vertraut und verbunden sind, nutzen diesen Mechanismus ganz von selbst. Intuitiv betreten sie diesen Raum und kommunizieren darin. Ihre liebenden Seelen wohnen gemeinsam darin.

Während eurer menschlichen Entwicklung entfaltet ihr euch aus der Ebene des passiv-intuitiven Schöpfers in die Ebene des aktiv-bewussten Schöpfers. Dabei webt ihr einen Teppich aus den Mustern eurer Erfahrungen. So erschufen die Alten ihre Teppiche: Sie webten Muster um Muster ihrer Erfahrungen hinein und überlieferten dem Kollektiv damit ihre Schätze. Auch alle anderen Wesenheiten der Schöpfung leisten ihren Anteil an diesem Gewebe. Die Lichtquantenmuster des Hyperraums enthalten die Schätze eurer gesamten Geschichte.

Telepathie ist also eine sehr natürliche Form der Kommunikation, die euch allen zur Verfügung steht. Wer sie bewusst erlernen möchte, kann sich mit Hilfe eines spirituellen Lehrers bei der Verbindung mit seinem Höheren Selbst helfen lassen.

Natürlich könnt ihr diese Verbindung auch ganz selbstständig aufbauen. Übt euch in der Meditation, konzentriert (versammelt) euch in der Stille, und bittet eure göttliche Seele, sich euch zu offenbaren. Bittet darum, Anschluss an den Hyperraum der Kommunikation zu erhalten. Bittet um eure Vereinigung mit Allem was ist. Ganz von selbst werdet ihr bemerken, wie eure telepathischen Fähigkeiten wachsen.

Es gibt übrigens verschiedene Bereiche, in denen ihr fast alle schon längst telepathisch kommuniziert. Erinnert euch an eure intuitive Verbindung mit euren Babies und Kleinkindern. Erinnert euch an eure stille Kommunikation mit euren Haustieren. Nehmt bewusst wahr, wie viele wortlose Signale ihr als Liebende miteinander austauscht. Dies alles sind Formen der Telepathie, liebe Geschwister. Zweifelsohne wisst ihr, wie sie funktioniert.

Hier haben wir noch eine kleine Einstimmungsübung für euch. Ihr könnt sie als Teil eurer Meditationen erproben.

- Stellt euch vor, ein Stein zu sein. Nehmt wahr wie ein Stein. Sendet Botschaften aus wie ein Stein. Erfahrt euer Dasein als Stein.

- Stellt euch vor, eine Pflanze zu sein. Nehmt wahr wie eine Pflanze. Kommuniziert mit den anderen Schöpfungsformen als Pflanze. Fühlt euch wie eine Pflanze.

- Stellt euch vor, ein Tier zu sein. Erprobt euch in den Wahrnehmungsmustern verschiedener Tiergattungen. Nehmt wahr wie dieses Tier. Kommuniziert wie dieses Tier.

Beobachtet vielleicht bei eurem nächsten Spaziergang die Welt aus der Perspektive dieser Schöpfungsformen. Freut euch an der bunten Vielfalt der Erscheinungen. Und relativiert die Bedeutsamkeit eurer Worte wie auch eurer Sprache.

Vielleicht macht es euch auch Spaß, eure menschlichen Entwicklungsstufen in dieser Weise neu zu erleben? Nehmt noch einmal wahr mit den Sinnen eines Babies. Schaut auf die Welt aus den Augen eines jungen Kindes. Betrachtet euer Leben im Gefühlstaumel der Verliebtheit. Erfahrt die Elternschaft neu. Durchlebt in eurer Vorstellung die Stufen des erwachsenen Lebens. Nehmt wahr mit der Weisheit und Güte eines reifen, älteren Menschen. Das alles seid ihr, in jedem Augenblick!

Und hier haben wir noch einen kleinen Hinweis für euch, den ihr als »Krisen-Management« nutzen könnt. Betretet den Hyperraum der Kommunikation während der Zeit eurer stillen Einkehr. Bittet um Antwort auf die folgenden Fragen:

- Warum habe ich diese Situation erschaffen?
- Was sagt mir diese Situation über mich?
- Welches Lerngeschenk verbirgt sich in dieser Krise für mich?

Und nun wünschen wir euch viel Vergnügen bei eurer Entdeckung des Hyperraumes!

Vielen Dank! Wie heißt eigentlich die wichtigste aktuelle Prüfung der Menschheit?

Unsere Antwort auf diese Frage enthält lauter altbekannte Punkte:

- Erkenne dein ICH BIN!

- Verwandle Angst in Liebe!

- Verwandle das »Teile und Herrsche« in »Teile und Genieße!

Sehr schön. Besonders der letzte Punkt gefällt mir. Das bringt es buchstäblich auf den Punkt! Wenn wir gelernt haben, gerecht zu verteilen, werden wir ein großes Stück vorangekommen sein, oder?

Ganz gewiss.

Können (sollten) wir denn heute noch etwas aus dem Untergang von Atlantis lernen? Welchen Lernschritt hatten die Atlanter zu tun? Verfehlten sie ihn? Wie können wir eigene ähnliche Fehler vermeiden?

Wenn ihr euch dem Thema angstfrei und ohne Schuldkonzepte nähert, ist die Auseinandersetzung mit Atlantis noch immer eine lohnende Sache für euch. Noch immer leiden mehrere Universen (!) an den Folgen der damaligen Entwicklung. Ihr könnt euch das Ausmaß und die Tragweite dieser Zusammenhänge nur schwer vorstellen.

Jetzt besteht die Chance, die einstigen Muster der Zerstörung zu erlösen. Erlöst sie in euch, und als Folge davon werden Seufzer der Erleichterung durch die gesamte Schöpfung strömen. In unseren Gesprächen gaben wir euch immer wieder praktische Anregungen für diese Arbeit. Verbindet euch mit eurer innersten Quelle der Weisheit, und sie wird euch dazu inspirieren, die für euch passenden Schritte zu entdecken.

Atlantis ging unter, weil die eigentliche Funktion schöpferischer Macht von den Menschen nicht ausreichend erkannt wurde. Schöpferische Macht besteht aus reiner, göttlicher Energie. Sie bildet eine Art Werkzeug, mit dem ihr eure Welt erschaffen könnt. Die »Rohsubstanzen« aller Schöpfung bestehen aus Kraft (Energie) und Bewegung (Frequenzen).

Mit Hilfe dieser schöpferischen Macht nahmen die Atlanter beispielsweise Einfluss auf den Lauf der Planeten. Über Frequenzmodulationen der Himmelskörper beeinflussten sie die Erbsubstanz der irdischen Lebewesen. Viele von euch verloren damals auf diese Weise den Bezug zu ihren »übersinnlichen« Fähigkeiten. Absicht und Erwartung modulieren die Frequenz der Wirklichkeit. Nur euer bewusstes Sein schützt euch letztendlich davor, diese Kräfte manipulativ zu missbrauchen.

Das Wesen von Macht wurde damals geheim gehalten und nicht geteilt. Hierin lag der größte Schaden. Teilweise erlebt ihr das gerade jetzt wieder mitten unter euch. Die Weigerung, Macht, Wissen und Ressourcen fair untereinander aufzuteilen, bildet die Wurzel für Krieg und Gewalt. Auch die meisten eurer gegenwärtigen Herrscher sind Jongleure und Manipulateure der Macht-Energie.

Energie steht aber endlos zur Verfügung. So funktioniert das Universum, liebe Geschwister! So ordnet sich die gesamte Schöpfung. Das Göttliche existiert unbeschränkt. Grenzenlosigkeit ist seine Natur! Niemand kann dieses Gesetz auf Dauer übergehen, ohne einen harten Preis dafür zu zahlen. Geht diesem Gedanken nach, und entwickelt angemessene Konzepte für eine kluge Verwaltung der freien Energie.

Lernt den Umgang mit Energie. Dies ist zurzeit eine eurer wichtigsten Aufgaben. Sie spiegelt sich in allen Bereichen eures Lebens.

- Lernt den klugen Umgang mit eurer eigenen körperlichen Energie.

- Lernt den Umgang mit euren seelischen und mentalen Energien.

- Übt euch im Umgang mit euren spirituellen Kräften.

- Übt euch darin, die Energieressourcen dieses Planeten klug zu verwalten.

- Entwickelt faire und sinnvolle Konzepte für die Nutzung freier, universeller Energiepotenziale.

Wenn ihr diese Schritte gemeistert haben werdet, wird eure Belohnung großartig sein. Krankheit und Leid werden aus eurem Leben verschwinden. Krieg und Gewalt werden der Vergangenheit angehören. Ausreichende Versorgung und Schutz des Lebendigen werden allen Bewohnern eures Planeten zur Verfügung stehen. Gemeinsam werdet ihr ein Paradies genießen, das euch bei der Entfaltung eurer wirklichen schöpferischen Kräfte unterstützt.

Das klingt absolut plausibel. Es gibt ja schon Ansätze zur Nutzung der freien Energie. Werden die dazu notwendigen Geräte denn bald allen Menschen zur Verfügung stehen?

Sie werden für euch alle da sein. »Bald« ist ein relativer Begriff. Diese wichtigen Möglichkeiten werden in eure Welt kommen, wenn ihr dafür reif seid. Was bedeutet das? Gegenwärtig unterliegt ihr noch dem Irrtum von Trennung und Dualität. Als Folge davon berücksichtigt ihr nur selten das Wohl der gesamten Schöpfung. Die meisten von euch leben in Neid, Konkurrenz, Übervorteilung und Egoismus. Der größte Teil von euch lebt außerdem in bitterer Armut und ist zu schwach, um seinen Teil einzufordern.

Löst euch aus der Illusion der Trennung, liebe Geschwister. Erkennt, dass das Universum euch alle versorgt. Erkennt die Güte und den Überfluss der Schöpfung. Entscheidet euch in der Konsequenz für eine gerechte Verteilung eurer Ressourcen. Stellt sicher, dass jeder Mensch seine Grundbedürfnisse decken kann. Erlaubt euch allen die Entfaltung eurer göttlichen Potenziale. Dies ist euer Meisterstück als Gruppe. Diese Lernschritte kündigen eure Reifung an, wenn ihr sie erreicht haben werdet. Erst dann wird das Universum euch mit den befreienden neuen Technologien beschenken, die eure weitere Unabhängigkeit sicherstellen.

Was ihr da sagt, leuchtet mir ein. Bisher konnten sich die wertvollen neuen Technologien noch nie so richtig durchsetzen und verbreiten. Einige wenige Machthaber sorgten dafür, dass dies nicht geschah. Auf der anderen Seite lebt eine große »schweigende Mehrheit«, die ihre Machenschaften zulässt. Wie können wir unsere Situation wirklich grundsätzlich verändern? Geht das überhaupt, wenn Milliarden armer Menschen zu ausgezehrt und ungebildet sind, um gut für sich zu sorgen?

Was ihr braucht, sind Pioniere, ihr Lieben! Und die gute Nachricht ist: Sie leben bereits unter euch. Seit dem Ende des Zweiten Weltkrieges kommen sie in die irdische Inkarnation. Täglich werden es mehr. Um einen wirklichen Bewusstseinswandel in der Menschheit zu erschaffen, braucht ihr ein bis drei Prozent eurer ganzen Gruppe, die neue Wege geht. Diese Zahl hattet ihr in den magischen achtziger Jahren bereits erreicht. Inzwischen ist eure Anzahl viel größer, als ihr augenblicklich noch ahnt.

Es tut richtig gut, das mal aus eurer Sicht zu hören. Hier habe ich immer das Gefühl, zu einer winzigen Minderheit zu gehören. Oft belächelt und nicht ernst genommen, lebe ich mit meinem Freundeskreis in einer kleinen, selbst erschaffenen Nische. Uns geht es dabei sehr gut. Aber was wird aus allen anderen? Diese Frage beschäftigt mich doch häufiger, wenn ich das Leben in der »äußeren« Welt beobachte.

Eure Gruppe der Wachstums-Pioniere ist schon seit Jahren groß genug, um einen sehr grundsätzlichen Wandel in der gesamten Menschheit zu stimulieren. Schaut um euch, liebe Geschwister. Betrachtet die letzten Jahre. Erkennt die Bewegungen und Veränderungen, die täglich mehr werden. Wir erkennen euren Wandel an den veränderten Energiefeldern eures Planeten. Leuchtende, neue Farbmuster umhüllen eure Erde. Licht durchströmt sie und bewegt Alles was ist. Ihr seht wundervoll aus, ihr Lieben!

Als Gruppe der Pioniere durftet ihr euch in der Vergangenheit nur sehr langsam und schrittweise miteinander verbünden. So kam es, dass viele von euch in dem Gefühl eines Einzelgängers lebten (und noch leben). Euer Wachstumsprojekt sollte ja so behutsam und schonend wie möglich realisiert werden. Nur eine gewaltfreie Entfaltung des menschlichen Bewusstseins hat wirklich verändernde Kraft. Nur eure echte, schrittweise Reifung hebt euch in neue Ebenen des Seins.

Immer wieder habt ihr es in den Jahrtausenden eurer Geschichte auf andere Art versucht. Immer wieder seid ihr gescheitert. Revolutionen erschaffen kein Paradies. Schon nach kurzer Zeit etablieren sich neue Herrschaftsverhältnisse. Nur wenn eine Mehrheit von euch ihren tatsächlichen Bewusstseinswandel durchlebt, können sich neue Lebensformen entwickeln. Nur wenn ihr freiwillig (aus freiem Willen!) aus der reifen Erkenntnis eurer innersten Weisheit handelt, geschieht etwas wirklich Neues. Indem ihr euer Bewusstsein erweitert, erneuert ihr eure Welt.

Schrittweise breitet sich die neue Energie auf eurem Planeten aus. Schrittweise verankert sie sich in euren Herzen und in eurem Leben. Behutsam leistet sie ihr Werk der Erlösung und Transformation. Jeder Pionier unter euch trägt einen wichtigen Teil zu diesem Prozess bei. Durch euer Hier-Sein verankert ihr das hereinströmende Licht. Durch euer alltägliches Leben erschafft ihr Inseln der neuen Energie in einer einst starren, destruktiven Welt. Diese Inseln werden jetzt täglich größer, liebe Geschwister. Bald schon werden sie zusammenfließen und ganze Landstriche mit ihrem Licht erfüllen.

Dann ist der Zeitpunkt gekommen, an dem ihr entdecken werdet, dass ihr Viele seid. Voller Glück werdet ihr euch gegenseitig erkennen und euren Weg in der neuen Gemeinschaft fortsetzen. Beendet sind dann die Tage der Einsamkeit. Froh werden sich die ehemaligen Einzelgänger einer Gruppe von Gleichgesinnten anschließen. Gemeinsam werdet ihr diejenigen unter euch begleiten, die ihre eigenen Wachstumsprozesse gerade erst entdecken.

Um diese Zeit werdet ihr als Menschheit reif genug sein, um die wirklich befreienden neuen Technologien zu entdecken und für euch in Anspruch zu nehmen. Kein Missbrauch muss dann mehr befürchtet werden. Aus der Reife eures erwachsenen Bewusstseins werdet ihr sie einsetzen, um euer Paradies hier miteinander zu erschaffen. Das unglückliche Erbe eurer atlantischen Verstrickungen ist dann für immer erlöst.

Welch glückliche Verheißung! Dafür lohnt es sich zu leben. Manchmal fühle ich die Freude dieser neuen Zeit schon in mir. Hoffentlich dauert es nicht mehr allzu lange, bis wir alle sie genießen dürfen ...

Entdecke in dir den Raum der glückseligen Zeit-losigkeit, und geduldig erfährst du, was sich mitten unter euch jetzt entfaltet.

Ein schöner Satz. Danke! Jetzt haben wir wieder mal eine Frage: Was wird in Zukunft aus unserem Geld? Es gibt so viele Spekulationen und Gerüchte. Werden wir überhaupt noch eine Geldwirtschaft haben? Was wird aus zurückgehaltenem, gespartem Geld? Was wird aus den zahlreichen Versicherungen, die die Menschen abgeschlossen haben, wenn die Geldwirtschaft sich verändert? Wird das Geld wieder an äußere Werte (Edelmetalle) gekoppelt sein? Es wäre spannend, darüber etwas aus eurer Sicht zu hören.

Zunächst einmal: Was aus eurem Geld werden wird, entscheidet ihr allein. Niemand anderes könnte das mit Gewissheit vorhersagen. Wenn wir euch hier etwas aus unserer Sicht berichten, dann erzählen wir euch von den energetischen Potenzialen, die ihr bereits erschaffen habt. Diese Potenziale warten auf euch im »Raum der Möglichkeiten«. Sie bilden so etwas wie ein energetisches Bankkonto. Ob ihr die dort gespeicherte Energie jemals für euch in Anspruch nehmen werdet, entscheidet ihr. Was ihr anschließend mit diesen Energiemustern tun werdet, liegt auch allein in eurer Hand.

Weil ihr jetzt täglich enger und häufiger mit eurer göttlichen Weisheit in Kontakt kommt, bestehen gute Aussichten auf eine Glück bringende Zukunft für euch alle. Dabei wird die Frage nach dem Geld nur diejenigen unter euch beschäftigen, die diesem Thema in der Vergangenheit große Aufmerksamkeit geschenkt hatten. Alle anderen werden eine sanfte, fast unbemerkte Veränderung der gewohnten Strukturen durchleben. Sie werden erfahren, dass für sie gesorgt ist in jedem Augenblick. Sie werden es genießen, dem Geld noch weniger Bedeutung geben zu müssen als zuvor.

Sehr arme und sehr reiche Menschen binden meist einen großen Teil ihrer Energie an das Geld. Sie beschäftigen sich ununterbrochen damit, wie sie mehr davon bekommen und es behalten können. Spürt ihr, wie viel Energie euch dieser Ansatz raubt? Während ihr eurem Geld eure gesamte Aufmerksamkeit schenkt, fehlt euch die Kraft, um euch gut genug um euch und eure Lieben zu kümmern. Diese Beobachtung führt zu eurem Spruch: »Geld allein macht nicht glücklich«. Richtig! Geld allein macht nicht glücklich! Gebt dem Geld seine ursprüngliche Bedeutung zurück. Erlaubt ihm, ein Symbol für den Austausch eurer Energien und Ressourcen zu sein.

Das ist lustig ... eigentlich hatten wir euch ja um ein paar Prognosen zum Thema Geld gebeten. Was ihr uns jetzt gerade schenkt, sind ein paar nützliche, praktische Hinweise für den bewussten Umgang damit ...

Wir lieben es, euch zu unterstützen. Eine Vorhersage unterstützt euch nur in den seltensten Fällen. Im günstigsten Fall befriedigt sie eure Neugier und erfreut euch. Ein bisschen Freude ist schön und gut. Aber hilft sie euch wirklich dabei, eure Aufgaben zu lösen? Oft erzeugen Vorhersagen Angst und Verunsicherung. Dadurch schwächen sie euch, anstatt euch zu unterstützen. Uns liegt euer Wohl am Herzen. Wir wissen, dass ihr die Dinge selbst entscheiden und tun müsst. Unsere Informationen können euch dabei dienen, euren Weg mit mehr Freude zu gehen und eure anstehenden Aufgaben in Leichtigkeit zu meistern.

Habt ihr denn noch ein paar praktische Tipps, die aus den Voraussagen folgen könnten? Was können wir mit unseren Geldreserven tun? Sollten wir sie zum Beispiel auflösen, um sie in Zukunft nicht zu verlieren?

Auf diese Frage gibt es keine für euch alle passende Antwort. Jede und jeder einzelne von euch muss selbst entscheiden, wie er oder sie vorgehen möchte. Eure bewussten Entscheidungen formen die Energie, die im Raum der Möglichkeiten auf euch wartet. Versteht ihr diesen Zusammenhang, liebe Geschwister? Auf der äußeren, sachlichen Ebene erscheint es sehr wahrscheinlich, dass ihr in den nächsten Jahren einen großen Wirtschaftscrash durchleben werdet. Eine vollständige Neuordnung eurer Wirtschaftsstrukturen ist sogar unvermeidlich. Wie, wann, wodurch und in welchem Ausmaß das Ganze geschehen wird, ist aber noch völlig unklar.

Wenn ihr mögt, betrachtet diesen Gedanken jetzt mit uns an einem praktischen Beispiel. Jemand hat seine Ersparnisse in Aktien angelegt. Aus Angst vor einem Wirtschaftscrash verkauft er diese und legt sein Geld auf andere Art an. Wenn sehr viele von euch diese Entscheidung treffen, leisten sie vielleicht einen Beitrag zum drohenden Crash. Möglicherweise treten sie selbst die Lawine los, vor der sie sich gefürchtet hatten. Wie könnten wir euch angemessen beraten in dieser Situation? Einmal mehr geht es um euren Bewusstwerdungsprozess. In Abhängigkeit davon werden sich die Bedingungen eurer Wirtschaft entfalten.

Damit ihr eure notwendigen Entscheidungen treffen könnt, möchten wir euch an die ursprüngliche Natur des Geldes erinnern. Solange ihr diese berücksichtigt, werdet ihr euch im Sinne des Lebens entscheiden. Und, ihr Lieben – jede lebensfördernde Entscheidung dient euch und Allem was ist! Hier sind die wichtigsten Eigenschaften des Geldes:

- Geld besteht aus verdichteter Energie. Es steht für die Ressourcen und Leistungen, die ihr dem Leben erbringt. Wie viel von eurer Energie widmet ihr dem Lebendigen?

- Weil Geld aus Energie besteht, möchte es sich bewegen. Es möchte fließen. »Aufheben und Einlagern« widerspricht seiner Natur.

- Geld ist ein Tauschmittel. Es braucht immer einen realistischen Gegenwert. Spekulation und Zinswucher widersprechen seinem Wesen.

- Geld wurde erschaffen als neutrale, sachliche Hilfe für euren gegenseitigen Güteraustausch. Alle Zuschreibungen von Gedanken und Gefühlen überladen und belasten es unnötig. Geld ist Geld – und nichts anderes.

- Geld ist eine Sache. Es arbeitet nicht (dies möchten euch höchstens die Geldinstitute weismachen; Arbeit wird immer von Lebewesen geleistet!), und es hat keine eigene Meinung. Es ist auch nicht schmutzig, böse, verführerisch … Bitte überprüft eure Glaubenssätze zum Thema Geld einmal kritisch. Es lohnt sich!

Ganz gewiss werdet ihr diese Grundsätze in eurem zukünftigen Leben berücksichtigen. Als reife, spirituell entwickelte Menschen handelt ihr dann aus dem Impuls der Weisheit in allen Dingen. Eure gegenwärtige Geldwirtschaft ist nicht weise. Sie hat zerstörerische Züge und behindert die große Mehrheit von euch in ihrer natürlichen Entfaltung. Also werdet ihr verändern, was der Veränderung bedarf. Verbündet euch dabei mit eurem göttlichen Schöpferpotenzial, und alle Entscheidungen werden euch leicht fallen!

Danke, liebe Sternengeschwister. Eure Antwort enthält sehr viel praktische Unterstützung. Ich fühle wirklich, dass wir diese dringender brauchen als irgendeine Vorhersage. Vielleicht würden wir mit den Voraussagen sogar weniger kreativ sein und nicht den ganzen Einsatz leisten.

Wir freuen uns über dein Verständnis. Genau darum geht es.

Liebe Sirianer, neulich hatte ich einen merkwürdigen Traum. Ich konnte die verschiedenen Kontinente der Erde sehen und beobachten, wie sie sich in den kommenden Jahrzehnten verändern werden. Mögt ihr uns etwas zu diesem Thema sagen? Welche Bedeutung werden die Kontinente und Nationen in unserer eines Tages transformierten Welt haben?

Eine interessante Frage. Wieder möchten wir euch daran erinnern, dass die Dinge nicht völlig festliegen. Vielmehr werden sie sich so entwickeln, wie ihr sie mit der Kraft eures Bewusstseins erschafft. Gerne erzählen wir euch ein paar Geschichten aus dem Raum eurer Möglichkeiten. Was euch gefällt, könnt ihr mit eurer Absicht verstärken. Was euch nicht gefällt, könnt ihr durch die Ausrichtung eures Denkens und Fühlens beeinflussen oder auch verändern.

Wow … immer wieder staune ich, wenn ihr uns so deutlich sagt, wie mächtig wir sind …

Und wie wirkt diese Botschaft auf dich?

Ich fühle mich gestärkt, beruhigt und manchmal auch ein bisschen verzagt. Mit dieser großen Macht tragen wir ja wirklich eine riesige Verantwortung …

Richtig! Und das ist immer so. Unabhängig davon, ob ihr sie bewusst annehmt oder nicht.

Dann verstehe ich auch noch einmal mehr, warum unsere Bewusstwerdung so dringend gebraucht wird …

Glaubst du, wir würden uns sonst so sehr mit eurer Unterstützung befassen? Wir mögen euch sehr, das stimmt. Aber wir sind nicht (niemals!) geneigt, unsere Energie zu verschwenden. Das Universum steckt voller wichtiger Aufgaben und Möglichkeiten. Wir arbeiten gerne ökonomisch. Wenn wir einen Dienst akzeptieren, muss er notwendig, wertvoll und bedeutsam sein. Eure Bewusstwerdung ist dringend notwendig. Als bewusste Wesen werdet ihr extrem wertvoll für das Universum sein. Und die Bedeutsamkeit der jetzt stattfindenden Transformation reicht weit über unser Universum hinaus. Also arbeiten wir gerne mit euch und leisten unseren vollen Einsatz!

Hier kommen unsere Geschichten aus dem Raum eurer Möglichkeiten. Lasst uns miteinander die einzelnen Kontinente betrachten.

Europa – guter alter Boden der vielschichtigen Kulturen. Hier wird eine neue Kultur der Hüter erblühen. Deutschland besitzt ein großes Bewusstsein für die Bedürfnisse der Natur. In diesem Land existiert viel Bereitschaft, das Leben wirklich zu schützen. Nachdem ihr eure persönliche Starre aus unverarbeiteten Traumata überwunden haben werdet, könnt ihr eure Kenntnisse an andere Völker weitergeben. Auch manche anderen europäischen Nationen sind eurem Planeten seit den alten Zeiten auf besondere Weise verbunden.

Europa wird weniger besiedelt sein als in der Vergangenheit. Dies liegt zum Teil an den bevorstehenden klimatischen Veränderungen. Aber auch euer Geburtenrückgang ist dafür verantwortlich. Instinktiv handelt ihr in diesen Regionen schon jetzt im Sinne des Ausgleichs. Immer mehr werdet ihr eine Kultur der Dienstleister entwickeln. Industrielle Projekte werden an Bedeutung verlieren. Euer Planet kann sich dadurch erholen. Euer Nährboden kann neue Kraft schöpfen. Ihr werdet euer persönliches Herzens-Glück entdecken, während ihr euch wieder den natürlichen Prozessen des Lebens zuwendet.

Asien – die meisten Länder Asiens stehen vor großen Herausforderungen. Deshalb inkarnieren in diesen Regionen auch so besonders viele Kinder des Indigostrahls. Sie bringen ihre Energie jetzt ein, um die Völker bei der Auflösung ihrer überkommenen Gesellschaftsstrukturen zu unterstützen. Asien besitzt den Geist wertvoller, kultureller Traditionen. Dieses tief verwurzelte Wissen wurde in der Vergangenheit aber fast immer zu Herrschaftszwecken missbraucht. Auch die angeblichen revolutionären Befreier machten dabei keine Ausnahme. Sogar die industriellen Erfolge mancher asiatischer Länder wurden nur durch die Ausnutzung der traditionellen Gesellschaftsstrukturen möglich.

Deshalb werden die Menschen Asiens in den nächsten Jahrzehnten erst einmal einen Prozess der Individualisierung durchleben. In einigen Ländern deutet sich diese Entwicklung jetzt bereits an. Der persönliche Vorteil wird dabei über die Interessen der Gemeinschaft gestellt. Katastrophale Umweltschäden sind häufig die Folge dieses Irrtums. Die Kinder des Indigostrahles werden die Menschen dieser Region darin anleiten, ihr Leben nach den Gesetzen der neuen Energie auszurichten. Sie werden ihnen zeigen, dass das persönliche Wohl und der persönliche Reichtum mit den Bedürfnissen der Gemeinschaft vereinbar sind. Sie werden nachweisen, dass alle Menschen in Reichtum und Frieden leben können, wenn sie die dafür geeigneten Strukturen erschaffen.

So werden die meisten Völker Asiens eine Zeit der persönlichen Reifung genießen. Der Menschengemeinschaft werden sie ihre handwerklich und industriell gefertigten Produkte anbieten. Manche von ihnen werden sich auf das Erschaffen neuer, Leben schützender Technologien spezialisieren. Dadurch werden auch sie motiviert sein, sich dem Schutz des Lebensraumes zu widmen. Schließlich werden sie die noch heute wertvollen Anteile ihres kulturellen Erbes herausfiltern und sie auf eine neue Weise in ihr Leben integrieren.

Afrika – in den letzten Jahrzehnten Kontinent des Leidens, der Kriege und der Unterdrückung. Dieser Kontinent wird eine neue Blüte erfahren. Klimatische Veränderungen werden dazu führen, dass der landwirtschaftliche Anbau hier überreiche Früchte trägt. Hunger und Mangel werden ein Ende haben. Afrika wird zu den Kornkammern der Erde gehören und seine Schätze anderen Völkern anbieten können. Ein neues Selbst-Bewusstsein wird die Menschen in ihrer Würde stärken. Auch hierbei leisten die Kinder des Indigostrahls ihren wertvollen Dienst. Schließlich werden Manipulation und Unterdrückung vollständig aus ihrem Leben verschwinden.

Die Spiritualität Afrikas wird auf einfache Weise Anschluss finden an die Frequenzen der neuen Energie. Der siebte Strahl der rituellen Ordnung wird die Menschen an die Kraft ihres Erbes erinnern und sie ermutigen, sich selbst zu entdecken. So werden die Völker Afrikas schon bald zu den weltweit verstreuten Pionieren der Lichtarbeit stoßen und gemeinsam mit ihnen die Transformation in höhere Lebensdimensionen voranbringen. Afrika wird zu einem wichtigen Ort der interdimensionalen Kommunikation werden. Neue Sternentore werden euch Überraschungen schenken. Einst wurde euer Planet von hier aus besiedelt. Nun erstrahlt er schon bald im diamantklaren Licht der neuen Zeit.

Nordamerika – hier finden sich sehr unterschiedliche Strömungen. Entsprechend unterschiedlich werden sich die Bewegungsmuster der neuen Energie entfalten. Die alten Völker werden ihre Hüterrolle wieder wahrnehmen. Großzügig werden sie euch ihre Anleitung anbieten und einen gemeinsamen Weg mit euch gehen. Die Pioniere der Lichtarbeit werden gemeinsam mit ihnen neue, regional versorgte Lebensformen entwickeln. Klimatische Veränderungen werden grundsätzliche Neuordnungen im Anbau und in der landwirtschaftlichen Nutzung notwendig machen.

Bald schon wird die gegenwärtige Industrie vollständig auf Leben schützende Strukturen umgestellt sein. Alle zerstörerischen Pläne und Handlungen werden beendet sein. Viele Menschen dieses Kontinents werden mit Hilfe der neuen Energie einen erstmaligen, grundsätzlichen Bewusstwerdungsprozess durchlaufen. Hierbei spielt das »Erkenne dein ICH BIN« eine sehr bedeutsame Rolle. Im Erkennen, wer sie wirklich sind, werden die Menschen sich ihres einstigen geschichtlichen Erbes bewusst. Zum ersten Mal wird dann die Unabhängigkeitserklärung der Vereinigten Staaten tatsächliche Würdigung und Umsetzung erfahren.

Südamerika – Dieser Kontinent wird eine Blüte der Neuordnung erfahren. Ähnlich wie in Afrika wird die neue Energie hier eine Verbindung zu den Traditionen ursprünglicher Spiritualität erschaffen. Neue Technologien werden Versorgung und Reichtum für alle ermöglichen. Alle Herrschaftsstrukturen und Manipulationsmanöver haben dann ein Ende.

Die Menschen werden dem Planeten ihre spielerische Lebensfreude schenken und den anderen Völkern in einem neuen, gestärkten Selbst-Bewusstsein begegnen. Ihr Einfallsreichtum, ihre Kreativität und ihre Bewegungsfreude beschenken die Erde mit der Leichtigkeit neuer Dimensionen. So kann auch sie ihren Heilungs- und Transformationsprozess fortsetzen.

Australien – obwohl ihr es anders seht, ist dieser Kontinent noch immer unentdeckt. Große Geheimnisse birgt sein Land. Die Völker dieser Region werden sich auf einfache Weise den Gesetzen der neuen Energie anpassen. Während ihrer Transformation wird eure Erde die Gestalt der Landschaften dieses Kontinents verändern. Dann werdet ihr entdecken, was sich hier seit unvorstellbar langen Zeiten verbirgt.

Die Südsee-Region – Hier werdet ihr verschiedene, wundervolle Überraschungen erleben, liebe Geschwister. Noch immer wohnt in dieser Region die Energie der alten lemurischen Hütertradition. Diese Kraft vereinigt sich jetzt gerade mit der neuen Energie eurer Transformation. Gemeinsam erschaffen diese Energiepotenziale neue Landschaften, die euch alle sehr überraschen werden. Neues Land wird aus dem Meer aufsteigen. Auch die unter dem Meeresspiegel lebenden Landschaften werden sich verändern.

Hier wird euer Planet verschiedene interdimensionale Tore zu den unterschiedlichsten Regionen des Universums erschaffen. Hier werdet ihr auf neue Weise erleben, was eure Gottes-Kindschaft in ihrem tiefsten Kern bedeutet.

Danke für diese Rundreise über die neue Erde, liebe Geschwister. Nun habt ihr euch ja doch zu ein paar Voraussagen verleiten lassen ...

Verleiten lassen wir uns nicht. Wir haben uns dazu entschieden, euch diesen Einblick zu schenken. Wir wissen, dass unsere Botschaft in eurem Inneren Wurzeln schlägt und ihr anschließend selbstständig damit weiterarbeiten werdet. Wir wissen auch, dass eure kommende Arbeit den Inhalt unserer Botschaft verändern kann. Die göttliche Weisheit in euch kennt die Herausforderungen und Chancen, die auf euch warten. Sie kennt euren Weg und geleitet euch sanft in eure Meisterschaft.

Unsere wenigen Einblicke bringen alle in euch bereits gespeicherten Informationen zum Klingen. Unsere Botschaft unterstützt euch im Prozess eurer Bewusstwerdung.

Eines verstehe ich noch nicht ganz. In unseren vorausgegangenen Gesprächen ging es oft um die Transformation unserer

Erde in die fünfte Dimension. Auch unsere eigene Transformation in die höheren Dimensionen war oft ein Thema. Manchmal gabt ihr uns auch Beschreibungen für das Leben in dieser neuen Zeit. Ich dachte, dass alle Materie dann aufgelöst sei. Ich stelle mir vor, dass wir uns – ähnlich wie in unseren nächtlichen Träumen – gemäß dem Impuls unserer Gedanken und Gefühle bewegen und verändern könnten.

Wie passt das alles denn zu dieser Reise über die Erde? Diese Reise klingt nach einem verwandelten, immer noch dreidimensionalen Himmelskörper. Sie erscheint wesentlich normaler als eure Geschichten aus den höheren Dimensionen. Was gilt denn nun?

Was in eurem jeweiligen Bewusstsein Platz findet gilt! Bitte erinnert euch: Eure Welt formt sich entsprechend euren Visionen und Gedanken. Und dann bedenkt für einen Moment, was die meisten Menschen auf eurem Planeten derzeit gerade in ihren Gedanken und Gefühlen beschäftigt. So findet ihr eure Welt gespiegelt.

Oh, weh ...

Bitte löse die Bewertungen in den Räumen deiner Gedanken auf, liebe Schwester. Alles ist gut; genauso wie es ist. Im Laufe der Zeit werden immer mehr von euch einen Prozess des Erwachens durchleben. Ihr werdet erkennen, wer ihr wirklich seid. Ihr werdet eure Menschenwürde zurückverlangen und auch erhalten. Ihr werdet eure Prioritäten dem Leben gegenüber neu ausrichten. Dies alles wird sich auf die Strukturen eurer Welt und auf die Gestalt eurer Erde auswirken. Es wird sie prägen und erneuern. Es wird sie leichter, lockerer und feiner machen. Und was geschieht dann?

Rutschen wir dann ganz von selbst in die nächste Dimension hinein? Ist eure Reise über die Kontinente der Bericht für eine Übergangszeit?

So ist es. In den kommenden Jahren werdet ihr euch gemäß der Weisheit eurer jeweils einzigartigen Seele verfeinern, erleichtern und dann schließlich transformieren. Manche von euch haben den Zustand ihrer Meisterschaft schon jetzt erreicht. Nach und nach werden die anderen ihnen folgen.

Eure Erde wird als materielle Form spiegeln und mitvollziehen, was ihr in euch gestaltet. So ist innen wie außen und oben wie unten. Und dies alles findet Platz in eurem bewussten Sein!

Liebe Geschwister – wir kommen für diesmal zum Abschluss unserer Gespräche. Und deshalb möchten wir euch noch einen Satz zu unserer Titelformulierung schenken. Erkenne dein ICH BIN. Wer bist du? Wer seid ihr? Dies ist unser Geschenk für euch:

> **Ihr seid energievolle Wesen, die sich jederzeit (in jedem Augenblick) neu erschaffen! Einzig eure Festlegungen (eure Glaubenssätze und Grundüberzeugungen) erlauben es euch, als konstante Person anwesend zu sein.**

Wow – das ist wirklich eine provozierende Aussage. Ich würde es gar nicht gemütlich finden, mich in jedem Augenblick neu zu erschaffen. Wer weiß, was dabei herauskäme? Mir persönlich gefallen Gewohnheiten. Ich gebe sie auch nur sehr ungern auf.

So entsteht Schwerkraft.

Ach, das auch noch? Wollt ihr damit sagen, dass die Erde leichter wäre, wenn wir weniger alte Gewohnheiten pflegten?

Selbstverständlich. Genau davon sprechen wir doch die ganze Zeit. Ihr möchtet euch transformieren? Ihr möchtet eure Meisterschaft oder eure Erleuchtung erreichen? Dann erkennt und erlöst eure überkommenen, erstarrten Gewohnheiten. Bringt lichtvolle Bewegung in euer Sein. Erprobt euch auf neue Weise. Wagt es, beweglich zu sein.

Also ich kenne und akzeptiere ja die zyklischen Veränderungen, die das Leben so mit sich bringt. Aber Neuerschaffung in jedem Augenblick? Wer bin ich dann?

Eben! Erkenne dein ICH BIN. Wer bist du, wenn alle deine gewohnten Rollen und Muster aufgelöst wurden?

Huch – das fühlt sich ein bisschen unheimlich an ...

Wer möchte dir das gerade einreden?

Wahrscheinlich spricht hier die Macht meiner Gewohnheiten?

Vermutlich. Also wer bist du, wenn alle deine gewohnten Rollen und Muster aufgelöst wurden?

Dann bleibt wohl nur die reine, göttliche Essenz übrig?

Na, immerhin! Das ist ja schon mal was …

Ihr habt recht. Aber ein bisschen unheimlich fühlt sich das trotzdem an ...

Wie wäre es mit »ungewohnt« anstatt »unheimlich“? Wie wäre es, wenn du dich an die Köstlichkeit deiner reinen, göttlichen Essenz gewöhnen würdest?

Geht das denn? Kann ich dann noch meine menschlichen Aufgaben erfüllen?

Viel mehr als das! Schau dir an, was die großen Meister eurer Geschichte tun …

Also ich glaube, jetzt brauche ich eine Pause. Irgendwie ist es euch gelungen, mich sprachlos zu machen. Ich habe das dringende Bedürfnis, mich in einer stillen Meditation zu versenken.

Na, dann mal los … und viel Spaß mit deiner reinen, göttlichen Essenz!

Liebe Sirianer – ihr lieben Sternengeschwister! Aus tiefstem Herzen danken wir euch für diese inspirierenden Gespräche! Es ist wirklich ein Vergnügen, mit euch in Kontakt zu sein. Danke! Und bis zum nächsten Mal!

Allegria

Das Wunschbuch, das zum Herzen führt

SAFI NIDIAYE
Der entscheidende Schritt
Das letzte Geheimnis der Wunscherfüllung
Geb. € [D] 16,95
€ [A] 17,50
sFr 29,90
ISBN 978-3-7934-2178-8

Die Fähigkeit zur Wunscherfüllung tragen wir alle in uns. Nur funktioniert alles ganz andersherum, als man es bisher gehört und gelesen hat. Die Erklärung liegt in dem rätselhaften Spruch aus Safi Nidiayes Channeling Buch *Den Weg des Herzens gehen*: Was du wünschst, musst du sein. Sei – und es wird. Weit mehr als ein weiteres Wunsch-Erfüllungs-Buch, handelt es sich hier um die Entdeckung einer grundlegend neuen Perspektive. Dieser Weg zur Erfüllung ist einfach, es ist nur ein »Wahrnehmen bis auf den Grund« – mit Schritten der körperzentrierten Herzensarbeit.

Allegria

Im Dialog mit der Seele

HORST KROHNE
Geistheilung
Dialog mit der Seele
Geb. € [D] 18,00
€ [A] 18,50
sFr 32,90
ISBN 978-3-7934-2186-3

Horst Krohne fragt nicht, warum wir krank werden, sondern wie wir gesund werden können. Das von ihm in diesem Buch dargelegte Prinzip der Geistheilung beruht auf der Vorstellung, dass durch geistige Beeinflussung und Unterstützung der Patient sein körpereigenes Energiefeld wieder in den gesunden Urzustand zurück versetzen kann. Im Mittelpunkt stehen dabei Krohnes Erfahrungen mit dem Chakra-System, zu dem er in diesem Buch die erstaunlichen Behandlungsergebnisse der letzten fünf Jahre verarbeitet.

Allegria

Die Selbstanwendung der Energetischen Medizin

UWE ALBRECHT
Heilapotheke
Werde Dein eigener Heiler
316 Karten,
€ [D] 29,99
€ [A] 30,90, sFr 49,90
ISBN 978-3-7934-2212-9

Inner Wise® ist ein einzigartiges neues System der energetischen Medizin, das hilft, die richtige Energie zur energetischen Balancierung zu finden und für den Selbstheilungsprozess zu aktivieren. Mit Hilfe der unter Anleitung der Testkarten gezogenen Heilsinfonie-Kärtchen lässt sich über einen Nummern-Code im Begleitbuch eine bestimmte Heilenergie finden. Diese Energie wird auf das beiliegende Amulett übertragen und entfaltet von dort im Sinne der energetischen Medizin ihre Wirkung. Das Amulett hat keine »magische« Bedeutung, sondern ist ein autosuggestiver Anker, wie er in verschiedenen Therapien Anwendung findet.

Allegria

Jetzt auf DVD VIDEO

Der Sensations-erfolg aus den USA jetzt in den deutschen Kinos

LOUISE L. HAY
You Can Heal Your Life
Der Film
€ [D+A] 24,95 / sFr 47,50
ISBN 978-3-7934-2157-3

Unter der Regie von Hollywood-Regisseur Michael Goorjian entfaltet sich in großartigen Bildern die Geschichte einer spirituellen Sucherin, die mit Louise L. Hay zu einem neuen Leben findet.